Bonitätsrisiken
Erkennen, bewerten, vermeiden

Bonitätsrisiken

Erkennen, bewerten, vermeiden

3., überarbeitete Auflage

RAOUL EGELI

www.bonitätsrisiken.ch

Alle Rechte, auch die des Nachdrucks von Auszügen, vorbehalten. Jede Verwertung ist ohne Zustimmung des Verlags unzulässig. Dies gilt insbesondere für Vervielfältigungen, Übersetzungen, Mikroverfilmungen und die Einspeicherung und Verarbeitung in elektronische Systeme.

© Schulthess Juristische Medien AG, Zürich · Genf 2022

ISBN 978-3-7255-9722-2

www.schulthess.com

ÜBERSICHT

Geleitwort		12
Vorwort		16
1	Zahlen und Fakten	22
2	Geschäftsbeziehungen	56
3	Charakteristik des Businesspartners	84
4	Kredit- und Forderungsmanagement	130
5	Akquisition	150
6	Prävention	164
7	Realisation	210
8	Analyse	260
9	Integration	266
10	Zusammenfassung	280
11	Anhang	286
12	Zum Autor	302

INHALTSVERZEICHNIS

	Geleitwort	12
	Vorwort	**16**
1	**Zahlen und Fakten**	**22**
1.1	Konkursszene Schweiz	22
1.2	Firmen	24
1.3	Privatpersonen / Überschuldung	32
1.4	Wirtschaftlicher Schaden	36
1.5	Gläubigerschutz	38
1.6	Datenschutz	39
1.6.1	Datenschutz EU	40
1.6.2	Datenschutz Europarat	40
1.6.3	Exterritoriale Wirkung des Datenschutzes	41
1.6.4	Schweizerische Datenschutzgesetzgebung	42
1.6.4.1	Geltungsbereich	43
1.6.4.2	Besonders schützenswerte Personendaten	44
1.6.4.3	Profiling	44
1.6.4.4	Verantwortlicher und Auftragsdatenverarbeiter	45
1.6.4.5	Informationspflichten des Verantwortlichen	46
1.6.4.6	Auskunftsrechte der betroffenen Person	46
1.6.4.7	Persönlichkeitsverletzungen und Rechtfertigungsgründe	47
1.6.4.8	Rechtsansprüche von betroffenen Personen	48
1.6.4.9	Weitere Bestimmungen	48
1.7	Antizyklisches Verhalten	49
1.8	Grundlagen	50
2	**Geschäftsbeziehungen**	**56**
2.1	Unternehmen	57
2.2	Risikomanagement des Unternehmens	58
2.2.1	Risikobeurteilung	59
2.2.2	Internes Kontrollsystem	62
2.3	Businesspartner-Management im Unternehmen	64

2.3.1	Kenntnis über den Businesspartner	65
2.3.2	Arbeitsgemeinschaften	69
2.3.3	Zusammenfassung	70
2.4	Charakteristik des Businesspartners	72
2.4.1	Identifikation	73
2.4.2	Identifikationsmerkmale	74
2.4.3	Spezialbereich Geldwäschereigesetz	76
2.4.4	Wirtschaftliche Verflechtungen	78
3	**Charakteristik des Businesspartners**	**84**
3.1	Bonität	84
3.2	Beispielhafte Entwicklung einer Insolvenz	84
3.3	Missbräuchliche Konkurse	85
3.4	Konkursreiterei	88
3.5	Haftungsverhältnisse	89
3.6	Revisionsstelle	91
3.7	Beurteilungshilfen	94
3.7.1	Score	95
3.7.2	Rating	95
3.7.3	Anwendung von Ratings und Scores	97
3.7.4	Kriterien für ein vertrauenswürdiges Rating	100
3.8	Bonitäts- und Wirtschaftsauskünfte	101
3.8.1	Informationsgehalt einer Bonitäts- und Wirtschaftsauskunft	104
3.8.2	Unbeauftragtes Rating	105
3.8.3	Entscheidungshilfen in der Auskunft	107
3.8.4	Datenschutz	108
3.9	Intensität der Businesspartner-Prüfung	109
3.9.1	Businesspartner-Prüfung	110
3.9.2	Entscheidungsfindung	115
3.9.3	Wahl des Businesspartners	117
3.9.4	Initialprüfung des bestehenden Partnernetzwerkes	120
3.9.5	Prüfung der Businesspartner als Teil des IKS	124

3.10	Konkurrenzbeobachtung	125
3.11	Prüfung der eigenen Bonität	126

4	**Kredit- und Forderungsmanagement**	**130**
4.1	Kompensation der Debitorenverluste durch Mehrumsätze	132
4.2	Kreditmanagement als Teil des Working Capital Management	134
4.3	Folgen eines ungenügenden Kredit- und Forderungsmanagements	136
4.4	Spannungsfeld zwischen Verkauf und Finanzen	137
4.4.1	Verkauf und Marketing	138
4.4.2	Aufgaben des Rechnungswesens	140
4.4.3	Interessenkollision	141
4.5	Risikomanagement aus Sicht des Kredit- und Forderungsmanagements	142
4.5.1	Unternehmensrisiken	144
4.5.2	Kreditrisiko	144
4.5.3	Ausfallrisiko	144
4.5.4	Liquiditätsrisiko	145
4.5.5	Klumpenrisiko	145
4.6	Rechtliche Grundlagen	145

5	**Akquisition**	**150**
5.1	Vertragswesen	150
5.1.1	Verzugsfolgen	153
5.1.2	Mahngebühren	153
5.1.3	Zahlungsverzug	153
5.1.4	Datenlieferung an Dritte (Zahlungserfahrungen)	154
5.2	Zahlungskonditionen	156
5.3	Informationspflichten nach dem DSG	156
5.4	Identifikation der Vertragspartei	156
5.5	Aktuelle Kundenstammdaten	157

5.6	Erfahrungen aus dem Verkauf	157
5.7	Kennen der Kreditlimite des Kunden	158
5.8	Reklamationsbearbeitung	158
5.9	Rückprovisionierung bei Forderungsausfällen	161
5.10	Zusammenfassung der Aufgaben bei der Akquisition	161

6 Prävention 164

6.1	Kundensegmentierung	164
6.2	Kreditlimite pro Kundensegment	165
6.3	Bonitätsbeurteilung	168
6.4	Information über die Bonitätsbeurteilung	168
6.5	Informationsquellen für die Prävention	169
6.5.1	Einbezug der Primärdaten	170
6.5.2	Amtliche Auskünfte	171
6.5.3	Betreibungs- und Einwohnerauskunft	171
6.5.4	Grundbuchauskunft	175
6.5.5	Steuerauskunft	177
6.5.6	Andere amtliche Informationsquellen	178
6.6	Strukturierter Kreditentscheid	180
6.7	Risikogerechter Einsatz von Bonitäts- und Wirtschaftsauskünften	182
6.8	Monitoring	186
6.9	Sicherungsmöglichkeiten	187
6.10	Erwachsenenschutz	188
6.11	Konzerngesellschaften	190
6.12	Auslandgeschäfte	190
6.13	Kreditfähigkeitsprüfung unter dem Konsumkreditgesetz	192
6.14	Versicherungscharakter des Kredit- und Forderungsmanagements	194
6.15	Prompte Rechnungsstellung	195
6.16	Weisung für das Kreditmanagement?	197
6.17	Berechnung des zu erwartenden Verlustes	203

6.18	Bewerten der eigenen Kundeninformationen	203
6.19	Factoring	205
6.20	Warenkreditversicherung	206
6.21	Zusammenfassung der Aufgaben bei der Prävention	206
7	**Realisation**	**210**
7.1	Phasen der Realisation	211
7.2	Forderungsmanagement im Überblick	212
7.3	Dokumentationspflichten	213
7.4	Verkürzen der Debitorenlaufzeiten	213
7.5	Mahnungen	215
7.6	Lieferstopp	220
7.7	Kennzahlen zur Messung der Veränderungen	220
7.8	Verbuchungsarten der offenen Posten	221
7.9	Debitorenverluste	222
7.10	Delkredere	223
7.11	Inkasso	223
7.11.1	Betreibung	224
7.11.2	Betreibung auf Pfändung	228
7.11.3	Betreibung auf Konkurs	230
7.11.3.1	Kollokationsplan, Zwangsverwertung, Verteilung des Erlöses	235
7.11.3.2	Pfandgesicherte Forderungen und Konkursklassen	236
7.11.4	Betreibung auf Pfandverwertung	237
7.11.5	Verlustscheine	237
7.11.6	Verlustschein ist kein Beweis für das Bestehen einer Forderung	238
7.11.7	Realisierung von Verlustscheinen	239
7.11.8	Klagen und Beschwerden	239
7.11.8.1	Forderungsklage	240
7.11.8.2	Anerkennungsklage	241
7.11.8.3	Anfechtungsklage	241
7.11.8.4	Rechtsvorschlag	242

7.11.8.5	Aberkennungsklage	242
7.11.8.6	Rückforderungsklage	243
7.11.8.7	Negative Feststellungsklage	243
7.11.8.8	Kollokationsklage	244
7.11.8.9	Beschwerde	244
7.11.9	Gerichtskosten und Parteientschädigung	244
7.11.10	Inkassoversicherung	246
7.11.11	Retentionsrecht	247
7.11.12	Dingliche Sicherung / Bauhandwerkerpfandrecht	247
7.11.13	Nachlassverfahren	248
7.12	Situativer Einsatz der Massnahmen im Forderungsmanagement	252
7.13	Outsourcing des Inkassos	253
7.14	Inkassodienstleistungen	255
7.15	Zusammenfassung der Aufgaben bei der Realisation	256
8	**Analyse**	**260**
9	**Integration**	**266**
9.1	ERP-Systeme	270
9.2	CRM-Lösungen	271
9.3	Shop-Lösungen	271
9.4	Kreditrisikomanagement-Systeme	272
9.5	Zusammenfassung der Aufgaben bei der Integration	275
10	**Zusammenfassung**	**280**
11	**Anhang**	**286**
11.1	Abkürzungsverzeichnis	286
11.2	Abbildungsverzeichnis	288
11.3	Quellenverzeichnis	293
11.4	Stichwortsverzeichnis	297
12	**Zum Autor**	**302**

GELEITWORT

Wer wirtschaftliche Verantwortung trägt, muss sich der Gefahren des Wirtschaftens bewusst sein. Denn Unternehmertum heisst vor allem, Risiko auf sich nehmen – das Hinfallen ist halt leider inbegriffen. Unternehmerisches Agieren beinhaltet, Chancen zu erkennen, Anerkennung zu erhalten und Geld zu verdienen. Doch das Bewusstsein und das Erkennen von Gefahren allein reichen nicht aus. Wer sein Unternehmen lenken, gestalten und weiterentwickeln will, braucht auch das Rüstzeug für den Krisenfall. Unternehmen tun also gut daran, wenn sie sich – nicht immer, aber ab und zu – Gedanken über mögliche Bonitätsrisiken machen. Das gilt für Jungunternehmen genauso wie für etablierte Firmen. Die Realität spricht nämlich eine deutliche Sprache: Konkurse von Firmen und Privatpersonen haben in den letzten Jahren in der Schweiz erschreckend zugenommen. Der volkswirtschaftliche Schaden ist gigantisch und milliardenschwer; nur schon die Verluste aus erledigten Konkursverfahren betragen 2,2 Milliarden Schweizer Franken, hinzu kommt ein Vielfaches dieses Betrages aus nicht statistisch erfassbaren Verlusten wie beispielsweise aus erfolglos eingestellten Konkursverfahren.

Hier setzt der Autor Raoul Egeli an. Er ist ein Kenner der Bonitätsrisiken von Privatpersonen und Unternehmen (er schätzt den Schaden aus Konkursen auf beachtliche 2% des Bruttoinlandproduktes). Die Fülle an Informationen gleich zu Beginn des Buches ist aus wirtschaftlicher und politischer Sicht wertvoll und spannend zugleich. Der Leser darf sich über gut recherchierte Fakten und klare Meinungsäusserungen des Autors freuen.

Die Makroperspektive wird mit der Detailbetrachtung ergänzt: Über Jahrzehnte hat Raoul Egeli in seiner Funktion als Präsident des Schweizerischen Verbandes Creditreform sowie als Unternehmer die Krisen von Firmen und die damit verbundenen Schicksale von Menschen studiert. Er hat dabei unzählige Firmen beraten und ihnen mit Rat und Tat zur Seite gestanden. Das Buch bietet deshalb ein hervorragendes Raster für den Umgang mit Bonitätsrisiken an. Wie der Titel beschreibt wird systematisch die Handhabe von Bonitätsrisiken anhand der Geschäftsbeziehungen vorgestellt. Zentrale Bereiche wie beispielsweise das Kredit- und Debitorenmanagement, die Kreditlimiten bei Akquisitionen, Präventivmassnahmen oder handfestes Inkasso-Vorgehen werden in einer gut verständlichen Praktikersprache vermittelt. Gerade die vielen Tipps und Detailbetrachtungen sind für den Leser sehr lohnend. Das Buch besticht durch Klarheit in der Vorgehensweise und gibt Antworten auf existenzielle unternehmerische Fragen: Wie erkenne ich Bonitätsrisiken? Wie kann ich sie bewerten? Wie vermeiden? Es gehört somit zum 1 × 1 der unternehmerischen Handlungsfähigkeit.

Prof. Dr. Urs Fueglistaller, Direktor KMU-HSG

Geleitwort zur 2. Auflage

Mit der z.T. stark überarbeiteten, vorliegenden 2. Auflage wurden mehrere und hilfreiche Ergänzungen eingeflochten. Erstens: Sämtliche Daten und Fakten wurden auf den aktuellsten Stand gebracht. Dieses «Update» alleine bietet der Leserschaft schon wertvolle Einsichten, wie sich bspw. die Gründungs- und Konkurszahlen oder der wirtschaftliche Schaden und Ausfallrisiken in den letzten Jahren entwickelt haben. Zweitens: Raoul Egeli ist es gelungen, die aktuelle Debatte über die Betroffenheit der Unternehmen aufgrund der Revision der Datenschutzgesetzgebung profund aufzuarbeiten und bietet somit mögliche Handlungsanweisungen für Unternehmen, um sich vorzubereiten und abzusichern. Drittens: Die (überarbeiteten) Ausführungen zum Risiko-, Kredit- und Forderungsmanagement sind in ihrer Stringenz und Anwendbarkeit für Unternehmen äusserst wertvoll.

Insbesondere KMU erhalten dank der überarbeiteten 2. Auflage ein aktuelles und hilfreiches Kompendium für ihre Management-Aufgaben bezüglich Krediten, Forderungen und Risiken. Mit der 2. Auflage etabliert sich das Buch von Raoul Egeli als Standardwerk und ist m.E. Pflichtlektüre für unternehmerisch denkende und handelnde Persönlichkeiten.

Prof. Dr. Urs Fueglistaller, Direktor KMU-HSG

Geleitwort zur 3. Auflage

«Nichts ist so beständig wie der Wandel!» Nervt Sie dieser ausgelatschte Satz nicht auch manchmal? Wenn wir jedoch auf den heutigen gesellschaftlichen Zustand und auf unsere Rahmenbedingungen schauen, dann ist dieser Satz wohl aktueller denn je: Wer hätte im Jahr 2018, bei der Veröffentlichung der Zweitauflage dieses Buches, je daran gedacht, dass wenige Jahre später das Problem der Nachhaltigkeit, der Ressourcen, einer weltweiten Pandemie und eines Kriegs in Europa unser Gesellschaftsbild prägen würden? Wer hätte je auch nur im Ansatz vermutet, dass wir derart in Ressourcenengpässe geraten, mit Unterbrüchen von Lieferketten, mit möglichen Ausfällen der Energieversorgung und mit einer – wegen dem Kriegsgeschehen – drohenden globalen Hungersnot? Natürlich hat dies einen Einfluss auf die globale und auf die nationale Wirtschaft! Unsere Gesellschaft hat lernen müssen, mit der ungewissen Zukunft umzugehen, und das verlangt von uns eine ganz andere Haltung zu den Risiken allgemein und zu den Bonitätsrisiken im Einzelnen. Deshalb war die 3. Auflage dieses Buches bereits 4 Jahre später überfällig... Der Autor hat es verstanden, diese Herausforderungen in einer verständlichen und synthetischen Form wiederzugeben und wertvolle Tipps zu formulieren. So findet die interessierte Leserin und der interessierte Leser insbesondere neue Ausführungen zur Missbräuchlichkeit der Konkurse (Stichwort Konkursreiterei und COVID-19-Kredite; Ziff. 1.1 und 1.2 sowie Ziff. 3.4) und statistische Auswertungen der Ergebnisse von Konkursverfahren (Ziff. 7.11.3), die aufhorchen lassen: Noch nie war so klar wie heute, dass ein Gläubiger grösstes Interesse hat, nicht in ein Konkursverfahren verwickelt zu werden.

Aber auch die reglementarischen Rahmenbedingungen der Bonitätsüberprüfung entwickeln sich stark weiter. So ist beispielsweise das Datenschutzrecht ab dem 1. September 2023 auf einen neuen Stand gebracht, welcher es auch erfordert, dass Massnahmen bei der Kontrolle von Bonitäten ergriffen werden (Ziff. 1.6). Auch sonst hat der Autor das Werk aktualisiert und den neuen Gegebenheiten angepasst. Dies dient allen Leserinnen und Lesern, die sich auf einen interessanten, praxisgerechten und eben aktuellen Text abstützen wollen. Dies ist in jener Zeit, in welcher die gesellschaftliche und politische Schwarz-Weiss-Malerei leider die Gläubiger zu «Profiteuren» machen will (Wie sonst will man die Sistierung der Betreibungen als erste Massnahme des COVID-19-Paketes verstehen?), besonders wichtig. Vertrauen ist eben schon gut ... Risikobeurteilung aber wohl noch besser. In diesem Sinne wünsche ich Ihnen eine gute Lektüre. Nehmen Sie die Vorschläge und Ausführungen ernst, so hilft es Ihnen hoffentlich bei der Vermeidung von unliebsamen oder gar kritischen Forderungsausfällen!

Prof. Dr. Amédéo Wermelinger, ordentlicher Professor an der Universität Neuenburg, Vizepräsident des «Schweizerischen Verbandes Creditreform»

VORWORT

Falsch eingeschätzte Bonitätsrisiken haben weitreichende Folgen – und wie die Konkursstatistiken zeigen, nicht selten fatale. Viele Unternehmen sind sich dieses Risikos zu wenig bewusst. Der Grund: Sie verstehen sich nicht als Kreditgeber. Faktisch aber ist jedes Unternehmen, das Kunden auf Rechnung beliefert, ein solcher Kreditgeber, also die meisten Klein- und Mittelbetriebe genauso wie grosse Konzerne. Entsprechend ist das Gesamtvolumen an Lieferantenkrediten in der Schweiz ein bedeutender Wirtschaftsfaktor. Genaue Zahlen gibt es leider nicht. Doch dürften die Verhältnisse mit jenen in Deutschland vergleichbar sein. Dort zeigen die periodischen Berichte der Deutschen Bundesbank, dass die Lieferanten die wichtigsten Kreditgeber sind. So lag im Jahr 2011 das Gesamtvolumen der Lieferantenkredite in Deutschland bei 365 Mrd. Euro und damit rund 50% über dem Volumen der kurzfristigen Bankkredite.

Das Bezahlen auf Rechnung ist bei den Kunden natürlich sehr beliebt. Es ist die bequemste Möglichkeit der Fremdfinanzierung. Der Knackpunkt: Kunden reizen immer häufiger die Zahlungsziele aus; ja, viele zahlen ihre Rechnungen mit notorischer Verspätung, und ein beträchtlicher Prozentsatz gar nicht. Kein Wunder ist die schlechte Zahlungsmoral inzwischen für viele Unternehmen ein ernstes Problem. Vor allem Liquiditätsengpässe machen zu schaffen und sind notabene der wichtigste Auslöser für Pleiten. Diese Entwicklung gibt berechtigterweise Anlass zur Sorge. Doch Unternehmen sind der schlechten Zahlungsmoral nicht einfach hilflos ausgeliefert. Bonitätsrisiken lassen sich heute mit dem richtigen Know-how gut in den Griff kriegen. Eine erfolgreiche Prävention setzt aber voraus, dass Risiken überhaupt erkannt und richtig bewertet werden. Genau hier setzt das vorliegende Buch an. Es bietet wertvolles Grundlagenwissen – aus der Praxis für die Praxis! – und gibt fundierte Antworten auf Fragen wie: Welche Bonitätsauskünfte machen im konkreten Fall Sinn? Wo gibt es versteckte Risiken? Wie komme ich bei säumigen Zahlern zu meinem Geld? Was bringt eine Systemintegration?

Bei aller Prävention darf man sich nichts vormachen. Risiken gehören zum Unternehmensalltag. Ein kluges Kredit- und Foderungsmanagement verhindert darum auch keine Umsätze. Vielmehr schafft es Spielräume, um mit Bonitätsrisiken angemessen umzugehen. Wer Risiken richtig einschätzt, kann beispielsweise die Zahlungskonditionen besser auf die Kunden abstimmen und, falls nötig, frühzeitig Sicherungsmassnahmen ergreifen. Zudem steigert eine effiziente Organisation auch die Chancen für den Fall, dass eine Forderung auf dem komplizierten Rechtsweg durchgesetzt werden muss.

Als Präsident der grössten Gläubigerschutzorganisation der Schweiz ist es mir auch ein wichtiges Anliegen, auf die teilweise prekären Rahmenbedingungen hinzuweisen. Schweizer Unternehmen leiden unter vielfachen gesetzlichen Einschränkungen. Zunehmend auch im Bereich des Gläubigerschutzes. Bislang war es unbestritten: Wer auf Rechnung einkaufen will (und das ist die Mehrzahl der Kunden und Konsumenten), muss in Sachen Bonität eine saubere Weste haben. Datenschutzaktivisten, die populistisch ein umfassendes «Recht auf Vergessen» fordern, wollen mit diesen ebenso bewährten wie fairen Spielregeln brechen. Hier braucht es Solidarität unter den Unternehmen – und Engagement für eine Datenschutzpolitik mit dem richtigen Augenmass, die auch die Interessen der Gläubiger anerkennt, etwa an aussagekräftigen Bonitätsinformationen.

Ich danke allen, die zu diesem Werk beigetragen haben. Besonderen Dank schulde ich Prof. Dr. Urs Fueglistaller von der Universität St. Gallen für sein prägnantes Geleitwort. Und schliesslich möchte ich meiner Frau und meinen Kindern danken. Sie wissen, was mir meine Arbeit bedeutet, und ohne ihre liebevolle Unterstützung wäre dieses Buch – wie auch schon die vorhergehenden – nicht möglich gewesen.

Raoul Egeli

VORWORT ZUR ZWEITEN AUFLAGE

Für viele ist das Kredit- und Forderungsmanagement ein statischer Bereich, der primär durch die gesetzlichen Rahmenbedingungen geregelt wird. Dieser Eindruck trügt. Viele Unternehmen gehen von diesen falschen Tatsachen aus und vernachlässigen aus Unkenntnis und mangelnder Bereitschaft die Auseinandersetzung mit diesem unangenehmen Thema.

Die anstehende Revision des Datenschutzgesetzes erhitzt viele Gemüter. Diese wurde schon 2012 mit der Revision der Europäischen Datenschutzgrundverordnung eingeleitet. Deren Inkraftsetzung erfolgte im Mai 2018. Die Schweiz steht nun vor der Herausforderung, den notwendigen Nachvollzug zu prüfen. Der Bundesrat hat es dabei leider verpasst, den Handlungsspielraum zu nutzen. In der vorliegenden Botschaft wird viel zu viel einfach übernommen. Die Unternehmen müssen mit einer grösseren administrativen Belastung rechnen, um die steigenden Anforderungen umsetzen zu können. Dabei sind gerade sie es, die die Vorfinanzierung zugunsten des Verbrauchers übernehmen.

Die Digitalisierung fördert die Anonymität der Kunden. Damit gewinnt das Kreditmanagement an Bedeutung. Es muss gelingen, Rahmenbedingungen zu schaffen, die es den Schweizer Unternehmen ermöglichen, auch im digitalen Zeitalter erfolgreich zu sein. Denn die Konkurrenz aus dem Ausland schläft bestimmt nicht.

Raoul Egeli

VORWORT ZUR DRITTEN AUFLAGE

Die Beratung zum neuen Datenschutzgesetz wurde zwischenzeitlich abgeschlossen und die Inkraftsetzung ist auf den 1. September 2023 angesetzt. Verbände und Unternehmen beginnen nun mit der Vorbereitung der Umsetzung. Glücklicherweise konnten einige für die kreditgebende Wirtschaft nachteilige Punkte aus der Welt geschafft werden, und doch bleibt ein fahler Nachgeschmack bestehen. Denn es hat sich wieder einmal gezeigt, dass viele Politiker sich nicht bewusst sind, wie wichtig es ist, dass Kunden auf Kredit einkaufen können. Damit sichert sich der Konsument die Handlungsfreiheit. Viele wollen keine Spuren im Netz hinterlassen, und dennoch wird die Möglichkeit der Kreditprüfung eingeschränkt. Die Folge ist, dass Konsumenten gezwungen sind, digitale Zahlungsmittel zu nutzen und die damit verbundenen Nachteile bzw. Gefahren auf sich zu nehmen. Ein Beispiel dafür ist u. a. der Umstand, dass Daten von Minderjährigen nicht mehr für die Prüfung der Kreditwürdigkeit bearbeitet werden dürfen. Dies, obwohl Minderjährige im Rahmen des freien Kindesvermögens wirtschaftlich aktiv sind.

Mit der Revision des DSG ist es aber nicht genug. Viele Vorstösse rund um das DSG schwächen die Rechte der Gläubiger. Themen wie Konkursreiterei werden zwar angegangen, das Problem wird aber nicht an der Wurzel gepackt. Dies nicht zuletzt aus dem Grund, dass das SchKG ein Spezialgesetz ist, mit dem sich nur wenige Leute intensiver auseinandersetzen. Dabei wird vergessen, dass es sich beim Einzug von offenen Forderungen in aller Regel um ein Massengeschäft handelt. Mit diesem Buch möchte ich das Bewusstsein für das Kreditmanagement weiter stärken und etwas Aufklärung betreiben.

An dieser Stelle danke ich allen, die zum Gelingen dieses Werkes beigetragen haben, und bitte gleichzeitig alle, die sich mit diesem Thema auseinandersetzen, den Gläubigerinteressen Nachdruck zu verleihen.

Raoul Egeli

1

ZAHLEN UND FAKTEN

1 ZAHLEN UND FAKTEN

1.1 Konkursszene Schweiz

Privat- und Firmenkonkurse sind in den letzten Jahren markant angestiegen. Eine Besserung ist nicht in Sicht.

Die Entwicklung der Konkursszene in der Schweiz gibt allen Anlass zur Sorge. Die Konkurse sind in den vergangenen Jahrzehnten sowohl bei Privatpersonen als auch bei Firmen markant angestiegen und haben sich in den letzten Jahren auf einem hohen Niveau eingependelt. Eine Verbesserung ist nicht in Sicht. Seit dem Inkrafttreten der Revision des Obligationenrechtes per 1. Januar 2008 sind zusätzlich Firmenkonkurse nach OR 731b zu nennen (Mängel der Organisation).

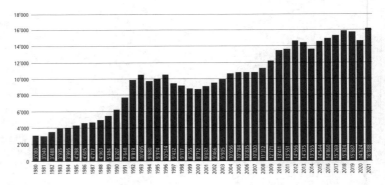

Abbildung 1: Privat- und Firmenkonkurse in der Schweiz (Creditreform, bis 2017 BFS)

Seit 2001 steigen die Konkurse markant an.

Auffallend ist, dass nach dem Jahr 1997 die Privatkonkurse zeitweise stark zurückgegangen sind. Grund dafür war nicht eine verbesserte Wirtschaftslage, sondern die auf den 1.1.1997 erfolgte Einführung des neuen Schuldbetreibungs- und Konkursgesetzes (SchKG). Mit dem revidierten Gesetz wurden die Hürden für den Privatkonkurs erhöht. Dem Konkursrichter muss seither glaubhaft gemacht werden, dass eine Schuldenbereinigung aussichtslos wäre. Seit 2001 nehmen die Privatkonkurse wieder zu.

Auffallend ist der Rückgang der Konkurse im Jahr 2020. Erwartungsgemäss hätten die Konkurse aufgrund der COVID-19- Pandemie in den Jahren 2020 und 2021 zunehmen sollen. Die Konkurse sind aber wider

Erwarten zurückgegangen. Dieser Rückgang steht in direktem Zusammenhang mit den staatlichen COVID-Massnahmen (vgl. Abbildung 6: *Firmenkonkurse aufgeschlüsselt nach der Ursache (Creditreform, bis 2017 BFS)*).

Wie der nachfolgende Artikel aus der NZZ aus dem Jahre 2004 belegt, gibt es eine bestimmte Art von Kunden, vor denen man sich schlichtweg verstärkt schützen muss. Der Artikel zeigt anschaulich, dass das Problem des Bestellbetrugs schon lange besteht. Erschreckend waren sodann auch die Betrügereien in den Jahren 2020 bis 2021 rund um die COVID-Pandemie. Um die Wirtschaft während dieser Pandemie zu stützen, konnten Firmen bekanntermassen COVID-Kredite ohne einlässliche Prüfung durch die Behörden beantragen. Diesen Geldsegen nutzten viele aus und missbrauchten die ihnen zur Verfügung gestellten Kredite. Die Behörden griffen dabei wenigstens hart durch. In rund 2 000 Fällen wurde bis zum 16. März 2022 Strafanzeige wegen Betrugs gestellt. Dabei waren COVID-Kredite im Umfang von knapp CHF 240 Mio. betroffen.[1]

Besorgniserregend ist die Zunahme der Jugendverschuldung.

Warnung vor Millionenbetrügern
Vorsicht bei neuen Kunden

(ap) Die Zürcher Kantonspolizei warnt vor Millionenbetrügern. Sie meldet, dass in den letzten Monaten mehrere sogenannte Bestellungsbetrüge mit einer Schadensumme von mehreren Millionen Franken begangen worden sind. Die Betrügereien wickeln sich gemäss Kantonspolizei immer nach demselben Muster ab: Neue Kunden bestellen Waren und bezahlen die erste Lieferung bar. Kurze Zeit später wird eine viel grössere Warenmenge bestellt. Auf Grund der ersten positiven Erfahrung wird die Lieferung gegen Rechnung gebilligt – sie wird aber nie bezahlt.

Ein anfänglicher Barzahlungsverkauf ist noch keine Garantie für die Bonität des Kunden.

Waren wie Zigaretten, Getränke, elektronische Artikel und Baustoffe würden anschliessend auf dem Graumarkt mit einem Einschlag von 50 Prozent verkauft. Die Kantonspolizei empfiehlt deshalb, neuen Kunden mit der nötigen Vorsicht zu begegnen, selbst wenn Handelsregister- und Betreibungsauskünfte in Ordnung

Bei Neukunden ist besondere Vorsicht geboten. Empfehlenswert ist das Einholen von Bonitäts- und Wirtschaftsauskünften.

---

[1] https://covid19.easygov.swiss (abgerufen am 16. Juni 2022)

seien. Unternehmen seien besser geschützt, wenn die Frist für neue Kundschaft, bis zu der bar bezahlt werden muss, verlängert wird und Kreditlimiten herabgesetzt werden. Auch sollten interne Kontrollsysteme überprüft und verschärft werden. Wenn es sich bei einem neuen Kunden beispielsweise um eine Gesellschaft handelt, die erst gegründet wurde, oder wenn sie häufig Mutationen in der Verwaltung, in der Geschäftskontrolle oder im Domizil aufweise, seien dies Alarmzeichen. Das Einholen von Wirtschaftsauskünften könne ebenfalls vor Schaden schützen, heisst es zum Schluss im Warnschreiben der Kantonspolizei.

Neue Zürcher Zeitung, 22. 5. 2004, Nr. 117, S. 55

1.2 Firmen

Im Jahr 2019 gab es 629 813 im Handelsregister eingetragene Firmen.

Für eine Analyse der Firmenkonkurse ist wichtig zu wissen, wie viele Firmen es in der Schweiz überhaupt gibt. Im Jahr 2021 waren 629 813 Unternehmen im Handelsregister (HR) eingetragen – mit folgender Zusammensetzung:

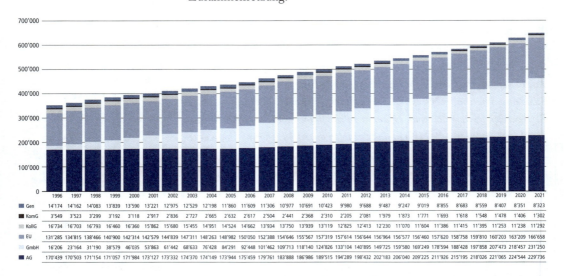

Abbildung 2: Im Handelsregister eingetragene Firmen
(Schweizerisches Handelsamtsblatt)

Auffallend ist, dass die GmbHs am stärksten zunehmen. Die Ursache für diese Zunahme dürfte darin zu suchen sein, dass man für die Gründung einer GmbH nur ein Stammkapital von CHF 20 000 braucht. Bis Ende 2007 musste dieses nicht einmal voll einbezahlt werden – es genügten 50%. Das Mindestkapital für eine AG beträgt immerhin CHF 100 000, wovon die Hälfte zwingend liberiert werden muss. Im Gegensatz zur AG benötigte die GmbH auch keine Revisionsstelle. Die am 1. Januar 2008 in Kraft getretene Revision des Obligationenrechts führte zu einer Annäherung beider Gesellschaftsformen. Die GmbH benötigt zwar nach wie vor nur ein Stammkapital von CHF 20 000.00 gegenüber einem Mindestkapital von CHF 100 000.00 bei der AG. Bei der GmbH ist jedoch neu eine vollständige Einzahlung vorgeschrieben (Art. 774 i.V. mit 777c OR). Die Pflicht zur Einsetzung einer Revisionsstelle ist neu von der Rechtsform unabhängig. Sie richtet sich ausschliesslich nach der volkswirtschaftlichen Bedeutung bzw. Finanzkraft und Betriebsgrösse eines Unternehmens, nicht mehr nach dessen rechtlichem Gewand (vgl. Art. 727 OR und 818 OR).

> Die GmbHs haben in den letzten Jahren am stärksten zugenommen.

Abbildung 3: Neueintragungen, Löschungen, Nettowachstum

Das Nettowachstum an Unternehmen hat in den letzten Jahren immer mehr zugenommen. Im Jahr 2021 verzeichnete man gar einen Rekordwert mit einem Nettowachstum von 22 318 neuen Unternehmen auf dem Markt. Besonders erstaunlich ist dieses hohe Nettowachstum vor dem Hintergrund der COVID-Pandemie. In den ersten Monaten des Lockdowns im Frühjahr 2020 gingen die Neugründungen zwar noch zurück, stiegen dann aber gleichwohl wieder an. Die Vermutung liegt nahe, dass viele aus der Not eine Tugend machten und in die Selbständigkeit getrieben wurden. Nur, die Neugründungen von heute sind vielfach die Konkurse von morgen. Denn Start-ups aus der Not sind in der Regel nicht unbedingt erfolgversprechend. Beachtet man, dass das Konkursrisiko von neuen Unternehmen zwischen dem 3. und dem 5. Jahr am höchsten ist, so wird klar, dass dies zu einer zusätzlichen, noch bevorstehenden Zunahme der Konkurse führen wird. Überdies ist zu beachten, dass die Konkurse aufgrund der staatlichen Unterstützungsmassnahmen (COVID-Kredite) zumindest für den Moment stark zurückgingen, was zu einem höheren Nettowachstum von Unternehmen führte.

Eine grössere Bedeutung als das Insolvenzrisiko hat das Ausfallrisiko. Das heisst, entscheidend ist nicht das Datum der Konkurseröffnung, sondern der Zeitpunkt, an dem eine Firma ihren Zahlungsverpflichtungen nicht mehr nachkommen kann. Dieser liegt nicht selten relativ lange vor der eigentlichen Konkurseröffnung.

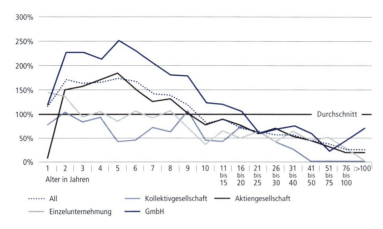

Abbildung 4: Ausfallrisiko im Vergleich zum Durchschnitt nach Rechtsform und Alter (Creditreform)

Die Grafik zeigt für die GmbH ein höheres Ausfallrisiko als für eine AG, wobei das Risiko zwischen dem zweiten und fünften Jahr am höchsten ist. Grund ist meist das fehlende Kapital. Nach drei bis vier Jahren muss der Unternehmensgründer oft neues Kapital aufbringen, um die Schliessung seines Unternehmens zu verhindern. Ab dem zehnten Jahr sinkt das Ausfallrisiko unter den Durchschnitt.

Die mit dem geringsten Mindestkapital ausgestattete Rechtsform der GmbH wird vielfach gewählt, um das Haftungsrisiko möglichst kostengünstig zu beschränken. Viele Gründer von GmbHs werden durch den Verlust ihrer Stelle in die Selbständigkeit getrieben und hoffen, so mit vergleichsweise geringem Mitteleinsatz ein neues Auskommen zu finden. Das notwendige Kapital stammt in diesen Fällen oft aus der dritten Säule. Gerät eine solche Firma in Zahlungsschwierigkeiten, sind nicht nur die Gläubiger die Geprellten, sondern der Unternehmer läuft darüber hinaus Gefahr, durch den Verlust seiner Altersvorsorge zum Sozialfall zu werden. Die Folgekosten bezahlt einmal mehr die Allgemeinheit.

Arbeitslosigkeit treibt viele Arbeitnehmer in eine ungesicherte Selbständigkeit.

Gemäss Creditreform gibt es rund 150 000 nicht im Handelsregister eingetragene Einzelfirmen. Der Inhaber haftet mit seinem Privatvermögen.

Dazu kommen gemäss Schätzung der Creditreform noch mehr als 150 000 nicht im HR eingetragene Firmen. Es handelt sich dabei um Einzelfirmen, bei denen der Eigentümer als Privatperson mit seinem ganzen Vermögen haftet. Anzunehmen ist, dass viele dieser Einzelfirmen eintragungspflichtig wären. Denn grundsätzlich ist ein Eintrag im Handelsregister bereits ab einem Umsatz von CHF 100 000 vorgeschrieben (vgl. Art. 36 Handelsregisterverordnung).

Dass das Ausfallrisiko auch innerhalb einer Branche sehr stark variieren kann, zeigt das Beispiel der Baubranche. Bekanntlich weist das Baugewerbe zusammen mit dem Gastgewerbe insgesamt ein relativ hohes Branchenrisiko auf. Das Baugewerbe ist die drittwichtigste Branche. Für die Bewertung des tatsächlichen Ausfallrisikos ist es entscheidend, dass man das Abschneiden der einzelnen Untergruppen innerhalb des Baugewerbes kennt. Die Unterschiede sind sehr markant.

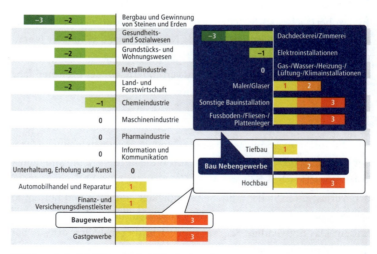

Abbildung 5: Ausfallrisiko am Beispiel der Baubranche
(Grafik: SonntagsZeitung, Quelle: Creditreform)

So weist der Tiefbau z. B. ein geringes Ausfallrisiko auf, der Hochbau dagegen ein sehr hohes (Risikoklasse 3). Erhöht man den Detaillierungsgrad weiter, dann ergibt sich ein noch differenzierteres Bild. Das tiefste Ausfallrisiko findet sich bei der Untergruppe «Dachdeckerei / Zimmerei». Hoch ist das Risiko eines Ausfalls dagegen in den Untergruppen «Bauinstallation» und «Fussboden- / Fliesen- / Plattenleger». Firmen können von dieser detaillierten Auswertung des Baugewerbes profitieren, wenn es um die Einschätzung ihrer individuellen Risiken geht.

Mit der am 1. Januar 2008 inkraftgetretenen Revision des Obligationenrechts wurde eine neue Rechtsgrundlage für Konkurseröffnungen geschaffen. Art 731b OR sieht neu die Eröffnung des Konkurses wegen Mängeln der gesetzlich vorgesehenen Organisation vor. Zuerst setzt das Handelsregisteramt der Gesellschaft gestützt auf Art. 154 der Handelsregisterverordnung eine Frist von 30 Tagen für die Behebung solcher Mängel an. Wird diese nicht beachtet, beantragt das Amt dem Richter gestützt auf Art. 941a OR die Ergreifung der erforderlichen Massnahmen. (vgl. dazu auch Art. 154 Handelsregisterverordnung). Verstreicht auch die durch den Richter angesetzte Frist erfolglos wird über die Gesellschaft der Konkurs eröffnet.[2]

Mängel in der Organisation führen zum Konkurs nach OR 731b.

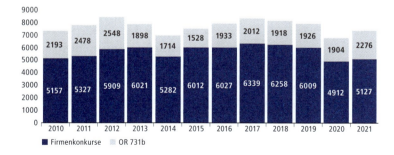

Abbildung 6: Firmenkonkurse aufgeschlüsselt nach der Ursache (Creditreform, bis 2017 BFS)

---

[2] Lorandi, Konkursverfahren über Handelsgesellschaften zufolge Organisationsmangel (Art. 731b OR)

Die durch die COVID-Massnahmen rückläufigen Konkurse sind nicht aufgehoben, sondern nur aufgeschoben.

Besonders auffallend ist der deutliche Rückgang von Firmenkonkursen im Jahr 2020, ausgerechnet im Jahr der COVID-Pandemie. Im März 2020 verhängte der Bund den ersten Lockdown. In den Folgemonaten gingen die Konkurse merklich zurück. Im Jahr 2020 wurden total 1 221 Konkurse weniger verzeichnet als in den zwei vorangegangenen Jahren 2018 und 2019. Der Grund dürfte wohl in den staatlich angeordneten COVID-Massnahmen wie bspw. den Überbrückungskrediten, den Kurzarbeit-Entschädigungen und den Massnahmen zum SchKG liegen. Festgehalten werden muss aber, dass die Zahl von Konkursen durch solche Massnahmen nicht aufgehoben, sondern lediglich aufgeschoben wurde.

Ohne handschriftlich unterzeichnete Schuldanerkennung keine provisorische Rechtsöffnung.

Jährlich wird für über rund 8 000 Unternehmen der Konkurs eröffnet. In Wirklichkeit haben aber viel mehr Unternehmen Zahlungsschwierigkeiten, wodurch Gläubiger erheblich geschädigt werden. In diesem Zusammenhang hat eine schweizerische Besonderheit im SchKG eine grosse Bedeutung: Wird ein Schuldner betrieben, kann er sehr einfach nur mit einer Unterschrift Rechtsvorschlag erheben und die Betreibung steht dann still. Der Gläubiger muss diesen Rechtsvorschlag dann beseitigen, dafür hat er drei Möglichkeiten (definitive oder provisorische Rechtsöffnung oder ordentlicher Zivilprozess, vgl. dazu Abschnitt *Betreibung*, 7.II.1). Will der Gläubiger also vermeiden, dass er einen aufwendigen Zivilprozess anstrengen muss, ist es von Vorteil, wenn er zumindest über einen provisorischen Rechtsöffnungstitel verfügt, d.h. er sollte mindestens über eine vom Schuldner handschriftlich unterzeichnete Schuldanerkennung verfügen. Dass dies in der Praxis allerdings nicht immer möglich ist, braucht hier nicht speziell erwähnt zu werden. Die Folge eines solchen fehlenden Rechtsöffnungstitels ist daher leider, dass viele Forderungen gar nicht erst betrieben werden, weil kein provisorischer Rechtsöffnungstitel vorliegt und sich ein aufwendiger Zivilprozess vielfach nicht lohnt.

Ein weiterer Umstand, der ebenfalls nicht zufriedenstellend ist, sind die hohen Kosten, welche für einen Gläubiger anfallen, der eine Konkurseröffnung anstrebt, und der Umstand, dass er einen hohen Kostenvorschuss zu leisten und Sicherheit auch für die weiteren anfallenden Kosten zu erklären hat. Die Kosten hierfür belaufen sich schnell auf rund CHF 5 000.³ In komplexeren Fällen können die Kosten aber auch weit höher ausfallen. Zudem trägt der Gläubiger, wie erwähnt, das gesamte Kostenrisiko, und weitere Gläubiger können auf das Verfahren aufspringen und einfach am Verwertungserlös partizipieren. Angesichts der hohen Kosten, die auf einen zukommen können, ist die Zahl der Konkursbegehren im Verhältnis relativ gering. Die säumigen Unternehmen fallen daher weniger in Konkurs und können weiter (miss-)wirtschaften wie bisher. Diese faktisch überschuldeten Unternehmen (sog. Zombieunternehmen) können leider weiterwirtschaften, insbesondere wenn der Verwaltungsrat untätig bleibt und auf eine Revisionsstelle (welche auch meldepflichtig wäre) verzichtet wurde.

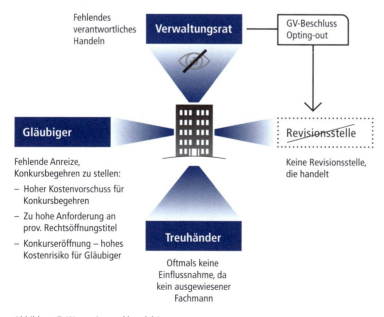

Abbildung 7: Wenn niemand handelt!

---

³ shab.ch, Kostenvorschüsse KK03 Einstellung mangels Aktiven (Median September 2019)

1.3 Privatpersonen / Überschuldung

Immer mehr Privatpersonen leben auf Pump.

Immer mehr Menschen in der Schweiz leben auf Pump und sind überschuldet. Hinweise auf eine solche Situation liefern negative Zahlungsmerkmale. Dazu gehören nicht nur der Privatkonkurs, sondern auch Inkassofälle und nachhaltige Zahlungsschwierigkeiten. Das Thema Schulden ist hierzulande stark tabuisiert. Dies erschwert aussagekräftige Analysen und behindert die Suche nach akzeptablen Lösungen für Gläubiger und Schuldner.

Die Verschuldung nimmt stetig zu.

In den letzten Jahren hat die Überschuldung stark zugenommen, und zwar unabhängig von der konjunkturellen Lage und trotz der im europäischen Vergleich tiefen Arbeitslosenquote. Bislang fehlen genaue statistische Erhebungen zur Situation in der Schweiz. Regionale Untersuchungen zeigen jedoch das erwartete Bild: Grossstädte und Agglomerationen weisen eine deutlich höhere Überschuldungsquote auf. Nimmt man die Privatkonkurse als Referenzgrösse, zeigt sich, dass sich die Überschuldung auf alle Altersgruppen verteilt. Spitzenreiter sind die 40- bis 60-Jährigen. Junge Erwachsene und Rentner sind aber dabei, mächtig aufzuholen. Bezüglich der Geschlechterverteilung sind nach wie vor die Männer klare Verlierer. Mehr als 80% aller Privatkonkurse gehen auf ihr Konto, wobei natürlich auch Partnerinnen und Kinder die Folgen einer Überschuldung zu spüren bekommen. Einem besonders hohen Überschuldungsrisiko sind Alleinerziehende ausgesetzt. Darauf weist die Zunahme von Insolvenzen bei Frauen im Alter von 40 bis 60 Jahren hin.

Unerwartete Ereignisse wie Arbeitslosigkeit, Krankheit oder Scheidung können zu grossen finanziellen Problemen führen.

Überschuldung kann verschiedene Gründe haben. Oft steht am Beginn einer Schuldenkarriere ein unerwartetes Ereignis wie Arbeitslosigkeit, Krankheit oder Scheidung. Aber auch die Geburt eines Kindes führt oftmals zu finanziellen Problemen, da die Ausgaben nicht an die neue Lebenssituation angepasst werden. Neben unverschuldeten Geldproblemen spielt auch der zunehmende Konsumzwang eine grosse Rolle. Kredite sind relativ leicht verfügbar, was viele Menschen dazu verführt, über ihre Verhältnisse zu leben. Besonders riskant ist die Kreditfinanzierung von Konsumgütern. Hier mangelt es den Konsumenten oft auch an der nötigen Eigenverantwortung. Ein grosses Risiko gehen auch Jungunternehmer ein, die ihre Dritte Säule plündern. Scheitern sie mit ihrer Geschäftsidee, droht ihnen durch den Verlust der Altersvorsorge später der Gang zum Sozialamt.

Unerwartete Veränderung	Arbeitslosigkeit
	Krankheit / Unfall
	Trennung / Scheidung
	Kinder
	Rezession / Teuerung
	Veränderung Schuldzinsen (z. B. Hypothekarzins)
Unerfahrenheit	Selbständigkeit
	Erster Lohn
	Konsumverhalten (Kleinkredite / Leasing)
	Hauskauf
	Fehlplanung
	Verschuldungsgrad zu hoch
	Fixkosten zu hoch

Abbildung 8: Ursachen für die private Überschuldung

Nach dem Millennium haben die Konkurse bei den Privatpersonen stark zugenommen und schliesslich 2016 mit 7436 Privatkonkursen ihren Höchststand erreicht. Analysiert man die Privatkonkurse genauer, fallen zwei gegenläufige Trends auf. Erstens ist die Zahl der Konkurse bei lebenden Personen rückläufig. Zweitens steigt die Zahl der Hinterlassenschaftskonkurse kontinuierlich an. Im Jahr 2016 erreichte sie mit 5962 den Höchststand. Was sind die Gründe?

Konkurse aus ausgeschlagenen Verlassenschaften nehmen zu.

Die Zunahme der Hinterlassenschaftskonkurse ist schnell erklärt. Erbberechtigte können für den Fall, dass der Verstorbene überschuldet ist, das Erbe ausschlagen. Damit verhindern sie, für «fremde» Schulden haften zu müssen. In diesem Zusammenhang ist zu beobachten, dass auch die Bereitschaft der Kinder immer mehr abnimmt, Schulden ihrer Eltern mitzutragen. Aufkommen soll die Allgemeinheit. Generell kann man sagen, dass die Zahl der ausgeschlagenen Erbschaften mit der Zunahme der Überschuldung von Privatpersonen in der Schweiz korreliert. Nach jüngsten Schätzungen der Creditreform dürften gegen 10% der Privatpersonen ihren Zahlungsverpflichtungen zu spät oder gar nicht nachkommen. Die Abnahme der Konkurse bei lebenden Personen einzuordnen, ist dagegen schwieriger. Ein Grund ist sicherlich, dass sich der Weiterzug der Forderung nach der Betreibung aus Kostengründen häufig nicht lohnt. So werden viele Forderungen von den Unternehmen einfach abgeschrieben. Oft wird auch der für die Konkurseröffnung notwendige Kostenvorschuss nicht aufgebracht, da die Erfolgschancen im Konkursfall sehr schlecht sind [vgl. Abbildung 103: *Erfolgsaussichten für den Gläubiger im Konkursverfahren*].

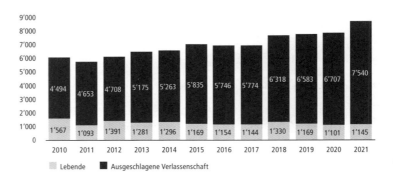

Abbildung 9: Privatkonkurse

Überraschender ist die tiefe Zahl an Privatkonkursen, die noch lebende Privatpersonen betreffen. Dies liegt in der Regel daran, dass Privatpersonen normalerweise der Betreibung auf Pfändung und nicht der Betreibung auf Konkurs (vgl. Abschnitt *Betreibung auf Pfändung*, 7.II.2) unterliegen, es sei denn, sie erfüllen eine der Voraussetzungen, dass sie auf Konkurs betrieben werden können (z.B. durch einen HR-Eintrag o. Ä.).

Eine weitere besorgniserregende Tendenz ist die zunehmende Jugendverschuldung. Ursachen dafür gibt es verschiedene. Nebst den bekannten Fällen von Jugendverschuldung dürfte darüber hinaus auch die Dunkelziffer gross sein, da oftmals die Eltern den Jugendlichen unter die Arme greifen, um grösseren Schaden zu vermeiden.

> Besorgniserregend ist die Zunahme der Jugendverschuldung.

Seit 2003 kommt in der Schweiz das sogenannte Konsumkreditgesetz (KKG) zur Anwendung. Gewerbsmässige Anbieter von Konsumkrediten müssen ihre Kunden einer Kreditfähigkeitsprüfung unterziehen (vgl. Abschnitt *Kreditfähigkeitsprüfung unter dem Konsumkreditgesetz*, 6.13). Wer finanziell bereits angeschlagen ist oder kein regelmässiges Einkommen ausweisen kann, soll so vor einer Überschuldung geschützt werden. «Schwache» werden damit zwar durchaus besser geschützt. Dennoch nimmt die Überschuldung weiter zu. Man kann durchaus auch die Meinung vertreten, dass die Kreditfähigkeitsprüfung einer Art Bevormundung gleichkommt. Es scheint äusserst fraglich, ob dieser Negativtrend durch Gesetze überhaupt gestoppt werden kann. Wie erwähnt rührt das Phänomen der Überschuldung nicht nur von naivem Konsumverhalten oder zu leicht erhältlichen Krediten her. Seine Wurzeln reichen tiefer. Es muss mit vielfältigen Massnahmen angegangen werden, sowohl vonseiten der betroffenen Privatpersonen als auch vonseiten der Unternehmen, welche die direkten Folgen zu spüren bekommen. Am Ende trägt die Allgemeinheit die Kosten der negativen Entwicklung. Nachfolgend einige Denkanstösse:

> Konsumkreditgeber müssen die Antragsteller auf ihre Kreditfähigkeit prüfen.

Kreditnehmende Privatpersonen:

- Unerwartetes einkalkulieren: Auch wenn es schwerfällt, beim gemeinsamen Hauskauf an Scheidung oder bei der Fremdfinanzierung einer Ausbildung an Krankheit zu denken, sollte man unbedingt Reserven für den Fall der Fälle einkalkulieren. Dazu ist ein Budget erforderlich, das Einnahmen und Ausgaben realistisch erfasst und auch Reserven beinhaltet. Andernfalls sollte man sich das Risiko einer Verschuldung gut überlegen und eventuell warten, bis man genug Eigenmittel hat.

- Versicherungsstatus prüfen: Oft bestehen erhebliche Lücken, etwa bei einem unverhofften Erwerbsausfall wegen Krankheit. Das gilt besonders für Selbständigerwerbende. Auch Privathaftpflicht- und Hausratversicherungen schützen nur dann vor Überschuldung, wenn die Versicherungssumme ausreichend hoch ist.

- Start-up überdenken: Der Sprung in die Selbständigkeit auf der Basis von Pensionskassengeldern ist immer mit einem sehr hohen Risiko verbunden. Bei einem Misserfolg ist keine Altersvorsorge mehr vorhanden.

1.4 Wirtschaftlicher Schaden

Der Verlust aus erledigten Konkursverfahren betrug im Jahr 2021 CHF 4 184 076 000.

Eine weitere beeindruckende Zahl ist die Schadenssumme (Verluste) aus Konkursen. Gemäss dem Bundesamt für Statistik betrugen die Verluste aus erledigten Konkursverfahren im Jahr 2021 CHF 4 184 076 000. Diese Zahl bezieht sich allein auf die in Konkursen angemeldeten Forderungen. Nicht enthalten sind dabei die Verluste aus erfolglos eingestellten Konkursverfahren, aus Pfändungen und Nachlassverträgen sowie aus nicht weiterverfolgten Zahlungsbefehlen. Die effektiven Verluste sind nicht bekannt und lassen sich nur erahnen.

Die hohen Verluste im Jahr 2021 überraschen, zeigen aber gleichzeitig auf, dass die Verluste aus erledigten Konkursverfahren keine repräsentativen Werte darstellen. Beliefen sich die Verluste in den Jahren von

1995 bis 2007 auf rund CHF 3.5 Mia. pro Jahr, gingen sie in den darauffolgenden Jahren auf jährlich rund CHF 2 Mia. zurück. Im Jahr 2020 wurde allein ein Konkursverfahren erledigt, das mit CHF 6.5 Mia. zu Buche schlug. Es handelte sich dabei um den Konkurs der Erb-Gruppe, der auch in den Medien hohe Wellen schlug. Der Rückgang in den Jahren 2008 bis 2019 lässt sich allerdings nicht leicht erklären, dürfte aber darauf zurückzuführen sein, dass immer mehr Konkurse mangels Aktiven eingestellt werden (u.A. auch wegen der hohen Belastung der Behörden). Die Verluste aus diesen Konkursen erscheinen jedoch nicht in der Statistik, dennoch erleiden die Gläubiger einen Totalausfall (vgl. Abbildung 103: *Erfolgsaussichten für den Gläubiger im Konkursverfahren*).

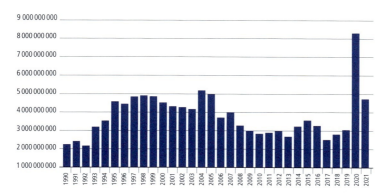

Abbildung 10: Verluste aus erledigten Konkursverfahren (BFS)

Der effektive wirtschaftliche Schaden dürfte jedoch weitaus höher sein. Laut Schätzung der Creditreform dürfte dieser 11 Mia. Franken übersteigen. Ein grosser Teil resultiert aus Forderungen, die durch die Unternehmetn vorschnell abgeschrieben werden. Grund dafür ist vor allem die Angst vor den Kosten, die eine rechtliche Durchsetzung der Forderung mit sich bringt. Die Leidtragenden dieser Entwicklung sind die guten Zahler, welche diese Abschreibungen zu kompensieren haben.

1.5 Gläubigerschutz

Unter dem Begriff «Gläubigerschutz» werden alle Massnahmen und Rahmenbedingungen zusammengefasst, die dem Fortbestand eines Unternehmens dienen. Lieferanten und Kapitalgeber haben ein genuines Interesse, sich vor Forderungsausfällen zu schützen. Im Zentrum steht die Sicherung der Liquidität. Hier kommt es immer wieder zu Konflikten mit den Interessen der Konsumenten, speziell im Bereich des Datenschutzes. Die Wirtschaft benötigt gesetzliche Spielräume, die es ermöglichen, schlechte Zahler im Voraus zu erkennen. Dies bedingt, dass dem Konsumentenschutz – der sehr gut organisiert ist und mit staatlichen Subventionen rechnen kann – gewisse Grenzen gesetzt werden.[4] Aktuell gibt vor allem die von Konsumentenschützern im Zusammenhang mit der fortschreitenden Digitalisierung (Sozialen Netzwerken, Street View usw.) erhobene Forderung auf ein umfassendes «Recht auf Vergessen» zu reden. Damit würden bewährte Spielregeln unseres wirtschaftlichen Zusammenlebens ausgehebelt. Unternehmen würde es immer mehr verunmöglicht, auf bonitätsrelevante Daten wie negative Zahlungsmerkmale oder Konkurse zuzugreifen. Profiteure wären letztlich notorische Schuldner, die von vornherein gar nicht die Absicht haben, für bezogene Dienstleistungen oder Produkte zu zahlen.

Die Wirtschaftsverbände appellieren an die Politik, Rahmenbedingungen für einen massvollen Datenschutz zu schaffen. So sollen Schuldner nach einer angemessenen Zeitspanne durchaus ein Recht auf einen Neuanfang haben, vor allem dann, wenn sie ihre Schuld beglichen oder sich mit den Gläubigern auf eine Lösung geeinigt haben. Eine einseitige Verschärfung des Datenschutzes zugunsten der Konsumenten im Sinne eines umfassenden «Rechts auf Vergessen» lehnen sie dagegen ab. Unsere Wirtschaft ist auf vertrauensbildende Bonitätsprüfungen angewiesen.

---

[4] Interpellation Sylvia Flückiger-Bäni, Nr. 12.3362, Subventionen für die Stiftung für Konsumentenschutz

Die Grafik gibt einen schematischen Überblick zu den verschiedenen Interessensbereichen:

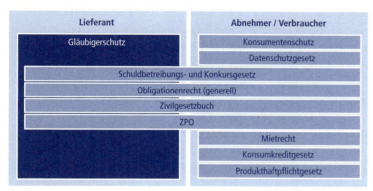

Abbildung 11: Gläubigerschutz

Der Vollständigkeit halber sei erwähnt, dass in den USA und in Kanada unter dem Begriff «Gläubigerschutz» etwas anderes verstanden wird. Dort geht es dem Gesetzgeber primär darum, in finanziellen Schwierigkeiten befindliche Unternehmen für eine bestimmte Zeit vor Forderungen der Gläubiger zu schützen, wenn Aussicht auf eine erfolgreiche Sanierung besteht und damit auch auf den Erhalt von Arbeitsplätzen.

1.6 Datenschutz

Dem Datenschutz kommt schon seit längerem eine immer grössere Bedeutung zu. So wurde das EU-Datenschutzrecht an sich mit dem Ziel revidiert, die grossen Online-Giganten in die Schranken zu weisen. Die EU-Datenschutz-Grundverordnung (DSGVO) wurde auf den 28. Mai 2018 in Kraft gesetzt. Allerdings muss heute noch die Frage gestellt werden, ob dies tatsächlich zielführend war, denn es sind die User (Konsumenten) selbst, die bei der Nutzung von Gratis-Diensten ihre Daten leichtfertig an die Online-Giganten freigeben. Der Komfort dieser vermeintlich kostenlosen Dienste ist ihnen offenbar wichtiger als die möglichen Konsequenzen. Die Bequemlichkeit ist bekanntlich der Treiber der Digitalisierung.

> Dem Datenschutz kommt in Europa immer grössere Bedeutung zu.

1.6.1 Datenschutz EU

Im Jahr 1995 erliessen das Europäische Parlament und der Rat die Richtlinie 95/46/EG zum Schutz natürlicher Personen bei der Verarbeitung personenbezogener Daten und zum freien Datenverkehr. Die Richtlinie gab den EU-Ländern die Ziele vor, die sie im nationalen Recht umsetzen mussten. Wie sie dieses Ziel erreichen wollten, blieb den einzelnen Ländern überlassen. Dies führte zu einer heterogenen Umsetzung, die angeblich von den Unternehmen ausgenutzt wurde.

Im Jahr 2012 wurde die Revision der Datenschutzgesetzgebung in Angriff genommen und am 27. April 2016 abgeschlossen. Ab dem 18. Mai 2018 gilt für alle europäischen Unternehmen die neue Verordnung 2016/679 des Europäischen Parlaments und des Rates (DSGVO).[5] Diese stellt die Unternehmen vor grosse Herausforderungen.

1.6.2 Datenschutz Europarat

Als Mitglied des Europarates ratifizierte die Schweiz im Jahr 1987 das Übereinkommen zum Schutz des Menschen bei der automatischen Verarbeitung personenbezogener Daten (Konvention Nr. 108). 2010 wurde mit der Revision begonnen, die im Juni 2016 abgeschlossen war.[6] Im Juni 2020 hat das Parlament der Modernisierung der Datenschutzkonvention zugestimmt. Die Ratifizierung folgt mit der Inkraftsetzung des revidierten Datenschutzgesetzes (vgl. Abschnitt *Schweizerische Datenschutzgesetzgebung*, 1.6.4).

---

[5] Verordnung (EU) 2016/679 des Europäischen Parlaments und des Rates vom 27. April 2016 zum Schutz natürlicher Personen bei der Verarbeitung personenbezogener Daten, zum freien Datenverkehr und zur Aufhebung der Richtlinie 95/46/EG (Datenschutz-Grundverordnung)
[6] Convention 108 https://rm.coe.int/1680078b38 (abgerufen am 26. April 2021)

1.6.3 Exterritoriale Wirkung des Datenschutzes

Ein Unternehmen darf heutzutage nicht mehr davon ausgehen, dass nur nationale Gesetze eingehalten werden müssen. Leider neigen immer mehr Staaten dazu, ihre Gesetze so auszugestalten, dass sie nicht nur die im eigenen Land ansässigen Unternehmen betreffen. Dies wird als exterritoriale Wirkung bezeichnet.

Auch ausländische Gesetze können für ein Unternehmen im eigenen Land gelten.

Diese exterritoriale Wirkung stellt die Unternehmen vor immer grössere, fast unlösbare Herausforderungen. Dies etwa insofern, als sich die verschiedenen Gesetze oft widersprechen und dann jeweils entschieden werden muss, welche Gesetzgebung aufgrund der möglichen Konsequenzen Vorrang haben soll. Hinzu kommen eine allgemein immer höhere Regulierungsdichte und die damit einhergehenden administrativen Belastungen.

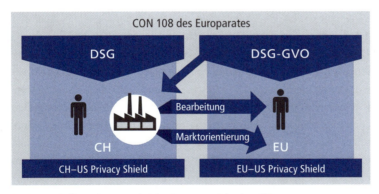

Abbildung 12: Übersicht Datenschutzbestimmungen Schweiz und Europa

Art. 3 DSGVO regelt den räumlichen Anwendungsbereich. Danach gilt der Erlass für jede Verarbeitung personenbezogener Daten über in der EU ansässige Personen. Es kommt nicht darauf an, ob sich der Verarbeiter in der EU befindet oder nicht. Die DSGVO findet auch auf ausländische Firmen Anwendung, wenn die Datenverarbeitung im Zusammenhang damit erfolgt,

- betroffenen Personen in der Union Waren oder Dienstleistungen anzubieten. Es spielt dabei keine Rolle, ob diese eine Zahlung zu leisten haben oder nicht.
- das Verhalten betroffener Personen zu beobachten, soweit ihr Verhalten in der Union erfolgt.

Der erste vorher genannte Punkt wird auch als Marktorientierungsprinzip bezeichnet. Es reicht also z.B. bereits aus, Produkte mit Preisen in Euro anzubieten, damit man in den Anwendungsbereich der DSGVO fällt. Die gesamte Tragweite dieser Bestimmung kann noch nicht vollständig abgeschätzt werden, da das Gesetz erst im Mai 2018 in Kraft trat und die Auslegung durch Gerichte und Behörden noch nicht bekannt ist. Jedenfalls müssen viele Schweizer Unternehmen damit rechnen, unter die DSGVO zu fallen.

1.6.4 Schweizerische Datenschutzgesetzgebung

Die schweizerische Datenschutzgesetzgebung wurde mit dem Ziel der Anpassung und Angleichung an das europäische Datenschutzrecht revidiert. Der Gesetzestext ist verabschiedet, und nur dank grossem Einsatz von Vertretern der Wirtschaft konnte Schlimmeres verhindert werden, denn nach Auffassung der Wirtschaft schoss bereits zu Beginn die Botschaft weit über das eigentliche Ziel hinaus und war gespickt mit sog. «Swiss-Finish»-Anmerkungen. Besondere Einschränkungen wurden insbesondere bei der Prüfung der Kreditwürdigkeit von nicht wirtschaftsfreundlichen Vertragspartnern aufgenommen. Ein besonderes Ärgernis für Gläubiger, die auf Rahmenbedingungen angewiesen sind, welche eine angemessene Prüfung der Bonität des Vertragspartners erlauben, um entscheiden zu können, ob sie dem Kunden einen ungesicherten Lieferantenkredit (Blankokredit) in Form von Zahlungsaufschub durch Bezahlung gegen Rechnung gewähren sollen. Wäre man den Argumenten der Ratslinken während der Parlamentsdebatte gefolgt, so hätte man fast meinen können, es gäbe in der Schweiz ein «Recht auf Kredit»!

Hinzu kommt der Umstand, dass im Rat viele Vorstösse damit gerechtfertigt wurden, dass (letztlich über das Ziel hinausschiessende) Änderungen notwendig seien, um ein mit der EU angemessenes Datenschutzniveau zu erhalten, bzw. um von der EU-Kommission als angemessen anerkannt zu werden.

Das revidierte DSG soll nun mit Verspätung auf den 1. September 2023 in Kraft gesetzt werden.[7] In den nachfolgenden Ausführungen wird aus Gründen der Praktikabilität und der Aktualität daher nur noch auf das neue DSG Bezug genommen, wenngleich es bei Drucklegung dieses Buchs noch nicht in Kraft ist.

Nachfolgend wird somit auf die wichtigsten Neuerungen, die für die Gläubiger – in der Rolle als Kreditgeber – relevant sind, näher eingegangen. Genauer nur auf die Bearbeitung personenbezogener Daten, die ein Unternehmen selbst für die Beurteilung der Bonität eines Kunden zu beachten hat. Auf die Frage, was ein Unternehmen zu unternehmen hat, um selbst datenschutzkonform zu sein, wird an dieser Stelle nicht eingegangen, sondern nur auf die wichtigsten Punkte aus Sicht des Kredit- und Debitorenmanagements.

1.6.4.1 Geltungsbereich

Art. 5 Abs. 1 Bst. a. DSG regelt die Bearbeitung von Personendaten natürlicher Personen. Neben der Privatperson fallen folglich auch Einzelfirmen und Personengesellschaften in diesen Geltungsbereich. Dies also ungeachtet dessen, ob eine natürliche Person als Unternehmen auftritt und einen Vertrag eingehen will. Somit gilt für die Bearbeitung der Daten zu einer Personengesellschaft die gleiche datenschutzrechtliche Regelung wie bei einer Privatperson.

---

[7] https://www.admin.ch/gov/de/start/dokumentation/medienmitteilungen.msg-id-90134.html (abgerufen am 19.9.2022)

1.6.4.2 Besonders schützenswerte Personendaten

Für die Bearbeitung von besonders schützenswerten Personendaten (Art. 5 Abs. 1 Bst. c DSG) bestehen im Gesetz höhere Anforderungen. Diese dürfen nämlich nicht für die Bearbeitung der Kreditwürdigkeit herangezogen werden. Als besonders schützenswerte Daten gelten:

- Daten über religiöse, weltanschauliche, politische oder gewerkschaftliche Ansichten oder Tätigkeiten,
- Daten über die Gesundheit, die Intimsphäre oder Zugehörigkeit zu einer Rasse oder Einheit,
- genetische Daten,
- Daten über verwaltungs- und strafrechtliche Verfolgungen oder Sanktionen,
- Daten über Massnahmen der sozialen Hilfe.

1.6.4.3 Profiling

Neu ins Gesetz aufgenommen wurde der Begriff «Profiling». Dieser ist allerdings nicht mehr mit dem alten Begriff des Persönlichkeitsprofils vergleichbar. Überdies wird neu zwischen einem «Profiling» und einem «Profiling mit hohem Risiko» unterschieden. Bei «Profiling mit hohem Risiko» gelten gegenüber dem herkömmlichen «Profiling» höhere Anforderungen.

Als Profiling (Art. 5 Abs. 1 Bst. f DSG) wird die automatisierte Bearbeitung von Personendaten verstanden, die darin besteht, dass solche Daten dazu verwendet werden, bestimmte persönliche Aspekte, die sich auf die natürliche Person beziehen, zu bewerten. Insbesondere um Aspekte bezüglich Arbeitsleistung, wirtschaftlicher Lage, Gesundheit, persönlicher Vorlieben, Interessen, Zuverlässigkeit, Verhalten, Aufenthaltsort oder Ortswechsel dieser natürlichen Person zu analysieren oder vorherzusagen. Die Bearbeitung von Personendaten im Rahmen der Prüfung der Kreditwürdigkeit stellt somit eine Bearbeitung des Persönlichkeitsprofils dar.

Ein Profiling mit hohem Risiko (Art. 5 Abs. 1 Bst. g DSG) liegt sodann vor, wenn die Bearbeitung von Daten ein hohes Risiko für die Persönlichkeit oder die Grundrechte der betroffenen Person darstelle. Dieses Risiko kommt dann zustande, wenn die Verknüpfung von Daten eine Beurteilung wesentlicher Aspekte der Persönlichkeit einer natürlichen Person erlaubt. Liegt ein solches Profiling mit hohem Risiko vor, so ist z.B. die ausdrückliche Einwilligung gemäss Art. 6 Abs. 7 DSG für die Bearbeitung von Daten notwendig. Zur Prüfung der Kreditwürdigkeit darf grundsätzlich kein Profiling mit hohem Risiko erfolgen (Art. 31 Abs. 2 Bst. c Ziff. 1 DSG).

Wirtschaftsauskunfteien, welche Dritten basierend auf Art. 31 DSG Informationen zur Prüfung der Kreditwürdigkeit zur Verfügung stellen, erstellen gemäss heutiger Auslegung kein Profiling mit hohem Risiko. Erst wenn Daten von der Auskunftei weiterbearbeitet oder möglicherweise noch zusätzlich ergänzt werden, könnte es gleichwohl zu einem Profiling mit hohem Risiko kommen. Die Rechtsprechung wird aber diesbezüglich Klarheit bringen.

1.6.4.4 Verantwortlicher und Auftragsdatenverarbeiter

Gemäss Art. 2 Abs. 1 Bst. j DSG gilt jeder als Verantwortlicher, der Daten bearbeitet und selbst über den Zweck und die Mittel der Bearbeitung entscheidet. Nur weil Daten bei einem Dritten beschafft werden, bedeutet dies nicht per se, dass jener ein Auftragsdatenverarbeiter ist. Wirtschaftsauskunfteien entscheiden im Normalfall selbst über den Zweck und die eingesetzten Mittel der Bearbeitung. So auch Inkassounternehmen beim Einzug von Forderungen für den Gläubiger. Somit müssen Unternehmen, die diese Leistungen in Anspruch nehmen, keinen separaten Auftragsdatenverarbeitervertrag abschliessen.

Werden jedoch Daten an einen Dritten übermittelt, mit dem Auftrag, sie zu bearbeiten, so handelt es sich dabei um einen Auftragsdatenverarbeiter gemäss Art. 5 Abs. 2 Bst. k und es ist eine Vereinbarung mit diesem abzuschliessen, um den neuen Bestimmungen des Datenschutzgesetzes gerecht zu werden.

1.6.4.5 Informationspflichten des Verantwortlichen

Der Verantwortliche i.S. des DSG hat die betroffene Person über die Datenbearbeitung gemäss Art. 19 DSG zu informieren. Dies selbst dann, wenn die Informationen nicht direkt bei der betroffenen Person, sondern bei Dritten beschafft werden. Aus diesem Grund ist es zu empfehlen, eine entsprechende Regelung in die Verträge oder in den Bestellablauf aufzunehmen (vgl. dazu Abschnitt *Vertragswesen, Ziff. 5.1 und Information über die Bonitätsbeurteilung, Ziff. 6.4*).

Ausgenommen von den Informationspflichten gemäss DSG ist indes die Beschaffung von Personendaten zur Prüfung der Kreditwürdigkeit gemäss Art. 31 DSG.

Werden ausschliesslich automatisierte Einzelentscheidungen getroffen, so hat der Verantwortliche die betroffene Person ebenfalls zu informieren (Art. 21 DSG). Diese Informationspflicht entfällt allerdings, wenn die automatisierte Einzelentscheidung in direktem Zusammenhang mit dem Abschluss oder der Abwicklung eines Vertrages zwischen dem Verantwortlichen und der betroffenen Person steht. Es kann aber je nach Situation angebracht sein, die Einwilligung beim Betroffenen trotzdem einzuholen (vgl. Abschnitt *Information über die Bonitätsbeurteilung*, 6.4).

1.6.4.6 Auskunftsrechte der betroffenen Person

Jede Person kann beim Verantwortlichen Auskunft über die eigenen bearbeiteten Personendaten verlangen (Art. 25 DSG). Der Verantwortliche hat diese Auskunft der betroffenen Person kostenlos und innerhalb von 30 Tagen zu erteilen.

1.6.4.7 Persönlichkeitsverletzungen und Rechtfertigungsgründe

Gemäss Art. 30 DSG darf bei der Bearbeitung von Personendaten die Persönlichkeit der betroffenen Person nicht verletzt werden. Davon ausgenommen ist die Bearbeitung nach Art. 31. DSG, d.h. sobald ein überwiegendes Interesse vorliegt. Mögliche Gründe für ein solches überwiegendes Interesse sind:

- Die Bearbeitung von Personendaten über einen Vertragspartner steht in unmittelbarem Zusammenhang mit dem Abschluss oder der Abwicklung eines Vertrages.
- Der Verantwortliche steht (momentan oder in absehbarer Zukunft) mit einer anderen Person in wirtschaftlichem Wettbewerb.
- Die Daten werden im Rahmen der Prüfung der Kreditwürdigkeit bearbeitet.

Rechtfertigungsgründe für die Bearbeitung von Personendaten.

Der Rechtfertigungsgrund zur Bearbeitung von Personendaten bei der Prüfung der Kreditwürdigkeit ist für Unternehmen von enormer Wichtigkeit. Nicht bearbeitet werden dürfen hingegen besonders schützenswerte Personendaten (vgl. Abschnitt *Besonders schützenswerte Personendaten*, 1.6.4.2). Zudem dürfen die Personendaten nicht älter als 10 Jahre sein und es dürfen überdies keine Daten von Minderjährigen bearbeitet werden.

Das Verbot zur Bearbeitung von Daten zu Minderjährigen zur Prüfung der Kreditwürdigkeit (Art. 31 Abs. 2 Bst. c Ziff. 4 DSG) ist für zahlreiche Unternehmen, namentlich im Online-Handel, besonders stossend. Dies aus zwei Gründen. Zum einen wird dem Lieferanten die Möglichkeit genommen, gemäss seinen gesetzlichen Überprüfungspflichten zum Jugendschutz überhaupt kontrollieren zu können (z.B. kann das Alter beim Bezug von Alkohol, Spielen u. dgl. nicht mehr überprüft bzw. verifiziert werden), wenngleich man davon ausgehen darf, dass man nicht dafür belangt werden kann, wenn der (minderjährige) Kunde falsche Angaben macht und man es nicht wissen konnte. Zum anderen hat der Gesetzgeber damit quasi negiert, dass Minderjährige über das freie Kindesvermögen selbst verfügen und auch in diesem Rahmen Geschäfte eingehen dürfen. Auch dabei wird dem Lieferanten die Möglichkeit entzogen, überhaupt prüfen und verifizieren zu können, ob der Vertragspartner minderjährig ist oder nicht. Der Unternehmer (Lieferant) hat sich somit vollumfänglich nur noch auf die Angaben des Kunden zu verlassen und kann nicht mehr wie bis anhin auf Wirtschaftsauskunfteien zurückgreifen, weil diese keine Validierung des Alters des Kunden mehr vornehmen dürfen.

1.6.4.8 Rechtsansprüche von betroffenen Personen

Die betroffene Person kann beim Verantwortlichen die Berichtigung von unrichtigen Personendaten verlangen (Art. 32 DSG), es sei denn:
a. eine gesetzliche Vorschrift verbietet die Änderung;
b. die Personendaten werden zu Archivzwecken im öffentlichen Interesse bearbeitet.

1.6.4.9 Weitere Bestimmungen

Auf die Bestimmungen wie Datensicherheit, Datenschutzberater, Verzeichnis der Bearbeitungstätigkeit, Datenschutzfolgenabschätzung, Meldungen von Verletzungen der Datensicherheit, Strafbestimmungen usw. wird im Rahmen dieses Buches nicht näher eingegangen und es wird diesbezüglich auf die einschlägige Literatur verwiesen.

1.7 Antyzyklisches Verhalten

Die Erfahrung zeigt, dass Massnahmen zur Minimierung von Bonitätsrisiken oft zu spät ergriffen werden. Viele Unternehmen reagieren erst, wenn die Margen schon zurückgegangen sind oder sich ein Liquiditätsengpass abzeichnet. Vor allem in Phasen des Aufschwungs werden Risiken oft allzu leichtgläubig eingegangen. Die Folge ist oft, dass in rezessiven Phasen Massnahmen zur Sicherung der Liquidität überstürzt ergriffen und so notwendige Umsätze verhindert werden.

> Massnahmen für die Minimierung von Bonitätsrisiken werden oft zu spät ergriffen.

	Aufschwung	Krise
Allgemeine Tendenzen	Investitionsbereitschaft, Wachstumsstrategien, Produktionsausweitung	Kostenoptimierung, Personalabbau, Investitionsverzögerungen
Kreditmanagement	Systemintegration zur Optimierung der Anfragevolumen, Erhöhen der Kreditlimiten	Vorsucht, Pessimismus, Kostenbewusstsein, Liquiditätsengpass
Debitorenmanagement	Tendenzielle Vernachlässigung, Konzentration auf Neukunden, zaghaftes Vorgehen zur Vermeidung von Kundenabgängen, Ansteigen der Debitoren	Straffung der Abläufe, Massnahmen zur Liquiditätssicherung, Bearbeiten von Altbeständen, Ansteigen der Debitorenverluste

Abbildung 13: Verhalten der Gläubiger im Allgemeinen

Eine vorausschauende und langfristige Planung erfordert auch eine frühzeitige Bewirtschaftung der Bonitätsrisiken und das Definieren von klaren Regeln. Damit wird das Bewusstsein für die Vermeidung von Forderungsverlusten im ganzen Unternehmen gefördert, von den Finanzen bis zum Verkauf.

1.8 Grundlagen

Nicht nur Kundenbeziehungen bergen Bonitätsrisiken. Alle Geschäftsbeziehungen sind in Betracht zu ziehen.

Auf den ersten Blick betreffen Bonitätsrisiken primär die Kundenbeziehungen. Darüber hinaus sind aber auch die Beziehungen zu Geschäftspartnern betroffen. Das wird oft vergessen.

Abbildung 14: Gesamtüberblick

Aus Sicht des Risikomanagements muss jede Geschäftsbeziehung beurteilt werden (Einschätzung der Eintrittswahrscheinlichkeit und des möglichen Schadens). Entscheidend ist die Frage der Risikotragfähigkeit. Welcher Verlust kann im schlimmsten Fall verkraftet werden? Wo sind existenzsichernde Massnahmen notwendig?

Das Kredit- und Forderungsmanagement ist ein wichtiger Teilbereich des Cashmanagements.

Das Kredit- und Forderungsmanagement stellt einen wichtigen Teilbereich des Cashmanagements dar. Dies wird mit Blick auf das Problem der Zahlungsunfähigkeit deutlich. Gemäss einer Untersuchung der Creditreform gibt es folgende Rangordnung bei den Insolvenzgründen:

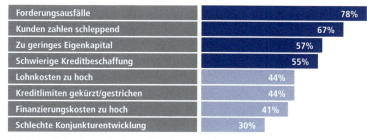

Abbildung 15: Insolvenzgründe aus Sicht des Unternehmens (Creditreform Deutschland)

Die drei wichtigsten Insolvenzgründe betreffen unmittelbar die Liquidität. So fehlen beispielsweise bei Forderungsausfällen die liquiden Mittel, um selbst den Zahlungsverpflichtungen nachzukommen. Gerät der Zahlungsfluss erst einmal ins Stocken, kommt es oft zu einer Kettenreaktion. Handelt es sich noch um ein junges oder in den letzten Jahren wenig erfolgreiches Unternehmen, ist die Eigenkapitalbasis ohnehin meist knapp. Es mangelt in der Folge an Reserven, um die Verluste aufzufangen.

An vierter Stelle steht die schwierige Kreditbeschaffung. Dies betrifft wiederum vor allem weniger erfolgreiche Unternehmen. Oft verteuert ein zusätzlicher Risikozuschlag den benötigten Bankkredit so stark, dass er schliesslich nicht finanziert werden kann.

Ein erfolgreiches Kredit- und Debitorenmanagement umfasst die gesamte Wertschöpfungskette von der Akquisition über die Prävention bis hin zur Realisation. In der Phase der Akquisition geht es darum, den Kunden zu finden und zu identifizieren. Dies ist Voraussetzung für den Erfolg. Denn die Bonitätsprüfung eines falschen Vertragspartners kann nicht nur beim Forderungseinzug zu Problemen führen, sondern zur Folge haben, dass man Anzeichen einer sich abzeichnenden Insolvenz übersieht.

Die wichtigsten Insolvenzgründe:
• Forderungsausfälle
• schleppend zahlende Kunden
• zu geringes Eigenkapital

Die schwierige Kreditbeschaffung steht an vierter Stelle der Insolvenzgründe.

Zentraler Baustein für Unternehmerischen Erfolg ist die Prävention.

Nach der Akquisition folgt der zentrale Baustein in der Wertschöpfungskette: die Phase der Prävention. Unternehmerischer Erfolg verlangt eine realistische Bewertung des Vertragspartners sowie eine individuelle Festlegung der Kreditlimite. Kommt es trotz aller Vorsichtsmassnahmen zu einem Forderungsausfall, gilt es diesen schliesslich in der Phase der Realisation mit den entsprechenden Massnahmen geltend zu machen.

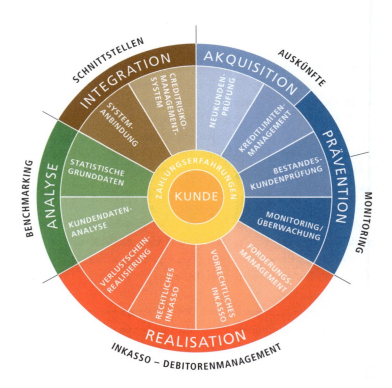

Abbildung 16: Wertschöpfungskette im Kredit- und Forderungsmanagement

Im Zentrum steht die Bonität des Kunden. Alle verfügbaren Informationen sind zu sammeln. Denn nur Kunden, die zahlen können und wollen, garantieren einen Gewinn. Eine Firma muss immer wissen, mit wem sie es zu tun hat. Neukunden sind in jedem Fall auf ihre Zahlungsfähigkeit zu prüfen. Im Fall einer zweifelhaften oder ungenügenden Bonität darf nie auf Rechnung geliefert werden. Um die Bonität von Neukunden zu prüfen, braucht es Informationen von Dritten. Eine Win-win-Situation entsteht dann, wenn Firmen ihre Zahlungserfahrungen wiederum an eine Bonitätsdatenbank liefern (vgl. Abschnitt *Vertragswesen*, 5.1). Je mehr Zahlungserfahrungen gepoolt werden, desto besser gelingt es, Verluste zu vermeiden. Auch wird sichergestellt, dass man nicht einfach die schlechten Kunden des Mitbewerbers übernimmt.

> Im Zentrum steht die Bonität des Kunden.

AUFGABEN BEI DER AKQUISITION
- Unterstützung des Verkaufs
- Schulung des Verkaufs
- Identifikation der Entscheidungsträger
- Vorabklärungen zur Bonität
- Kundensegmentierung
- Festlegen der Konditionen

AUFGABEN BEI DER PRÄVENTION
- Bonitätsprüfung der Neu- und Bestandeskunden
- Festlegen und Überwachen der Kreditlimiten
- Monitoring

AUFGABEN BEI DER REALISATION
- Überwachen des Zahlungseinganges
- Einleiten der Massnahmen zur Realisierung der Forderungen

2

GESCHÄFTSBEZIEHUNGEN

2 GESCHÄFTSBEZIEHUNGEN

Unter dem Begriff Businesspartner-Management versteht man die Verwaltung aller Geschäftsbeziehungen.

Unter dem Begriff Businesspartner-Management (BPM) versteht man die Verwaltung aller Geschäftsbeziehungen. Zwei hauptsächliche Bereiche sind zu unterscheiden: Auf der einen Seite stehen die direkten oder indirekten Lieferanten und Geschäftspartner, auf der anderen Seite die Kunden. Bei den Geschäftspartnern wie auch bei den Kunden spielt die Bonität eine zentrale Rolle. Bei der Beurteilung der «Leistungsqualität» sind das nötige Wissen und die damit verbundenen Anforderungen den meisten Unternehmen bekannt. Viele Unternehmen sind sich aber nicht bewusst, dass auch die Bonität der Lieferanten einen wichtigen Faktor für erfolgreiche Geschäftsbeziehungen bildet. Denn wenn das Geld knapp ist, besteht langfristig gesehen immer auch ein grosses Risiko in Bezug auf die Qualität der Leistung oder die Leistungserbringung überhaupt.

Aus diesem Grund wird zuerst vertieft auf das Businesspartner-Management eingegangen. Denn für die Beurteilung der Bonität von Kunden ist das gleiche Grundwissen notwendig wie für die Beurteilung der Bonität der übrigen Geschäftspartner.

Abbildung 17: Stellung des Unternehmens

Das Unternehmen ist im doppelten Sinn abhängig: ohne verlässliche Lieferanten und Geschäftspartner ist es nicht in der Lage, die erforderlichen Leistungen zu erbringen, ohne zahlungsfähige und zahlungswillige Kunden fehlt es ihm an der notwendigen Liquidität, um seinen Zahlungsverpflichtungen nachzukommen. Das BPM gehört aufgrund seiner Wichtigkeit zu den Aufgaben der Geschäftsleitung und kann nicht einfach delegiert werden.

Unternehmen sind sowohl von Kunden als auch Lieferanten abhängig.

2.1 Unternehmen

Die unternehmerischen Herausforderungen der Gegenwart stehen ganz im Zeichen von Globalisierung und Vernetzung. Der Prozess der zunehmenden internationalen Verflechtung in allen Bereichen (Wirtschaft, Politik, Kultur, Umwelt, Kommunikation usw.) geht einher mit einer Vervielfachung der Beziehungen. Obwohl die Distanzen immer kürzer werden, besteht die Gefahr einer zunehmenden Anonymisierung. Es wird immer schwieriger, über alle globalen Verflechtungen hinweg zu erkennen, mit welchem Partner man es wirklich zu tun hat. Um am Markt bestehen zu können, werden vermehrt Kooperationsformen wie Beschaffungs-, Entwicklungs-, Management-, Service-, oder Absatzkooperationen bis hin zu virtuellen Organisationsformen genutzt.[1]

In diesem Prozess der Globalisierung steigt das Bedürfnis nach persönlichen Kontakten. Dies gilt auch für die unternehmerische Tätigkeit. Man will nicht an eine anonyme Institution liefern. Wie aber die richtigen Informationen zum richtigen Zeitpunkt erhalten? Voraussetzung für die Bewältigung der wachsenden Informationsflut ist eine genaue Betrachtung der Unternehmensbereiche.

---

[1] Fueglistaller / Fust / Federer: Kleinunternehmen in der Schweiz – dominant und unscheinbar zugleich, S. 25

Abbildung 18: Unternehmensbereiche

Drei Unternehmensbereiche sind zu unterscheiden:
• Leistungserbringung
• Unterstützung / Administration
• Führung

Die Gesamtverantwortung trägt der Verwaltungsrat.

Das Unternehmen kann in drei verschiedene Bereiche unterteilt werden: direkte Leistungserbringung (Verkauf, Produktion und Einkauf), Unterstützung / Administration (Finanzen, Personal und Infrastruktur) und Führung.

Innerhalb der Führungsebene unterscheidet man zwischen der strategischen und der operativen Führung (vgl. Abschnitt *Businesspartner-Management im Unternehmen*, 2.3). Jeder dieser Bereiche arbeitet mit anderen Businesspartnern zusammen und ist für das Management der bezüglichen Risiken mitverantwortlich. Die Gesamtverantwortung trägt der Verwaltungsrat.

2.2 Risikomanagement des Unternehmens

Zu den Folgen von Globalisierung und Anonymisierung gehört die Zunahme von unternehmerischen Risiken. Lieferanten und Geschäftspartner werden ebenso austauschbar wie Kunden. Wird ein Kunde wegen Zahlungsschwierigkeiten nicht mehr beliefert, sucht er sich einfach einen neuen Lieferanten usw.

Als unternehmerische Risiken bezeichnen wir die Gefahr, dass das Ergebnis der Geschäftstätigkeit aufgrund ungenügender Informationen oder falsch eingeschätzter Faktoren von den Erwartungen bzw. Zielen abweicht.[2] Sicherheit verlangt ein klar strukturiertes Vorgehen. Die Abbildung zeigt den Prozess des Risikomanagements:

Unternehmerische Risiken: Gefahr, aufgrund falsch eingeschätzter Faktoren von der Zielsetzung abzuweichen.

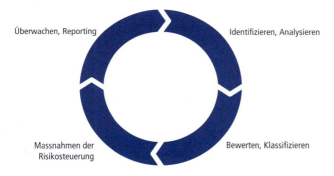

Abbildung 19: Prozess des Risikomanagements[3]

Die wichtigste und zugleich schwierigste Aufgabe ist die richtige Identifikation der Risiken. Diese ist Voraussetzung für die sichere Bewertung und Klassifikation, welche wiederum für die Auswahl der angemessenen Massnahmen wegleitend ist.

Die Identifikation der Risiken bildet eine wesentliche Voraussetzung.

2.2.1 Risikobeurteilung

Mit der einmaligen Identifikation und Bewertung ist das Risikomanagement aber nicht abgeschlossen. Das Risikomanagement ist vielmehr ein fortlaufender Prozess. Es gilt, alle Entwicklungen laufend zu überwachen. Nur ein sorgfältiges Reporting gewährleistet, dass Veränderungen und die sich daraus ergebenden neuen Risiken rechtzeitig erkannt werden. Dabei sind nicht alle Risiken für das Unternehmen gleichbedeutend –

Das Risikomanagement ist ein fortlaufender Prozess.

---

[2] Thommen, Managementorientierte Betriebswirtschaftslehre, S. 897 ff.
[3] Thommen, Managementorientierte Betriebswirtschaftslehre, S. 899

die Gewichtung richtet sich nach Eintrittswahrscheinlichkeit und Schadenshöhe. Vier Hauptbereiche sind zu unterscheiden:

Abbildung 20: Risikoportfolio [4]

- **RISIKO KLEIN / EINTRITTSWAHRSCHEINLICHKEIT GERING:** Kleine Risiken mit geringer Eintrittswahrscheinlichkeit können vernachlässigt werden – sie gehören zum unternehmerischen Handeln. Risikominimierende Massnahmen sind nicht sinnvoll, denn der Aufwand übersteigt den möglichen Schaden.

- **RISIKO KLEIN / EINTRITTSWAHRSCHEINLICHKEIT HOCH:** Kleine Risiken mit hoher Eintrittswahrscheinlichkeit dürfen nicht unterschätzt werden – sie verursachen in der Summe häufig erheblichen Schaden. Risikominimierende Massnahmen sind hier sinnvoll. Sie erfordern ein adäquates Risikomanagement.

- **RISIKO SEHR GROSS / EINTRITTSWAHRSCHEINLICHKEIT GERING:** Grosse Risiken bedürfen auch bei geringer Eintrittswahrscheinlichkeit

---

[4] Thommen, Managementorientierte Betriebswirtschaftslehre, S. 903 ff.

immer eines effizienten Risikomanagements, da der Eintritt den Fortbestand des Unternehmens gefährden könnte.

- **RISIKO HOCH / EINTRITTSWAHRSCHEINLICHKEIT HOCH:** Risiken, welche die Existenz gefährden, sind in jedem Fall zu vermeiden. Aufgabe des Risikomanagements ist es, solche Gefahren rechtzeitig zu erkennen und das Eintreten durch präventive Massnahmen zu verhindern.

Es bestehen vielfältige Möglichkeiten der Risiko-Minimierung. Voraussetzung für den Erfolg ist aber immer die Bereitschaft, unternehmerischen Gefahren mit dem nötigen Realitätssinn entgegenzutreten:

- Akzeptieren
- Vermeiden
- Vermindern
- Überwälzen

> Risiken können akzeptiert, vermieden, vermindert oder überwälzt werden.

Die Risiko-Minimierung ist nur erfolgreich, wenn sie sich auf alle Unternehmensbereiche erstreckt – Führung, Verkauf, Einkauf, Produktion, Personal, Finanzen und Infrastruktur. Nicht ausser Acht gelassen werden darf der Faktor Mensch. Hinter jedem Geschäftspartner steht eine Person bzw. eine Firma, die durch ihre Führungsorgane geprägt ist. Trotz zunehmender Globalisierung ist und bleibt das Geschäft ein Peoplebusiness, wobei mit der Grösse der Partnerorganisation auch die Unberechenbarkeit zunimmt. Ein professionelles Risikomanagement muss deshalb neben objektiven Beurteilungskriterien (hard facts) auch subjektiven Kriterien (soft facts) Beachtung schenken. «Weiche» Faktoren sollten dabei soweit als möglich verifiziert und objektiviert werden.

Entscheidend für ein erfolgreiches Risikomanagement ist die Qualität der Analyse. Fundierte Abklärungen und Evaluationen sind allerdings zeitintensiv und für Unternehmen, die folgenreiche Entscheidungen in kurzen Fristen fällen müssen, oft nicht realisierbar. In der Praxis hat sich der Rückgriff auf Drittinformationen als bewährte Lö-

> Ein erfolgreiches Risikomanagement ist abhängig von der Qualität der Analyse.

sung eingebürgert. Wichtig sind dabei die Aktualität und die sofortige Verfügbarkeit der benötigten Daten. Fazit: Wer unternehmerisch verantwortlich handeln will, muss alle bekannten Fakten in den Prozess des Risikomanagements einbeziehen.

2.2.2 Internes Kontrollsystem

Unternehmen sind in der Pflicht, die Risiken zu beurteilen.

Mit der Revision des Aktienrechtes, die auf den 1.1.2008 in Kraft getreten ist, soll den gestiegenen Anforderungen an das Risikomanagement Rechnung getragen werden. Für wirtschaftlich bedeutende Unternehmen gelten die umfangreichsten Bestimmungen (vgl. Abschnitt *Revisionsstelle*, 3.6). Diese müssen über ein Internes Kontrollsystem (IKS) mit integriertem Risikomanagement verfügen. Die Risikobeurteilung liegt in der Verantwortung des Verwaltungsrates.

	AG, GmbH, Genossenschaft	Darüber hinausgehende Bestimmung für wirtschaftlich bedeutende Unternehmen
Gesetz	Art. 663b Ziffer 12 OR	Art. 728a OR
Pflicht	Unter anderem die Pflicht, im Anhang der Jahresrechnung Angaben über die Durchführung einer Risikobeurteilung aufzuführen.	Die Revisionsstelle prüft unter anderem, ob ein internes Kontrollsystem (IKS) inklusive Risikobeurteilung exisitert.

Abbildung 21: Risikomanagement nach OR

Das Beurteilen von Kreditrisiken ist Teil des Risikomanagements.

Im Zentrum des Risikomanagements stehen neben der Beurteilung von Kreditrisiken alle Risiken im Zusammenhang mit Geschäftspartnern, die für die Gesamtbeurteilung eine wichtige Rolle spielen. Nachdem sämtliche Unternehmensrisiken identifiziert sind, müssen sie nach Risikohöhe und Eintrittswahrscheinlichkeit bewertet werden. So lassen sich die geeigneten Massnahmen effizient und sicher bestimmen. Dieser Prozess beinhaltet weiter die Bereitstellung der für die Umsetzung erforderlichen Ressourcen. Das Vorgehen ist zu strukturieren und muss u.a. auch periodische Überprüfungen der Risikolage sowie der Wirksamkeit der ergriffenen Präventionsmassnahmen umfassen.

	Risikoidentifikation	Risikobewertung		Risikobewältigung	
	Risikoart, Auswirkung	Eintritts-wahrschein-lichkeit	Risiko-höhe	Massnahme	Verantwortlich-keit, Termin
Finanzen	Liquiditätsmangel → Zahlungsschwierig-keiten, Bonitätsverlust	mittel	hoch	Liquiditätsplanung	Buchhalter 30.9.20XX
Finanzen	Forderungsausfälle → Liquiditätsengpass	mittel	mittel	Bonitätsprüfung	Debitoren-verantwortung
Infrastruktur	Technischer Maschinenausfall	mittel	hoch	Servicevertrag	Geschäftsleitung
Infrastruktur	Elementarschäden → Produktionsausfälle	klein	hoch	Versicherung	Geschäftsleitung
Infrastruktur	Virenbefall → Systemausfall	klein	klein	Aktualität der Virensoftware prüfen	Buchhalter
Produktion	Lieferant fällt aus → Produktionsprobleme infolge kleiner Lagerhaltung	klein	mittel	Bonitätsüber-wachung der Hauptlieferanten	Produktionsleiter
Produktion	Qualitätsprobleme → Imageverlust	klein	klein	Qualitätssicherung	Produktionsleiter
Verkauf	Kundenzufriedenheit sinkt → Umsatzrück-gang	klein	mittel	Umfrage	Verkauf
Verkauf	Garantiefälle → Haftungsansprüche	klein	hoch	Rückstellungen für Garantieansprüche	Buchhalter
Verkauf	Neue Konkurrenten → Preiszerfall	klein	mittel	Konkurrenz-beobachtung	Verkauf
...	...	...	...	...	...

Abbildung 22: Risikomatrix

Sämtliche Risiken aus allen Unternehmensbereichen sind nach diesem praxiserprobten Schema zu überprüfen (vgl. Abbildung 23 ; *Unternehmensbereiche*).

2.3 Businesspartner-Management im Unternehmen

> Die korrekte Identifikation des Businesspartners ist der erste Schritt zum Erfolg.

Die korrekte Identifikation des Businesspartners ist der erste Schritt zum Erfolg. Sie beginnt auf der Ebene der Unternehmensführung. Diese hängt von der Rechtsform des Unternehmens ab. Bei den juristischen Personen sieht das Gesetz zwei Führungsebenen vor, eine strategische (Verwaltungsrat, Vorstand) und eine operative (Geschäftsleitung). Kurz zusammengefasst ist das oberste, leitende Gremium dafür verantwortlich, die «richtigen Dinge zu tun», die Geschäftsleitung dafür, die «Dinge richtig zu tun». Bei kleinen Gesellschaften werden beide Funktionen häufig von den gleichen Personen ausgeübt. Dasselbe gilt bei Einzelfirmen oder Personengesellschaften. Inhaber bzw. Teilhaber sind meistens auch an der Geschäftsführung beteiligt und tragen damit sowohl strategische als auch operative Verantwortung.

Das Unternehmen kann in folgende Bereiche aufgeteilt werden:

Unternehmensführung					
Verkauf	Einkauf	Produktion Handel	Personal	Finanzen	Infrastruktur

Abbildung 23: Unternehmensbereiche

- **VERKAUF:** Der Verkauf beschäftigt sich mit dem Absatz der Produkte an die Kunden. Im Bereich B2C ist der Abnehmer eine Privatperson, im Bereich B2B eine Firma. Der Verkauf umfasst die Aufgaben Akquisition, d.h. alle Massnahmen zur Kundengewinnung, und Distribution, d.h. die Wahl der Absatzkanäle wie z.B. Direktverkauf oder indirekter Verkauf.
- **EINKAUF:** Der Einkauf kümmert sich um Lieferanten oder Systempartner. Er versorgt das Unternehmen mit Gütern und Dienstleistungen, die für den Produktionsprozess benötigt werden.
- **PRODUKTION:** Die Produktion ist mit der Herstellung von Gütern und der Erbringung von Dienstleistungen bzw. mit der Handelstätigkeit beschäftigt.

- **PERSONAL:** Der Personalbereich beschäftigt sich mit der Suche nach geeigneten Mitarbeitern. Richtig eingesetzte und motivierte Mitarbeiter sind für den Erfolg eines Unternehmens von zentraler Bedeutung. Fehler bei der Personalrekrutierung können das Budget des Unternehmens stark belasten. Zu den Aufgaben des Personalbereichs gehört weiter die gesamte Personaladministration.
- **FINANZEN:** Der Finanzbereich ist zuständig für Buchhaltung und Jahresabschlüsse, aber auch für die Kalkulation (Betriebsbuchhaltung). Die Bereitstellung der notwendigen Zahlen ist Voraussetzung dafür, dass die Unternehmensführung die richtigen Entscheidungen treffen kann. Eine wichtige Teilaufgabe der Finanzen ist das Cashmanagement. Es sichert dem Unternehmen fortlaufend die Liquidität und damit das Überleben.
- **INFRASTRUKTUR:** Für den Erfolg braucht es eine Infrastruktur, die den Zielen des Unternehmens entspricht. Auch hier müssen die zunehmenden globalen Verflechtungen einbezogen werden, z.B. die Abhängigkeit von bestimmten Lieferanten. Weiter ist zu fragen, welche Aufgaben ausserhalb des Kernbereichs des Unternehmens liegen und sinnvollerweise an einen Partner ausgelagert werden sollten (Outsourcing).

2.3.1 Kenntnis über den Businesspartner

Hinter jedem Vertragspartner steht ein Unternehmen mit einer Vielzahl von Personen. Oft glaubt man seinen Partner zu kennen (z.B. aufgrund einiger Meetings oder Geschäftsessen), übersieht aber wesentliche Faktoren wie sein wirtschaftliches Umfeld oder vergangene und aktuelle Engagements seiner Schlüsselpersonen. Dieser Mangel an objektiven Fakten kann gravierende Folgen haben – im günstigsten Fall werden die Erwartungen nicht erfüllt, im schlechtesten wird durch das mangelnde Wissen über den Businesspartner die Existenz des Unternehmens gefährdet.

Oft kennt man den Kunden nur oberflächlich.

Unternehmensführung					
Inhaber, Aktionäre, Verwaltungsrat					
Geschäftsleitung, Kader					
Verkauf	Einkauf	Produktion Handel	Personal	Finanzen	Infrastruktur
Kunde, Vertriebspartner	Lieferant, Systempartner	Produktionspartner	Mitarbeiter, Personalvermittler	Kreditgeber, Berater	Lieferant, Outsourcingpartner

Abbildung 24: Partnermanagement des Unternehmens

Der Geschäftspartner ist als Ganzes zu beurteilen. Dazu gehören auch seine wirtschaftlichen Verflechtungen.

Zu den Voraussetzungen für unternehmerischen Erfolg gehört ein genaues Bild vom Geschäftspartner, insbesondere auch von seinen wirtschaftlichen Verflechtungen. Alle verfügbaren Informationsquellen müssen – selbstverständlich im Rahmen der Datenschutzbestimmungen – sorgfältig ausgewertet werden. Zu verarbeiten sind nicht nur amtliche Publikationen wie das Schweizerische Handelsamtsblatt oder die Kantonsblätter, sondern auch andere öffentliche Quellen. Dabei ist immer auch die Historie der vergangenen Engagements einzubeziehen.

Die meisten Geschäftspartner verhalten sich korrekt. Leider werden die Lücken im System aber immer wieder systematisch ausgenutzt.

Die Publikationspraxis der hiesigen Amtsstellen ist nicht geeignet, dem Interessenten einen umfassenden Zugang zu den benötigten Informationen zu verschaffen. So enthalten personenbezogene Veröffentlichungen im Schweizerischen Handelsamtsblatt z. B. nur Namen und Vornamen nebst Wohn- und Bürgerort. Für eine eindeutige Identifikation genügen diese Angaben oft nicht. Die resultierenden Unklarheiten werden häufig gezielt ausgenutzt. Um die unvermeidlichen Informationslücken zu schliessen, ist menschliches Know-how erforderlich. Es gilt, die einzelnen Informationen wie Teile eines Puzzles richtig zusammenzufügen und zu bewerten. Oft fehlen danach immer noch wichtige Elemente für ein objektives Gesamtbild. Dann sind zusätzliche Recherchen erforderlich, z. B. in Form persönlicher Interviews usw. So entstehen aus der Hand erfahrener Spezialisten umfassende Wirtschaftsauskünfte, die den individuellen Informationsbedarf des Anfragenden abzudecken vermögen.

Jeder Unternehmensbereich hat anders gelagerte Interessen, die berücksichtigt werden müssen. Die Tabelle zeigt die unterschiedlichen Zielgruppen (vgl. *Businesspartner-Management im Unternehmen*, 2.3):

Bereich	Zielgruppen	Beschreibung
Verkauf	Kunden	Der Kunde beansprucht einen Lieferantenkredit. Die Bewilligung einer Kreditlimite verlangt in jedem Fall die Prüfung der Bonität. Gegebenenfalls sind entsprechende Sicherheiten zu verlangen.
	Vertriebspartner	Bei der Zusammenarbeit mit einem Vertriebspartner ist grosse Sorgfalt angezeigt. In der Regel besteht ein grosses Bezugsvolumen mit einem entsprechenden Risiko der Kumulation. Auch hier werden Lieferantenkredite gewährt. Die Bonität ist deshalb wie bei jedem Abnehmer zu prüfen und zu überwachen, damit Bonitäts-Verschlechterungen frühzeitig erkannt werden können.
Einkauf	Lieferanten	Zuverlässige und qualitativ einwandfreie Lieferanten sind für die Produktion bzw. den Handel unerlässlich. Kenntnisse des Umfeldes gewähren Sicherheit. Finanzielle Engpässe von Lieferanten können negative Auswirkungen auf das eigene Geschäft haben. Es drohen nicht nur Lieferverzögerungen und Qualitätseinbussen, sondern im Insolvenzfall auch der Wegfall geschuldeter Garantieleistungen.
	Systempartner	Die Abhängigkeit steigt bei Systempartnern, die mehr liefern als nur Rohmaterialien oder einzelne Waren. Im Insolvenzfall lässt sich nur schwer ein Ersatz finden; damit drohen massive Verzögerungen bei der Leistungserbringung.
Produktion	Produktionspartner	Das Outsourcing der Produktion birgt einen hohen Grad der Abhängigkeit. Deshalb sind alle Produktionspartner, auch langjährige, laufend zu überwachen. Vertrauen ist gut – Kontrolle ist besser. Zahlungsschwierigkeiten oder gar ein Konkurs eines massgeblichen Zulieferers kann den Produktionspartner in existenzielle Bedrängnis bringen.

Bereich	Zielgruppen	Beschreibung
Personal	Mitarbeiter	Mitarbeiter sind das wichtigste Gut eines Unternehmens. Leider kommt es immer wieder zu Unterschlagungen und Betrugsfällen. Der Arbeitgeber sollte sich über Bewerber informieren, und zwar nicht nur bei der Vergabe von Schlüsselpositionen. Für alle sensitiven Bereiche (z. B. besondere Vertrauensstellung oder Tätigkeit mit Finanzbezug) empfiehlt sich, einen aktuellen Auszug aus dem Strafregister zu verlangen und Informationen über frühere Engagements einzuholen. Funktionen, die im SHAB publiziert worden sind, lassen sich ohne Weiteres verifizieren. Stimmen die Angaben mit dem Lebenslauf überein? Mitarbeiter in desolater Finanzsituation können erheblichen administrativen Mehraufwand verursachen. So etwa im Fall von Lohnpfändungen, wo die Zahlungen vom Arbeitgeber direkt dem Betreibungsamt überwiesen werden müssen.
	Personalvermittler	Arbeitet ein Unternehmen mit einem Personalvermittler zusammen, ist auch dessen Bonität von Interesse. Schliesslich stellt jeder Partner mit möglichen Zahlungsschwierigkeiten eine Belastung für die eigene unternehmerische Tätigkeit dar.
Finanzen	Kreditgeber	Fremdkapital stammt in vielen Fällen von Banken, teilweise aber auch von privaten Investoren. Für ein Unternehmen sind fundierte Kenntnisse seiner Kapitalgeber von existenziellem Interesse. So könnte ein finanzieller Engpass des Kapitalgebers beispielsweise dazu führen, dass dieser sein Geld früher als erwartet zurückverlangt – frühzeitiges Erkennen hilft, kritische Situationen zu vermeiden.
	Berater	Viele Gesellschaften haben gerade im Finanzbereich externe Berater, die Einblick in vertrauliche Unterlagen erhalten. Auch in diesem Fall sollte man genau prüfen, mit wem man eine Geschäftsbeziehung eingeht – nur so kann man sich vor unliebsamen Überraschungen schützen. Eine Finanzkrise kann die Ursache sein, dass der Berater Risiken eingeht, die nicht tragbar sind.
Infrastruktur	Lieferanten	Für den laufenden Betrieb werden Produktionsmaschinen, EDV-Systeme und weitere Infrastruktur-Leistungen benötigt. Auch hier ist der Fortbestand der Geschäftsbeziehung von grosser Wichtigkeit. Nur ein Lieferant mit ausreichender Bonität kann Garantieleistungen erbringen oder Ersatzteile nachhaltig bereitstellen.

Bereich	Zielgruppen	Beschreibung
Infrastruktur	Outsourcing-Partner	Das Outsourcing von Teilen der Infrastruktur ist nur dann sinnvoll, wenn dadurch nicht zu grosse Abhängigkeiten geschaffen werden. Sichergestellt sein muss, dass der Partner seine Leistungen während der ganzen Vertragsdauer ungeschmälert erbringen kann – auch dies gelingt nur bei ausreichender Bonität des Outsourcing-Partners.

In allen Bereichen eines Unternehmens ist es in jedem Fall angebracht, die Bonität der Geschäftspartner nicht nur zu prüfen, sondern auch laufend zu überwachen. Nur so werden relevante Veränderungen unverzüglich erkannt und Massnahmen können bei Bedarf ergriffen werden. Dabei spielt eben nicht nur die Bonität des Unternehmens eine Rolle, vielmehr ist das Augenmerk auch auf personelle Änderungen in einem Unternehmen zu richten, namentlich ist es beispielsweise von Bedeutung, wenn Leistungsorgane in wichtigen Schlüsselpositionen eine Änderung erfahren.

2.3.2 Arbeitsgemeinschaften

In der Baubranche werden häufig Arbeitsgemeinschaften (ARGE) gebildet, wenn die Gesamtaufgabe für einen einzelnen Anbieter zu gross ist. Die ARGE übernimmt dann sämtliche Aufgaben, die zur Leistungserstellung notwendig sind. Hierzu gehört nicht nur die Erbringung der geschuldeten Leistung als solche, sondern auch die Buchhaltung, die Führung der verschiedenen Partner, die Vertretung gegenüber dem Auftraggeber usw. Eine Besonderheit solcher Arbeitsgemeinschaften liegt darin, dass sie i.d.R. eine einfache Gesellschaft gemäss Art. 530 ff. OR bilden. Deren Mitglieder haften unbeschränkt und solidarisch für Verbindlichkeiten, die im Namen der einfachen Gesellschaft eingegangen werden (vgl. Abschnitt *Haftungsverhältnisse*, 3.5). Der in Anspruch genommene Gesellschafter kann bzw. muss anschliessend auf die anderen Rückgriff nehmen. Oftmals ist es aber dann zu spät, der Gläubiger wird ja in der Regel das solventeste Mitglied für seine gesamte Forderung in Anspruch nehmen, unabhängig davon, welcher Gesellschafter seine Verpflichtungen nicht erfüllt oder einen Schaden verursacht hat.

> Gesellschafter von Arbeitsgemeinschaften (ARGE) haften unbeschränkt und solidarisch.

Es ist daher von besonderer Bedeutung, die Bonität der anderen Partner bereits vor der Begründung der Geschäftsbeziehung zu prüfen. Auch während der Zusammenarbeit sollten Bonitätsveränderungen im Auge behalten werden. Arbeitsgemeinschaften bestehen oftmals über eine längere Zeitspanne, in der viel geschehen kann. Auch eine anfänglich gute Bonität bietet keine absolute Sicherheit. Es ist immer wieder zu beobachten, dass der Konkurs einer grösseren Firma viele kleine Unternehmen mit in die Insolvenz zieht.

2.3.3 Zusammenfassung

Die Geschäftsbeziehungen im Unternehmen sind in den meisten Fällen historisch gewachsen. Wer Risiken in diesem Bereich aktiv minimieren will, muss verschiedene Faktoren berücksichtigen. Ausgangspunkt ist die Identifikation der potenziellen Gefahren. Nur wenn man die unternehmerischen Problemzonen wirklich kennt – sowohl die eigenen als auch die des Partners –, kann man die Risiken realistisch einschätzen.

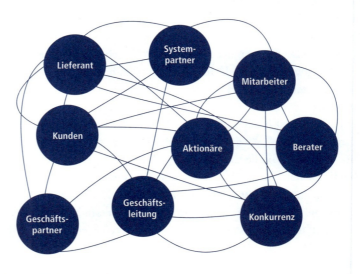

Abbildung 25: Organisches Beziehungsnetz des Unternehmens

Die zunehmende, globale Verflechtung von Geschäftsbeziehungen verlangt nach einem strukturierten Vorgehen. Entscheide müssen in immer kürzerer Zeit und unter grossem Konkurrenzdruck getroffen werden. Voraussetzung für sichere Geschäfte ist die ebenso rasche wie übersichtliche Klassifikation und Bewertung von Risiken. Neben Eintrittswahrscheinlichkeit und Schadenshöhe spielt die Gewichtung eine entscheidende Rolle. Nicht alle Businesspartner sind für ein Unternehmen gleich wichtig.

Abbildung 26: Intensität des BPM

Nach der Risikoanalyse gilt es, die adäquaten Massnahmen zu treffen. Dabei ist wesentlich, dass alle Bereiche des Unternehmens in die Entscheidungsfindung einbezogen werden (Führung, Verkauf, Einkauf, Produktion, Finanzen und Infrastruktur). Neben der Berücksichtigung der verschiedenen Bereichsinteressen spielt auch der Faktor Mensch eine wichtige Rolle. Der Abschluss von Verträgen bleibt trotz Globalisierung immer ein Peoplebusiness.

Die erfolgreiche Umsetzung des BPM ist abhängig von der Genauigkeit des Bildes (Charakteristik) sowie der risikoadäquaten Überprüfung (Intensität). Erst das klar geregelte Zusammenspiel der beiden Faktoren gewährt, dass ein Unternehmen seine Entscheide sicher und effizient treffen kann. Aufwand und Risiko müssen dabei in die richtige Balance gebracht werden.

Für die sichere Wahl sind drei Punkte entscheidend: Identifikation, wirtschaftliche Verflechtung und Bonität. Entsprechende Kenntnisse ermöglichen eine Antwort auf die existenzielle Frage, ob ein Businesspartner seinen Zahlungsverpflichtungen vereinbarungsgemäss nachkommen kann.

Die Bedeutung eines gut funktionierenden BPM wird durch die neuen gesetzlichen Auflagen im Bereich der Revision zusätzlich unterstrichen.

Nur ein wirksames internes Kontrollsystem schafft die nötige Transparenz für sichere Geschäfte. Welche Anforderungen ein BPM im Einzelnen erfüllen muss, hängt von den spezifischen Gegebenheiten eines Unternehmens ab. In jedem Fall aber gilt: Ein professionelles BPM verhindert keine Geschäfte, sondern ist Garant für stabile und langfristige Beziehungen.

2.4 Charakteristik des Businesspartners
Die Analyse des Businesspartners beinhaltet folgende Aspekte:

Abbildung 27: Charakteristik des Businesspartners

Drei Punkte müssen bei der Wahl des Businesspartners zwingend geklärt werden: Identität, wirtschaftliche Verflechtungen und Bonität. Selbstverständlich existieren weitere wichtige Faktoren wie beispielsweise Vertrauen, Verlässlichkeit, Pünktlichkeit, Qualität, Preis-Leistungs-Verhältnis usw. Diese sind individuell zu beurteilen. Dabei kann die Nutzwertanalyse hilfreiche Dienste leisten (vgl. Abschnitt *Wahl des Businesspartners,* 3.9.3):

- Am Anfang jeder Geschäftsbeziehung steht die **Identifikation** des Partners (Firma, Privatperson). Die Antwort auf sämtliche Fragen zu den wirtschaftlichen Verflechtungen und der Bonität eines Partners hängt davon ab – ohne zweifelsfreie Identifikation gibt es keine verlässlichen Aussagen über das künftige Risiko.
- Die wirtschaftlichen **Verflechtungen** geben Aufschluss über die Engagements des Partners wie etwa Verwaltungsratsmandate oder Beteiligungen an Gesellschaften. Wichtig sind nicht nur die aktuellen, sondern auch zurückliegende Aktivitäten. Bedeutsam ist etwa die Frage, ob der Partner in der Vergangenheit bereits einmal oder gar mehrmals Konkurs erlitten hat. Aus den Angaben zu den Beteiligungen – sofern sie bekannt sind – ergeben sich Indizien über die Grösse des Risikos für die Gruppe als Ganzes.
- Die **Bonitätsbeurteilung** gibt Auskunft über die Zahlungsfähigkeit des Partners. Sie ist nicht nur relevant für die Frage, ob ein Partner seinen Zahlungsverpflichtungen nachkommen kann, sondern liefert auch Hinweise, ob die Grundvoraussetzungen für ein längerfristiges Bestehen der Gesellschaft gegeben sind.

Ausschlaggebend für die Wahl des Businesspartners sind die Identifikation, die wirtschaftlichen Verflechtungen und die Bonität.

2.4.1 Identifikation

Ausgangspunkt einer erfolgreichen Geschäftsbeziehung ist die Identifikation der Vertragspartei – in unserem Fall des Businesspartners. Was auf den ersten Blick einfach aussieht, erweist sich in der Praxis häufig als schwieriges Unterfangen. Dies aus verschiedenen Gründen:

Die korrekte Identifikation ist Ausgangspunkt für eine erfolgreiche Geschäftsbeziehung.

Falsche oder unvollständige Adressen führen oft zu Fehlentscheiden.

Voraussetzung für eine eindeutige Identifikation ist zunächst Sorgfalt bei der Aufnahme der Adresse. Die Bezeichnung des Unternehmens weist oft nicht auf den Inhaber hin. Besonders häufig zeigt sich dies in der Gastronomiebranche. Man bestellt beispielsweise Ware für das Restaurant Rössli, Betreiberin und damit Käuferin ist aber die Gastronomie AG. Hier werden häufig Fehler gemacht. So wird die Firma des Bestellenden oft unvollständig erfasst, z. B. als «Müller AG» statt als «Schreinerei Gebrüder Müller AG». Unachtsamkeit in diesem Stadium führt nicht nur zu Fehlentscheiden (z. B. bei der Vergabe von Kreditlimiten), sondern erschwert alle späteren Massnahmen (z. B. im Zusammenhang mit dem Forderungseinzug).

Vertragspartner können anhand einer Identifikationsnummer schnell und sicher erkannt werden.

Mit der von Creditreform verwendeten Crefo-Nummer existiert ein effizientes Instrument, das eine eindeutige Identifikation des Vertragspartners schnell und sicher gewährleistet. Dies auch bei den nicht im Handelsregister eingetragenen Einzelfirmen.

2.4.2 Identifikationsmerkmale

Für eine zweifelsfreie Identifikation sind folgende Angaben unerlässlich:

Typ	Firma	Privatperson
Namen	Firmenbezeichnung	Familienname
	Alternative Namen	Name Partner
Adresse	Firmensitz	Wohnadresse
Datum	Gründungsdatum	Geburtsdatum
Weitere Angaben	Historische Adresse	Historische Adressen
	Rechtsform	Bürgerort
	Branchencode (NOGA)	Beruf
Identifikationsnummern	Crefo-Nr.	Crefo-Nr.
	UID-Nummer	

Abbildung 28: Identifikationsmerkmale

Seit Januar 2011 vergibt die Bundesverwaltung Nummern, mit denen sich Unternehmen eindeutig identifizieren lassen. Das Betriebs- und Unternehmensregister (BUR) teilt jedem Unternehmen die sogenannte UID zu (Unternehmens-Identifikationsnummer). Mit ihr soll der Verkehr zwischen den Unternehmen und der öffentlichen Verwaltung vereinfacht werden.

Die zweifelsfreie Identifikation wird immer wichtiger.

Leider fehlt aber bislang der politische Wille, eine für Dritte zugängliche private Personen-Identifikationsnummer einzuführen. Dies wäre z.B. mit der neuen AHV-Nummer möglich. Damit liessen sich viele Probleme bei der Identifikation von Privatpersonen verhindern (vor allem auch unangenehme Verwechslungen). Notorische Schuldner nutzen diese Lücke oft schamlos aus. Selbst im Handelsregister eingetragene Privatpersonen lassen sich oftmals nicht zweifelsfrei identifizieren, weil dort lediglich Name, Vorname, Wohn- und Bürgerort publiziert werden.

Die per 1. Januar 2013 in Kraft getretene Revision des Namensrechts führt zu einer weiteren Verschärfung dieser Problematik. Das neue Recht erleichtert Namensänderungen ganz allgemein, indem es dafür nur noch «achtenswerte» und nicht mehr, wie bis anhin, «wichtige» Gründe verlangt. Vor allem im Familienrecht ergeben sich sodann neue Konstellationen, welche die zweifelsfreie Identifikation erheblich erschweren können. Grundsätzlich behält jeder Ehegatte bei der Heirat den Namen, den er zuletzt hatte. Die Brautleute können aber auch den Ledignamen eines Ehepartners (der – z.B. bei zweiten Ehen – nicht mit dem Namen identisch sein muss, den die Ehegatten unmittelbar vor der Heirat trugen) als gemeinsamen Familiennamen annehmen. Kommt es zu einer Scheidung, behält wiederum grundsätzlich jeder Ehegatte den ehelichen Namen. Er kann jedoch ebenso gut seinen Ledignamen wieder annehmen. Dasselbe gilt für einen verwitweten Ehegatten, sofern dieser seinen Namen bei der Heirat geändert hatte. Das Recht auf Wiederannahme des Ledignamens hat voraussetzungslos jeder Ehegatte, der vor dem Inkrafttreten der neuen Gesetzesbestimmungen geheiratet und dabei seinen Namen geändert hatte usw. Dass die Kinder in der Regel den

Ledignamen eines der Elternteile zu tragen haben – der sich wiederum vom ehelichen Namen beider Eltern unterscheiden kann – trägt ebenfalls nicht zur Übersichtlichkeit bei. Das Zivilgesetzbuch umfasst so viele Wahlmöglichkeiten, dass es in Ermangelung eines eindeutigen Personenidentifikators zur Detektivarbeit werden kann, eine Person durch alle Veränderungen ihrer Lebensumstände und ihrer Namen zu identifizieren (was Leuten, die – aus welchem Grund auch immer – ihre Spuren verwischen wollen, natürlich sehr entgegenkommt).

2.4.3 Spezialbereich Geldwäschereigesetz

Im Geldwäschereigesetz spielt die Identifikation eine zentrale Rolle.

Die grundlegende Bedeutung einer zweifelsfreien Identifikation zeigt sich auch in anderen Bereichen – so etwa im Geldwäschereigesetz (GwG). Mangelnde Sorgfalt bei Finanzgeschäften kann sogar strafrechtliche Sanktionen nach sich ziehen (Art. 305bis ff. StGB).

Das GwG richtet sich an die sogenannten «Finanzintermediäre» und an Personen, die «gewerblich mit Gütern handeln und dabei Geld entgegennehmen» (Art. 2 Abs. 1 GwG). Finanzintermediäre sind etwa Banken, Investmentgesellschaften, Versicherungen, Effektenhändler, Spielbanken usw.. Dazu gehören allgemein alle Personen, «die berufsmässig fremde Vermögenswerte annehmen, aufbewahren oder helfen, sie anzulegen oder zu übertragen» (Art. 2 Abs. 3 GWG); als Beispiele genannt werden Personen, die:

- das Kreditgeschäft (namentlich durch Konsum- oder Hypothekarkredite, Factoring, Handelsfinanzierungen oder Finanzierungsleasing) betreiben;
- Dienstleistungen für den Zahlungsverkehr erbringen, namentlich für Dritte elektronische Überweisungen vornehmen oder Zahlungsmittel wie Kreditkarten und Reiseschecks ausgeben oder verwalten;
- für eigene oder fremde Rechnung mit Banknoten und Münzen, Geldmarktinstrumenten, Devisen, Edelmetallen, Rohwaren und Effekten (Wertpapiere und Wertrechte) sowie deren Derivaten handeln;
- Vermögen verwalten;

- als Anlageberater Anlagen tätigen;
- Effekten aufbewahren oder verwalten;
- usw.

Im 2. Kapitel des GwG werden die Sorgfaltspflichten der Finanzintermediäre geregelt. Zentral ist die Pflicht zur Identifizierung der jeweiligen Vertragspartei bzw. des oder der «wirtschaftlich Berechtigten» (Art. 3 und 4 GwG). Auch hier gilt, dass alle Folgeschritte – falsche wie korrekte – von der Richtigkeit der entsprechenden Informationen abhängen.

Gemäss Art. 3 GwG muss die Vertragspartei bei der Aufnahme einer Geschäftsbeziehung identifiziert werden. Dies geschieht anhand eines beweiskräftigen Dokuments. Erforderlich ist ein amtlicher Ausweis (Pass, Identitätskarte, Fahrausweis oder dgl.). Bei juristischen Personen müssen die Bevollmächtigungsbestimmungen und die Identität der für sie Handelnden überprüft werden (Art. 3 GwG). Das Dokument ist nicht nur zu prüfen, sondern zu kopieren und aufzubewahren. Es muss auf jeden Fall Name, Vorname, Adresse, Geburtsdatum und Staatsangehörigkeit ausweisen. Bei juristischen Personen müssen die natürlichen Personen festgestellt werden, denen die wirtschaftliche Berechtigung zukommt bzw. welche die Kontrolle über das Unternehmen haben; sind solche nicht feststellbar, muss das oberste Organ des leitenden Gremiums identifiziert werden. Vgl. dazu im Einzelnen Art. 17 und 18 GwV.

> Die Identifikation des Geschäftspartners geschieht anhand eines beweiskräftigen Dokuments.

Als zulässige Identifizierungsdokumente kommen auch Auszüge aus «vertrauenswürdigen, privat verwalteten Verzeichnissen und Datenbanken» in Betracht (vgl. z. B. das Reglement der Polyreg, Ziff. 11). Dazu gehören auch Auskünfte von Creditreform. Diese werden von sämtlichen Selbstregulierungsorganisationen (SRO) und der Kontrollstelle des Bundes akzeptiert. Diese Auskünfte beinhalten nicht nur die im SHAB publizierten Informationen, sondern auch eine Vielzahl von zusätzlichen Angaben über die betroffene Vertragspartei – optimale Voraussetzung für ein umfassendes Gesamtbild. Darüber hinaus wird auch der dem Finanzintermediär in Art. 7 GwG übertragenen Dokumentationspflicht

Rechnung getragen. Solche Auskünfte unterstützen den Finanzintermediär auch bei der Überprüfung des Kontrollinhabers. Als Kontrollinhaber gelten die natürlichen Personen, welche an der juristischen Person oder Personengesellschaft eine direkte oder indirekte Beteiligung von mindestens 25 Prozent halten und diese damit kontrollieren.

Eine Geschäftsbeziehung mit einer politisch exponierten Person (PEP) enthält immer ein erhöhtes Risiko. Gemäss Art. 6 GwG gelten dafür besondere Sorgfaltspflichten. Hier unterstützt Creditreform mit speziellen Auskunftsprodukten. Diese beinhalten auch die Prüfung von Sanktionslisten.

Bonitäts- und Wirtschaftsauskünfte sind weit mehr als nur ein Mittel, um bei einem Kunden eine Kreditlimite zu berechnen. Sie liefern vielmehr fundierte Informationen über jeden potenziellen Geschäftspartner und damit die notwendigen Bausteine für sichere und schnelle Entscheidungen im unternehmerischen Alltag.

2.4.4 Wirtschaftliche Verflechtungen

Die Grafik veranschaulicht beispielhaft die wirtschaftlichen Verflechtungen zwischen Privatpersonen und Firmen:

Abbildung 29: Verflechtungen zwischen Privatpersonen und Firmen

Eine wichtige Informationsquelle ist das Schweizerische Handelsamtsblatt, in dem alle Mutationen von eintragungspflichtigen Firmen publiziert werden. Diese werden beispielsweise von Creditreform tagesaktuell verarbeitet. Umfassende Wirtschaftsauskünfte sollten sich – soweit als möglich – auch auf nicht im Handelsregister eingetragene Firmen und ihre Verflechtungen erstrecken. Da auch eintragungspflichtige Firmen nicht alle interessierenden Angaben veröffentlichen müssen (z.B. Aktionärsverhältnisse), sind für ein Gesamtbild individuelle Recherchen notwendig. Die Abbildung zeigt, wie wirtschaftliche Verflechtungen in der Praxis aussehen können:

Für ein Gesamtbild müssen die wirtschaftlichen Verflechtungen bekannt sein.

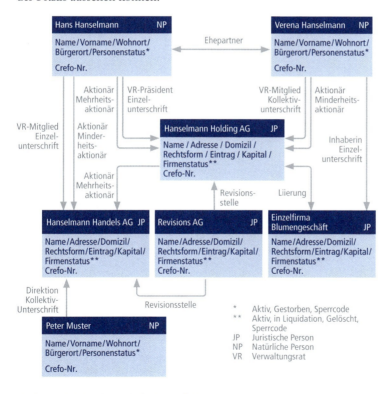

Abbildung 30: Beispiel wirtschaftlicher Verflechtungen

Verluste lassen sich nur gemeinsam vermeiden.

In diesem Zusammenhang spielt der Austausch von Zahlungserfahrungen eine entscheidende Rolle. Auskunfteien wie Creditreform übernehmen das Datenpooling für die Mitglieder – alle profitieren von den Meldungen aller. Die Qualität von Bonitäts- und Wirtschaftsauskünften, d. h. ihre Prognosefähigkeit, korreliert mit der Qualität des Datenpoolings. Nur gemeinsam ist es möglich, Verluste wirksam zu vermeiden und zu verhindern, dass schlechte Zahler einen Vertragspartner nach dem anderen schädigen.

2 GESCHÄFTSBEZIEHUNGEN

3

CHARAKTERISTIK DES BUSINESSPARTNERS

3 CHARAKTERISTIK DES BUSINESSPARTNERS

3.1 Bonität

Mit Bonität bezeichnet man die Kreditwürdigkeit eines Geschäftspartners.

Mit Bonität bezeichnet man die allgemeine Kreditwürdigkeit, insbesondere die Fähigkeit, laufende Zahlungsverpflichtungen vereinbarungsgemäss zu erfüllen (Solvabilität).[1] Die Prüfung der aktuellen Bonität ist bei jeder Aufnahme einer Geschäftsbeziehung unerlässlich und garantiert die Sicherheit eines Unternehmens. Die Erfahrung lehrt, dass die Insolvenz eines Geschäftspartners kaum je ohne vorherige Warnsignale eintritt.

3.2 Beispielhafte Entwicklung einer Insolvenz

Insolvenzen laufen nach einem bestimmten Muster ab.

Die Grafik veranschaulicht die schrittweise Entstehung einer Zahlungsunfähigkeit.[2] Die Notwendigkeit der Risikovorsorge betrifft nicht nur den Verkauf; wie oben erwähnt sind vielmehr alle Unternehmensbereiche involviert. Deshalb gilt: Alle Geschäftsbeziehungen (Lieferanten, Kunden usw.) bedürfen eines soliden Fundamentes an Informationen. Im Zentrum steht dabei die Frage nach der Bonität des künftigen Businesspartners.

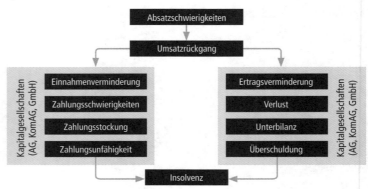

Abbildung 31: Entwicklung einer Insolvenz

---

[1] Pütz, Lexikon Forderungsmanagement der Creditreform, S. 20
[2] Moxter, Finanzwirtschaftliche Risiken, S. 631

3.3 Missbräuchliche Konkurse

Ein Konkurs sollte die letzte unausweichliche Konsequenz sein, wenn ein Unternehmen seinen finanziellen Verpflichtungen nicht mehr nachkommen kann. Dass dem in der Praxis nicht so ist, wissen wir zuweilen bestens. Es wird immer «Unternehmer» geben, die versuchen, sich ihrer Schulden auf eine Art und Weise zu entledigen, die nicht im Interesse der Gläubiger ist. Erschwerend kommt hinzu, dass die Gläubigerinteressen auch durch das Konkursrecht nicht wie gewünscht gewahrt werden (vgl. Abschnitt *Betreibung auf Konkurs*, 7.11.3). Allerdings ist dabei anzumerken, dass nicht jeder Konkurs per se missbräuchlich ist, wenngleich in der Praxis sehr schnell davon gesprochen wird. Bei seriöser Anwendung kann ein Konkurs auch durchaus ein gängiges Sanierungsinstrument darstellen. Erst wenn ein Konkurs dazu benutzt wird, Gläubiger bewusst zu prellen, muss von Missbrauch gesprochen werden.

> Nicht jeder Konkurs ist missbräuchlich.

Konkursverschleppung	Organe handeln nicht, obwohl die Firma überschuldet ist. Es werden weitere Schulden aufgebaut und damit weitere Gläubiger geschädigt.	✓
Konkursreiterei	Ein Bestatter wird eingesetzt, so dass die Vororgane eine saubere Weste haben.	✓
Mangel in der Org.	Konkurs nach OR 731b	?
Nachfolgegesellschaft	Die Aktiven werden übernommen und es wird eine neue Gesellschaft gegründet.	?
Mantelhandel	Die Übertragung einer Gesellschaft soll eingeschränkt werden. Dies, um den Anschein einer «alten» Gesellschaft zu verhindern. Kein direkter Zusammenhang mit missbräuchlichen Konkursen.	?

Abbildung 32: Missbräuchliche Konkurse

Die Konkursverschleppung ist die häufigste und die klassische Art der Missbräuchlichkeit. Die Organe des Unternehmens (z.B. Verwaltungsräte (AG) oder Geschäftsführer (GmbH)) handeln nicht, obwohl sie von Gesetzes wegen verpflichtet wären, wenn sie realisieren oder realisieren müssten, dass die Firma überschuldet ist und Sanierungsmass-

> Mit der Konkursverschleppung werden weitere Gläubiger unnötig geschädigt.

nahmen nötig sind. Dieses Untätigsein führt dazu, dass dadurch unnötigerweise weitere Gläubiger geschädigt werden. Der Umstand, dass bis heute Schuldner für öffentlich-rechtliche Forderungen gemäss Art. 43 SchKG nicht der Betreibung auf Konkurs unterliegen, führt dazu, dass bei solchen Forderungen keine wirklichen Konsequenzen zu befürchten sind und das Unternehmen vielfach weitergeschäftet, obwohl es Konkurs anmelden müsste. Diese Unternehmen nennt man Zombieunternehmen (vgl. Abschnitt *Betreibung auf Konkurs*, 7.11.3).

Die Konkursreiterei ist ebenfalls ein klarer Fall der Missbräuchlichkeit (vgl. dazu den nachfolgenden Abschnitt *Konkursreiterei*, 3.4).

Ein Mangel in der Organisation eines Unternehmens (bspw. Gemäss Art. 731b OR bei der AG) ist als solcher indes nicht schon missbräuchlich. Missbräuchlichkeit wäre aber zu bejahen, wenn der Mangel in der Organisation absichtlich herbeigeführt wurde, damit ein Gericht die Löschung des Unternehmens bestimmt. Das Handelsregister setzt bei einem Mangel in der Organisation dem Unternehmen eine Frist zur Wiederherstellung des gesetzmässigen Zustands an. Wird dies fristgemäss gemacht, so hat dies direkt keine weiteren Konsequenzen für das Unternehmen und es liegt auch kein Missbrauch vor. Es ist aber in vielen Fällen gleichwohl ein wichtiger Hinweis, dass das Unternehmen nicht über alle Zweifel erhaben sein könnte, wenn nicht einmal die zentralen organisatorischen Anforderungen erfüllt werden.

Die Gründung einer Nachfolge- oder Auffanggesellschaft vor, während oder nach einem Konkurs kann durchaus als Instrument der Sanierung sinnvoll sein, gibt allerdings hinsichtlich Missbräuchlichkeit ebenfalls viel zu reden. Mit dem Bezug einer Bonitätsauskunft zur Prüfung der Kreditwürdigkeit lässt sich sicher erkennen, ob es sich um eine Nachfolgegesellschaft handelt.

Von einem Mantelhandel spricht man sodann, wenn eine Gesellschaft nicht liquidiert bzw. aufgelöst wird, sondern ihre Aktivitäten einstellt und quasi «*auf Halde*» gelegt wird, um sie entweder zu verkaufen oder zu einem späteren Zeitpunkt oder für einen anderen Zweck einzusetzen. Dies wird in der Praxis sehr oft gemacht, um Gebühren und Zeit zu sparen, die bei einer Neugründung anfallen würden. Dieses Argument greift heute allerdings zu kurz, denn eine Gründung kostet im Vergleich zu früher fast nichts mehr und geht auch sehr schnell. Es finden auch immer wieder Vorstösse statt, den Mantelhandel zu verbieten, allerdings konnte sich der Gesetzgeber bislang noch nicht dazu durchringen. Viele Leute sind aber dennoch an einem Firmenmantel interessiert, um z.B. den Anschein zu erwecken, dass es sich um ein alteingesessenes und renommiertes Unternehmen handelt, was wiederum dazu führen soll, dass dadurch die Bonität des Unternehmens besser eingestuft wird.

Was kann nun ein Gläubiger unternehmen, um sich gegen missbräuchliche Konkurse zu wehren? Zunächst ist festzustellen, dass der Gläubiger beim Schuldner nicht tatenlos zuschauen muss, denn in den meisten Fällen sind solche bewussten Machenschaften leicht zu erkennen, zumal sie in der Regel immer gleich ablaufen. Wichtig ist dabei allerdings, dass der Vertragspartner eben nicht nur einmal überprüft, sondern auch laufend überwacht wird, um Veränderungen (wie z.B. die Einsetzung eines Firmenbestatters) zeitnah zu erkennen. Ohne solche Vorsichtsmassnahmen sind Forderungsverluste nicht zu vermeiden (vgl. Abschnitt *Bonitäts- und Wirtschaftsauskünfte*, 3.8; *Monitoring*, 6.8).

Eine weitere Möglichkeit für Gläubiger, sich in den Fällen von Missbräuchlichkeit zur Wehr zu setzen, ist es, Strafanzeige bei der Polizei bzw. der Staatsanwaltschaft zu erstatten. Das Schweizerische Strafgesetzbuch sieht verschiedene Delikte im Zusammenhang mit Pfändungen und Konkursen vor (z.B. betrügerischer Konkurs, Pfändungsbetrug, Misswirtschaft, Gläubigerschädigung usw.). Leider ist dies aber teilweise sehr aufwendig und führt nicht zwingend zum Ziel, denn selbst wenn eine Verurteilung des Schuldners erfolgen sollte, heisst das nicht, dass der Gläubiger auch sein Geld erhält, weil beim beklagten Unternehmen in den meisten Fällen kein Geld mehr zu holen ist.

3.4 Konkursreiterei

> Konkursreiterei ist die gewerbsmässige Bestattung eines Unternehmens durch einen Dritten, der nichts zu verlieren hat.

Immer mehr Unternehmen versuchen, sich ihrer Schulden zu entledigen, indem sie die zwingend vom Gesetz vorgesehenen Organe aus der Gesellschaft ausscheiden lassen und eine Person einsetzen, die nichts mehr zu verlieren hat. Man nennt diese Personen auch Firmenbestatter. Sie führen gegen ein Honorar (man geht im Schnitt von ca. CHF 6 000 aus) die Gesellschaft in die Insolvenz, wobei besonders dreiste Firmenbestatter vor dem Konkurs gar noch kräftig einkaufen und sich damit noch zusätzlich bereichern. Solche Firmenbestatter sind i.d.R. nicht ohne Weiteres zu erkennen, aber gerade in solchen Fällen sind Wirtschaftsauskünfte sehr hilfreich, denn anhand der Verknüpfungen zu anderen (auch gelöschten) Unternehmen können Firmenbestatter leichter erkannt werden. Überwacht man seine Kunden, so lässt sich dank den Monitoring-Meldungen der Wechsel in den Organen sofort erkennen und es kann frühzeitig reagiert werden. Zudem sind viele Konkursreiter bei den Wirtschaftsauskunfteien hinlänglich bekannt. Nachfolgend wird die Konkursreiterei graphisch dargestellt.

Abbildung 33: Ablauf der Konkursreiterei

3.5 Haftungsverhältnisse

Für die Beurteilung der Bonität ist die genaue Kenntnis der Haftungsverhältnisse ausschlaggebend: Wer haftet bei einem Forderungsausfall oder bei einer Vertragsverletzung? Zwei Bereiche sind zu unterscheiden:

- **B2C – BUSINESS TO CONSUMER:**
  Der Endkunde ist eine Privatperson.
- **B2B – BUSINESS TO BUSINESS:**
  Der Partner ist ein anderes Unternehmen.

In diesem Fall hängen die Haftungsverhältnisse von der Gesellschaftsform ab. Ihre Kenntnis ist wesentlich für die Beurteilung der Bonität des Geschäftspartners:

Haftungsverhältnisse sind abhängig von der Gesellschaftsform.

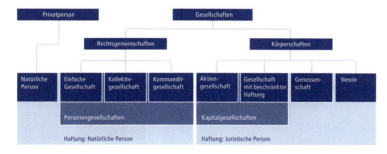

Abbildung 34: Gesellschaftsformen[3]

In der Abbildung ist die Kommanditaktiengesellschaft nicht aufgeführt. Sie kommt so selten vor, dass sie hier vernachlässigt werden kann.

Die Gesellschaften sind in Rechtsgemeinschaften und Körperschaften unterteilt. Erstere werden i.d.R. als Personengesellschaften bezeichnet. Die Gesellschafter haften solidarisch mit ihrem persönlichen Vermögen. Eine Ausnahme gilt bei der Kommanditgesellschaft. Die Kommanditäre haften nur bis zum Betrag der Kommanditsumme.

Bei Personengesellschaften haften die Gesellschafter solidarisch mit ihrem persönlichen Vermögen.

---

[3] Meier / Forstmoser, Grundriss des Schweizerischen Gesellschaftsrechtes, S. 23

Bei Körperschaften haften die Gesellschafter nicht.

Bei Körperschaften haftet für die Schulden der Gesellschaft grundsätzlich nur das Gesellschaftsvermögen. Bei Genossenschaften und Vereinen können die Statuten jedoch eine persönliche Haftung der Mitglieder vorsehen.[4]

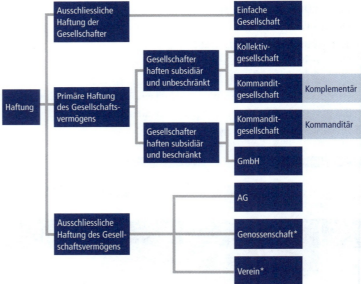

*Je nach Ausgestaltung der Statuten haften die Gesellschafter auch beschränkt oder unbeschränkt.

Abbildung 35: Haftung der Gesellschafter[5]

Die Haftungsbeschränkung spielt eine wichtige Rolle bei der Wahl der Gesellschaftsform. Sie erklärt auch die ausgesprochene Beliebtheit von AG und GmbH.

---

[4] Meier / Forstmoser, Grundriss des Schweizerischen Gesellschaftsrechtes, S. 43 ff.
[5] Meier / Forstmoser, Grundriss des Schweizerischen Gesellschaftsrechtes, S. 44

3.6 Revisionsstelle

Die Revisionsstelle hat gemäss Art. 728a OR den Auftrag zu prüfen, ob die Buchführung, die Jahresrechnung und der Antrag über die Verwendung des Bilanzgewinns dem Gesetz und den Statuten entsprechen. Weiter ist die Revisionsstelle verpflichtet, im Fall einer offensichtlichen Überschuldung den Richter zu benachrichtigen. Die Revisionsstelle gibt nicht nur den Aktionären Sicherheit, sondern indirekt auch allen Geschäftspartnern eines Unternehmens.

Die Revisionsstelle prüft, ob die Buchführung, die Jahresrechnung und der Antrag über die Verwendung des Bilanzgewinns dem Gesetz und den Statuten entsprechen.

Am 1.9.2007 ist das neue Revisionsaufsichtsgesetz (RAG) in Kraft getreten. Nach den neuen Bestimmungen sind «Laienrevisionen» nur noch in Ausnahmefällen zugelassen. Revisoren und Revisionsexperten müssen bestimmte Qualifikationen aufweisen und von der Aufsichtsbehörde zugelassen werden. Die Pflicht zur Ernennung einer Revisionsstelle hängt nicht mehr von der Rechtsform ab. Jede Gesellschaft, welche die unten stehenden Kriterien erfüllt, muss eine Revisionsstelle haben – neu also auch die GmbH.

Gesellschaft	Art der Revision	Zu revidieren von
Publikumsgesellschaften	Ordentliche Revision	Revisionsexperten
Konzernrechnungspflichtige Unternehmen		
Volkswirtschaftlich bedeutende Unternehmen		
Kleinere Unternehmen	Eingeschränkte Revision	Revisor
Unternehmen mit weniger als 10 Mitarbeitenden	keine, wenn alle Aktionäre einverstanden	«Laienrevision»

Abbildung 36: Revisionsarten für AG, GmbH und Genossenschaft

Gemäss Art. 727 OR müssen folgende Gesellschaften ihre Jahresrechnung und gegebenenfalls ihre Konzernrechnung durch eine Revisionsstelle ordentlich prüfen lassen:

- Publikumsgesellschaften
- Gesellschaften, die zwei der nachstehenden Grössen in zwei aufeinander folgenden Geschäftsjahren überschreiten:[6]
  - Bilanzsumme von 20 Millionen Franken,
  - Umsatzerlös von 40 Millionen Franken,
  - 250 Vollzeitstellen im Jahresdurchschnitt

Besteht keine Verpflichtung zur ordentlichen Revision, so sind die Gesellschaften eingeschränkt zu prüfen.

Gesellschaften, die im Jahresdurchschnitt weniger als 10 Vollzeitstellen beschäftigen, können die eingeschränkte Revision modifizieren oder völlig auf eine Revision verzichten. Umgekehrt können der eingeschränkten Revision unterliegende Unternehmen sich der ordentlichen Revision unterstellen.

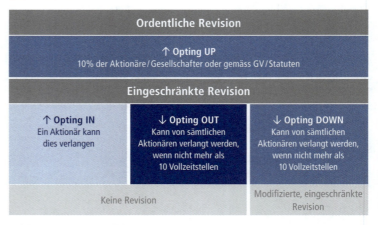

Abbildung 37: Opting-Möglichkeiten

Der weitaus grösste Anteil (81,3%) der Unternehmen verzichtet seit der Gesetzesänderung auf die Revisionsstelle. Damit fehlt aber bei diesen Unternehmen ein an sich wichtiges Organ, das handeln könnte bzw.

---

[6] Auf den 1. Januar 2013 wurden die Schwellenwerte angehoben. Vorher betrugen sie 10 Mio. Bilanzsumme, 20 Mio. Umsatz und 50 Vollzeitstellen.

müsste, wenn der Verwaltungsrat oder die Geschäftsführung untätig bleibt.[7] Der vieldiskutierte Rückschluss, dass dieses Problem gelöst werden könnte, indem man die Schwellenwerte für das Opting-out reduziert, würde das Problem jedoch kaum lösen, sondern nur die KMU unnötig noch mehr administrativ belasten, denn die bestehende Regelung hat sich in der Praxis grundsätzlich bewährt (vgl. Abbildung 7: *Wenn niemand handelt!*).

Opting-Varianten:
- **OPTING UP:** Eine zur eingeschränkten Revision verpflichtete Gesellschaft ist ordentlich zu revidieren, wenn 10% der Aktionäre / Gesellschafter dies verlangen.
- **OPTING IN:** Eine nicht zur Revision verpflichtete Gesellschaft ist eingeschränkt zu revidieren, wenn ein Aktionär dies verlangt.
- **OPTING DOWN:** Gesellschaften, die weniger als 10 Mitarbeitende beschäftigen, können mit dem Einverständnis aller Aktionäre die eingeschränkte Revision zusätzlich einschränken.
- **OPTING OUT:** Gesellschaften, die weniger als 10 Mitarbeitende beschäftigen, können mit Zustimmung aller Aktionäre auf eine Revisionsstelle verzichten.

Mit der Einführung des RAG wurden auch die Anforderungen an die Revisoren neu geregelt. Die ordentliche Revision muss von einem entsprechend qualifizierten Revisionsexperten durchgeführt werden, die eingeschränkte Revision von einem zugelassenen Revisor.

Der Einsatz ausgewiesener Spezialisten schützt aber nicht vor Geschäftspartnern, die aufgrund von Zahlungsschwierigkeiten ihren Verpflichtungen nicht mehr nachkommen können. Die Revisionsstelle kann ein Unternehmen nicht vor Zahlungsschwierigkeiten oder anderen finanziellen Problemen bewahren, doch kann sie verhindern, dass bei Untätigkeit des Verwaltungsrates wertvolle Zeit verstreicht und weiterer Schaden entsteht.

---

[7] Bergmann/Schreiner: Auswirkungen des Opting-out, S. 8

Der Verwaltungsrat muss bei Kapitalverlust oder Überschuldung die entsprechenden Massnahmen ergreifen.

Der Verwaltungsrat muss bei Kapitalverlust oder Überschuldung die entsprechenden Massnahmen ergreifen. Versäumt er dies, so muss ihn die Revisionsstelle darauf aufmerksam machen oder – in letzter Konsequenz – den Richter selbst informieren.

Mit dem Verzicht der Gesellschaft auf die Revisionsstelle steigt das potenzielle Ausfallrisiko. Es fehlt die Prüfung der Jahresrechnung durch einen unabhängigen Spezialisten. Dass vor allem kleine Gesellschaften aus Kostengründen auf die Revisionsstelle verzichten, lässt sich gut am Beispiel der GmbH aufzeigen. So haben rund 80% von der Möglichkeit des Opting-out Gebrauch gemacht. Bei der AG liegt der Anteil bei rund 30%. Naheliegend ist die Annahme, dass zulasten der Sicherheit gespart werden soll. Dies ist jedoch nur teilweise richtig. Ebenso wichtig ist die Frage, wer die Buchhaltung führt. Bei einer ausgewiesenen Fachperson, welche die Anforderungen des Berufsstandes und der Revisionsaufsichtsbehörde erfüllt, ist in der Regel trotzdem eine solide finanzielle Führung des Unternehmens gewährleistet, und die Gefahr von groben Fehlaussagen in der Jahresrechnung relativ klein. Leider ist die Qualität der Buchhaltung für Aussenstehende nicht erkennbar, sondern nur, ob eine Gesellschaft durch eine Revisionsstelle geprüft wird oder nicht. Diesem Aspekt, den viele Unternehmen unterschätzen, muss in Zukunft mehr Beachtung geschenkt werden.

3.7 Beurteilungshilfen

Fundierte Informationen bilden die Grundlage für die Bonitätsbeurteilung.

Für die sichere Beurteilung der Bonität sind fundierte Informationen erforderlich. Oftmals fehlen aber verlässliche Fakten, sei es, dass bei neuen Geschäftsbeziehungen noch keine Zahlungserfahrungen vorliegen, oder sei es, dass bei bestehenden Beziehungen die vorhandenen Grunddaten nicht ausreichen. Eine effiziente Beurteilungshilfe bilden Bonitäts- und Wirtschaftsauskünfte. Sie liefern nicht nur notwendige Eckdaten für Entscheidungen, sondern enthalten auch eine aussagekräftige Bewertung. Je nach der benötigten Informationstiefe und Prognosefähigkeit stehen Rating- oder Score-Produkte zur Verfügung. Die Wahl des richtigen Auskunftsprodukts hilft, Fehlentscheidungen bei der Festlegung von Kreditlimiten zu vermeiden. Kleinere Risiken verlangen ein Score, grössere Risiken ein Rating.

3.7.1 Score

Das englische Wort «score» bedeutet u. a. «punkten» bzw. «Punktestand». Hier wird damit die voll automatisierte Bewertung der Kreditwürdigkeit bezeichnet. Die einbezogenen Fakten werden automatisch bewertet und z. B. als kundenindividuelle Bonitätsampel dargestellt. Das Scoring bezieht sich auf die Fakten, wie sie zu einem bestimmten Zeitpunkt vorliegen. Der Auskunftsbezüger wertet diese selber aus und fällt den Kreditentscheid. Bei unsicherer Faktenlage wird er gegebenenfalls weitere Auskünfte einholen (Bonitätsampel auf Orange). Ob eine solche Nachbearbeitung angebracht ist, hängt aber wiederum vom Risiko ab. Gerade bei der Prüfung von kleinen Risiken – für die der Score gedacht ist – darf ein gewisser Anteil an Falschbeurteilungen durchaus einkalkuliert werden.

Score bezeichnet die voll automatisierte Bewertung der Kreditwürdigkeit.

3.7.2 Rating

Das englische Verb «to rate» bedeutet einschätzen. In unserem Kontext bedeutet der Ausdruck die aktive Beurteilung von Geschäftsrisiken durch einen Spezialisten. Das Rating zielt zunächst auf eine Beurteilung des aktuellen Zahlungsverhaltens und der aktuellen Bonität eines Businesspartners ab. Das Rating ist das Ergebnis eines individuellen Prozesses, der sich ausschliesslich mit den Kriterien befasst, die für die Bonitätsbeurteilung relevant sind – also nicht zu verwechseln mit dem Bericht eines Wirtschaftsprüfers. Das Rating enthält eine Aussage zur erwarteten Ausfallwahrscheinlichkeit über einen gewissen Zeitraum. Dieser umfasst in der Regel ein Jahr. Kommt es in dieser Zeitspanne zu unerwarteten bonitätsrelevanten Vorkommnissen, so ist eine Neubeurteilung erforderlich. Ziel ist es, jeweils alle relevanten Fakten in einer aktuellen Kennzahl zu

Rating bezeichnet einen aktiven Bewertungsprozess durch einen Spezialisten.

verdichten (Risikoklasse).[8] Folgende Arten sind zu unterscheiden:
- **INTERNES RATING:** Das Rating der Emittenten (Unternehmen, Schuldner) wird vom kreditgebenden Unternehmen selbst vorgenommen.
- **EXTERNES RATING:** Das kreditgebende Unternehmen / Finanzinstitut bezieht das Rating von einem externen Spezialisten.

Bei Rating-Agenturen, die externe Ratings vergeben, ist das beauftragte vom unbeauftragten Rating zu unterscheiden:
- **BEAUFTRAGTES RATING:** Ein Unternehmen erteilt einer Rating-Agentur den Auftrag, das eigene Unternehmen zu bewerten.
- **UNBEAUFTRAGTES RATING:** Beim unbeauftragten Rating (auch unsolicited Rating genannt) geht die Initiative zur Bonitätsbeurteilung nicht vom Unternehmen aus, sondern von der Agentur. Es erfolgt also kein Zusammenspiel zwischen der Rating-Agentur und der beurteilten Gesellschaft.

Arten	Scoring	Externes Rating		Internes Rating
		Unbeauftragt	Beauftragt	
Erstellung	Automatisiert	Individuelles Urteil		
Bezeichnung	Bonitätsscore	Auskunftsrating, Credit Scoring	Agenturrating	Bankenrating
Publizität	nur für Auskunftsbezüger mit berechtigtem Interesse		ja, durch Auftraggeber	nein
Datenherkunft	öffentliche und Drittdaten		öffentliche und «private» Daten	
Informationsbreite	B2B / B2C	B2B / B2G	nur Auftraggeber	nur Kreditnehmer
Erhebungszeitraum	langjährig	langjährig	ab Auftragserteilung	ab Kreditbeanspruchung
Nutzen	Kreditentscheid, Analysen		individuelle Weitergabe möglich	interner Konditionen- und Kreditentscheid

Abbildung 38: Übersicht von Rating und Score

---

[8] Munsch / Weiss: Externes Rating, S 15

Die Verwendung der Begriffe Rating und Scoring hat sich in den letzten Jahren verändert, u.a. als Folge der Bankenkrise im Jahr 2008. Die EU erliess im Jahr 2009 die Verordnung über Rating-Agenturen, welche diese der Aufsicht der Europäischen Wertpapier- und Marktaufsichtsbehörde (ESMA) unterstellt. Diese sind registrierungspflichtig. Die Abgrenzung zwischen den Begriffen Rating und Scoring ist nicht ganz einfach. In der Zukunft dürfte vermehrt von Scoring gesprochen werden. So wird das unbeauftragte Auskunftsrating, das als Grundlage für Bonitätsentscheide dient, als Credit Scoring bezeichnet werden. Demgegenüber werden Beurteilungen als Rating betrachtet werden, die zusätzlich wichtige analytische Ratingdaten von Ratinganalysten miteinbeziehen.[9]

3.7.3 Anwendung von Ratings und Scores

Eine professionelle Businesspartner- und Kundenprüfung verlangt nach einer klaren Abgrenzung zwischen Rating und Score. Die folgende Abbildung verdeutlicht, dass mit dem Einbezug einer grösseren Anzahl von Kriterien und deren Bewertung durch einen Spezialisten eine höhere Prognosefähigkeit erreicht wird:

Ratings haben eine höhere Prognosefähigkeit.

---

[9] ESMA: Leitlinien und Empfehlungen zum Geltungsbereich der CRA-Verordnung, S. 6

		Rating	Score	
Erstellung		automatisiert, ergänzt mit recherchiert	automatisiert	
Identifikation	Adressprüfung	■	☐	☐
Kenntnisse der lokalen Gegebenheiten		■		
Finanzlage		■		
Geschäftsentwicklung	Historische Grunddaten	■		
Zahlungsweise	Zahlungserfahrungen	■	☐	☐
	Lieferantenerfahrungen	■	☐	
	Inkassomeldungen	■	☐	
	Betreibungen	■	☐	☐
Wirtschaftliche Verflechtungen	Beziehungen	■	☐	☐
	Konkurshistorie	■		
Amtliche Negativpublikationen		■	☐	☐
Strukturrisiken	Rechtsform, Kapital	■	☐	
	Alter	■	☐	
	Mitarbeiter, Umsatz	■	☐	
	usw.	■	☐	
Branchenrisiko		■	☐	
Krediturteil	Finale Expertise	■		
Entscheidungshilfe		Bonitätsindex	Bonitätsampel	

Abbildung 39: Abgrenzung von Rating/Risikoklasse und Score/Bonitätsampel (Creditreform)

Ratings dienen zur Beurteilung von grossen Risiken. Bei kleinen Risiken genügen Scoring-Produkte.

Die kostengünstigeren Scoring-Produkte werden primär im Massengeschäft eingesetzt (zahlreiche Einzeltransaktionen mit kleinen Forderungsbeträgen). Recherchierte Rating-Produkte gewähren aufgrund ihrer höheren Prognosefähigkeit dagegen auch Schutz bei grösseren Risiken.

Im heutigen global ausgerichteten Geschäftsumfeld haben die unternehmerischen Risiken generell zugenommen. Die Praxis zeigt, dass sich eine nachhaltige Risiko-Minimierung – in den meisten Fällen also ein Rating – unter dem Strich immer wieder bezahlt macht. Zu dieser Strategie gehört auch eine Weiterführung der Überwachung nach der Erstprüfung (vgl. Abschnitt *Monitoring*, 6.8). Solche externen Informationen stellen eine zusätzliche Entscheidungshilfe dar. Sie sollten zusammen mit den eigenen Primärinformationen in die Entscheidung einfliessen.

Abbildung 40: Einsatz von Rating und Score

Bei grösseren Risiken sollten auch Direktinformationen beim Businesspartner eingefordert werden. Eine weitere Möglichkeit besteht darin, entsprechende Sicherheiten zu verlangen.

3.7.4 Kriterien für ein vertrauenswürdiges Rating

Eine Wirtschaftsauskunftei, die nicht nur punktuell, sondern nachhaltig – das heisst über längere Zeiträume – vergleichbare Einschätzungen liefern will, muss bestimmte Kriterien erfüllen. Damit wird die Prognosefähigkeit und Stabilität der Ratings erhöht und zugleich die Basis für glaubwürdige Aussagen in Bezug auf die Bonitätsbeurteilung sowie die Differenzierung in «gute» und «weniger gute» Kunden gelegt:[10]

- **OBJEKTIVITÄT:** Die Methode zur Vergabe von Ratings muss streng und systematisch sein und einem Validierungsverfahren unterliegen, das auf historischen Erfahrungswerten beruht. Zudem müssen die Bonitätsbeurteilungen ständig überprüft werden und auf Veränderungen der finanziellen Situation reagieren.
- **UNABHÄNGIGKEIT:** Eine Rating-Agentur sollte unabhängig sein und keinerlei politischem oder wirtschaftlichem Druck unterliegen, der das Rating-Urteil beeinflussen könnte. Das Beurteilungsverfahren sollte soweit als möglich frei von Befangenheit sein, die in Situationen auftreten kann, in denen die Zusammensetzung des obersten Verwaltungsorgans oder die Aktionärsstruktur der Rating-Agentur als Auslöser eines Interessenkonflikts angesehen werden könnten.
- **INTERNATIONALER ZUGANG / TRANSPARENZ:** Die einzelnen Ratings sollten sowohl inländischen als auch ausländischen Institutionen mit berechtigtem Interesse unter gleichen Bedingungen zugänglich sein. Zudem sollte die von der Rating-Agentur angewandte generelle Methodik der Öffentlichkeit bekannt sein.
- **OFFENLEGUNG:** Eine Rating-Agentur sollte die folgenden Informationen offenlegen: ihre Beurteilungsmethoden, einschliesslich der Definition eines Ausfalls (default), den Zeithorizont und die Bedeutung jedes Ratings, die in jeder Rating-Klasse tatsächlich beobachteten Ausfallraten und die Wanderungsbewegungen zwischen den Rating-Klassen (Migration).

---

[10] Die nachfolgend auszugsweise zitierten Kriterien stammen aus der genehmigten deutschen Übersetzung des Abschnitts 2.II.B Abs. 2 des Basel-II-Papiers (Internationale Konvergenz der Kapitalmessung und Eigenkapitalanforderungen, BIS [2006])

- **RESSOURCEN:** Eine Rating-Agentur sollte über ausreichende Ressourcen verfügen, um qualitativ hochstehende Bonitätsbeurteilungen durchzuführen.
- **GLAUBWÜRDIGKEIT:** Bis zu einem bestimmten Grad ergibt sich die Glaubwürdigkeit aus den obengenannten Kriterien. Ein zusätzlicher Hinweis auf die Glaubwürdigkeit einer Rating-Agentur ist die Verwendung ihrer Ratings durch unabhängige Parteien (Investoren, Versicherer, Handelspartner).

Als Besonderheit im Zusammenhang mit dem unbeauftragten Rating über hiesige Firmen ist zu erwähnen, dass es in der Schweiz keine Pflicht zur Publikation der Jahresrechnung gibt. Anders als in Ländern der EU, wo je nach Rechtsform vom Gesetzgeber eine solche Publikation gefordert wird, fliesst diese aussagekräftige Information nicht direkt in die Auskunft ein (vgl. Abbildung 39: *Abgrenzung von Rating/Risikoklasse und Score/Bonitätsampel [Creditreform]*).

3.8 Bonitäts- und Wirtschaftsauskünfte[11]

Bonitäts- und Wirtschaftsauskünfte dienen in erster Linie dem Ziel des vorbeugenden Kreditschutzes bzw. der Informationsvermittlung zwischen potenziellen Kreditgebern und potenziellen Kreditnehmern. Darüber hinaus sind sie eine wichtige Informationsquelle für die allgemeine Prüfung von Geschäftspartnern. Sie werden von den Wirtschaftsauskunfteien durch kontinuierliches Sammeln und Auswerten von Informationsmaterial aktuell gehalten. Zwar sind fast alle in einer Wirtschaftsauskunft enthaltenen Informationen «öffentlich» zugänglich, doch setzt der mit der Zusammenstellung verbundene Rechercheaufwand eine professionelle Organisation voraus. Zudem reicht das Sammeln von Fakten für fundierte Entscheide allein nicht aus. Vielmehr werden individuelle Reports zur Bonität und zum wirtschaftlichen Hintergrund eines Geschäftspartners benötigt. Der Kunde kann den Infor-

Bonitätsauskünfte dienen dem präventiven Kreditschutz.

---

[11] Rödl / Winkels, Kreditmanagement in der Unternehmenspraxis, S. 120 ff.

mationsgehalt von Bonitäts- und Wirtschaftsauskünften im Übrigen selbst bestimmen, je nach dem einzugehenden Risiko.

Wesentlich ist, dass nicht nur aktuelle Informationen ausgewertet werden, sondern alle relevanten, vergangenen Vorkommnisse in den Prüfungsprozess einfliessen. Diese Informationstiefe bietet insbesondere bei der Erstprüfung wegweisende Entscheidungshilfen.

> Alle Angaben über ein Unternehmen werden gespeichert.

Bei der Informationsbeschaffung wird zwischen der anfrageunabhängigen (permanenter Bereitschaftsdienst) und der anfrageabhängigen Information (anfrageinitiierte Recherche) unterschieden. Alle Angaben über ein Unternehmen werden gespeichert. Wenn nötig, werden bei einer Anfrage zusätzlich die letzten Veränderungen recherchiert. Die Grafik veranschaulicht die Verbindung von permanenter und anfrageinitiierter Informationssammlung:

Abbildung 41: Informationsquellen (Creditreform)

Wirtschaftsauskunfteien tragen ihre Informationen aus einer Vielzahl von Quellen zusammen:

- **INFORMATIONEN MIT AMTLICHEM CHARAKTER:** Schweiz. Handelsamtsblatt (SHAB), kantonale Amtsblätter, Betreibungsämter, Einwohnerkontrolle, Grundbuch usw.
- **INFORMATIONEN MIT NICHTAMTLICHEM CHARAKTER:** Veröffentlichungen redaktioneller Art, Auskünfte von Mitgliedern und Geschäftspartnern (z.B. Lieferanten) oder des Beauskunfteten selbst usw.

Das Informationsmaterial wird elektronisch zur Verfügung gestellt und kann rund um die Uhr via Webportal bezogen oder durch verschiedene Schnittstellen direkt ins eigene System integriert werden. Ein unterstützendes Kreditrisikomanagement-System kann hier wertvolle Dienste leisten.

Ein Kreditrisikomanagement-System kann den Bewertungsprozess unterstützen.

Hauptaufgabe einer Wirtschaftsauskunftei ist es, das Kredit-, Geschäfts- oder Ausfallrisiko zu konkretisieren und zu einer fassbaren Aussage (Kennzahl) zu verdichten. Zentrale Elemente sind dabei das in der Auskunft enthaltene, unbeauftragte Rating, das Krediturteil und der Kreditvorschlag. Es bleibt dabei dem Kunden überlassen, die in der Auskunft offen gelegten Risiken zu bewerten und die Kreditentscheidung unter Beizug anderer Informationsquellen oder eigener Informationen zu treffen (vgl. Abschnitt *Unbeauftragtes Rating*, 3.8.2).

Bonitätsinformationen werden zu einer aussagekräftigen Kennzahl verdichtet.

Je nach Auskunftsart werden dem Auskunftsempfänger integrierte Nachtragsdienste (Monitoring-Service) zur Verfügung gestellt. Damit wird er laufend über wesentliche Veränderungen bei seinem Partner informiert (vgl. Abschnitt *Monitoring*, 6.8).

Monitoring-Dienste informieren laufend über wesentliche Veränderungen.

3.8.1 Informationsgehalt einer Bonitäts- und Wirtschaftsauskunft

Eine Bonitäts- und Wirtschaftsauskunft umfasst maximal folgende Informationskategorien (je nach Einsatz und zu beurteilendem Risiko können auch Teilinformationen bezogen werden):

Bonität	Unbeauftragtes Rating (Risikoklasse)
	Ausfallwahrscheinlichkeit
	Branchenvergleich
	Krediturteil
	Kreditvorschlag (Höchstkredit)
Bonitätsdetails	Zahlungsweise
	Lieferantenerfahrungen
	Inkassomeldungen
	Amtliche Negativpublikationen
	Vormundschaftsmeldungen
	Betreibungsauskunft
Identifikation	Adresse / Kommunikation
Handelsregister	Letzte Publikation (Datum)
	Rechtsform
	Eintrag / Löschung (Datum)
	Kapital
	Zweck Handelsregister
	Werdegang
	Domizilwechsel / Namensänderungen
Vernetzungen, Eigentümer	Gremien / Organe
	Eigentümer / Inhaber
	Beteiligungen / Liierte Gesellschaften
	Historisches inkl. Konkurse
Allgemeines	Branche
	Aktivität / Produkte
	Personalbestand
	Geschäftsgang
	Engagements
	Bankverbindungen
Finanzielles	Finanzlage
	Umsatz
	Bilanz- / Erfolgszahlen
Immobilien	

Abbildung 42: Informationsgehalt einer Bonitäts- und Wirtschaftsauskunft

Wesentlicher Vorteil einer solchen Datensammlung ist ihre Vernetzung. Die Verknüpfungen innerhalb von Firmen sowie von Firmen zu Privatpersonen werden mehrstufig abgebildet. Es ist möglich, von Privatpersonen auf Firmen zuzugreifen und umgekehrt. So kann man beispielsweise erkennen, wer im Verwaltungsrat einer Firma Einsitz hat, aber auch persönliche Informationen über jeden einzelnen Verwaltungsrat abrufen, z.B. über seine weiteren Firmenengagements. Dank der persönlichen Recherche von Kreditspezialisten werden alle wirtschaftlich relevanten Verflechtungen erfasst, und zwar aktuelle ebenso wie vergangene.

Alle wirtschaftlichen Verflechtungen werden in einer Bonitäts- und Wirtschaftsauskunft abgebildet.

Neben den Hintergrundinformationen ist die Bonitätsbeurteilung von zentraler Bedeutung. Dabei enthält die Auskunft zusätzlich eine zusammenfassende Beurteilung der Bonität, je nach Auskunftsart einen Höchstkredit oder auf Anfrage eine Stellungnahme. Die Informationen werden darüber hinaus in einer Risikoklasse (vgl. Abschnitt *Rating*, 3.7.2) zusammengefasst, was ein schnelles Urteil bzw. eine Automatisierung der Prozesse ermöglicht.

Die eigentliche Bonitätsbeurteilung ist neben den Hintergrundinformationen von zentraler Bedeutung.

3.8.2 Unbeauftragtes Rating

Für die Bonitätsbewertung sind nicht nur bonitätsrelevante Merkmale eines Unternehmens (z.B. Liquidität, Umsatz, Eigenkapitalstruktur, Zahlungsweise) heranzuziehen, sondern auch Strukturmerkmale (z.B. Rechtsform, Alter oder Branche usw.). Danach werden alle Kriterien einzeln bewertet und schliesslich zu einer Gesamtnote verdichtet. Beim Schweizerischen Verband Creditreform wird diese Gesamtnote als «Risikoklasse» bezeichnet. Dieser versetzt den Auskunftsbezüger in die Lage, sich unverzüglich ein Urteil zu bilden, wobei er die Beurteilung anhand der ihm zur Verfügung gestellten Informationen nachvollziehen und selbstverständlich auch seine eigenen Primärdaten berücksichtigen soll. Die Risikoklasse entspricht dem unbeauftragten Rating einer Firma.

Die Risikoklasse umfasst neben der Bonitätsbeurteilung auch alle wesentlichen Strukturmerkmale eines Unternehmens. Er ist das unbeauftragte Rating einer Firma.

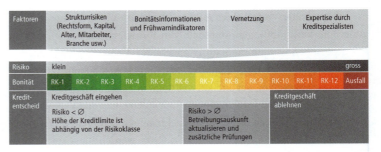

Abbildung 43: Struktur der Risikoklasse der Creditreform

Der entscheidende Vorteil einer Bonitäts- und Wirtschaftsauskunft ist ihre Prognosefähigkeit.

Seine Ermittlung nach einheitlichen Kriterien sowie die Auswertung von Veränderungen – d. h. Verbesserung oder Verschlechterung der Bonität – ermöglichen die Bildung von Risikoklassen und die Berechnung der Ausfallwahrscheinlichkeit für jede Klasse. Darin liegt der entscheidende Vorteil einer Bonitäts- und Wirtschaftsauskunft: ihre Prognosefähigkeit. Die von Klasse zu Klasse exponentiell ansteigenden Ausfallquoten dokumentieren die Fähigkeit der Risikoklasse, sichere von weniger sicheren Kreditvergaben zu unterscheiden. Dank dieser Trennschärfe erweist sich die Risikoklasse als ein besonders wertvoller Indikator für das Kreditmanagement.

Wesentlich für die Wahl des Auskunftsprodukts – Score oder Rating – bleibt aber das Geschäftsvolumen.

3.8.3 Entscheidungshilfen in der Auskunft

Der unternehmerische Alltag erfordert ebenso schnelle wie sichere Entscheidungen. Die Risikoklasse ermöglicht diese dank einer gut strukturierten, grafischen Darstellung. Die Bonitätsbeurteilung richtet sich nach dem einzugehenden Risiko und kann folgende Punkte umfassen:

Die Risikoklasse ermöglicht schnelle und sichere Entscheidungen.

Wichtige Entscheidungshilfen für die Bonitätsbeurteilung	
Bonität	Unbeauftragtes Rating, das Auskunft gibt über die Zahlungsfähigkeit eines Unternehmens (Bonitätsindex), einschliesslich eines Vergleichs mit dem Branchendurchschnitt.
Risikoklasse	Unternehmen werden entsprechend ihrer Ausfallwahrscheinlichkeit in Klassen zusammengefasst. Je höher die Wahrscheinlichkeit ist, dass ein Kreditnehmer seinen Zahlungsverpflichtungen nicht mehr nachkommen kann, desto schlechter fällt seine Risikoklasse aus.
Ausfallwahrscheinlichkeit	Aussage über die Wahrscheinlichkeit, dass ein Unternehmen in einem vorgegebenen Zeitraum ausfallen wird, d. h. seinen Zahlungsverpflichtungen nicht mehr nachkommen kann.
Migrationen	Aussage über die Wahrscheinlichkeit, mit welcher sich eine Firma in einem vorgegebenen Zeitraum verschlechtern oder verbessern wird (Risikoklassenwechsel).
Krediturteil	Urteil, das von einem unabhängigen Kreditspezialisten aufgrund der vorliegenden Informationen gefällt wurde.
Höchstkredit	Angabe des maximal einzugehenden Risikos. Bei Unternehmensgruppen muss das Gesamtengagement bewertet werden.

Abbildung 44: Entscheidungshilfen für die Bonitätsbeurteilung

Eine besondere Bedeutung kommt der Risikoklasse zu. In ihr werden die einzelnen Bewertungen zusammengefasst. Zu jeder Klasse kann eine Aussage zur Ausfallwahrscheinlichkeit gemacht werden (vgl. Abschnitt *Ausfallrisiko*, 4.5.3). Diese bildet neben der Risikoklasse eine weitere Entscheidungshilfe beim strukturierten Kreditentscheid (vgl. Abschnitt *Strukturierter Kreditentscheid*, 6.6).

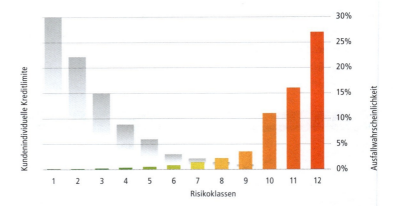

Abbildung 45: Durchschnittliche Ausfallwahrscheinlichkeiten pro Risikoklasse (Creditreform)

Es gilt der Grundsatz: Je besser die Bonität des Unternehmens, desto höher kann dessen Kreditlimite festgelegt werden (vgl. Abschnitt *Strukturierter Kreditentscheid, 6.6*)

3.8.4 Datenschutz

Bonitäts- und Wirtschaftsauskünfte werden ausschliesslich im Rahmen der gesetzlichen Datenschutzbestimmungen erstellt und erteilt. Die Grundlage bildet das Schweizerische Datenschutzgesetz (DSG). Der Rechtfertigungsgrund für die Zulässigkeit der Bearbeitung von Personendaten im Rahmen der Prüfung der Kreditwürdigkeit ist in Art. 31 Abs. 2 Bst. c DSG geregelt, der wie folgt lautet:

Der Verantwortliche bearbeitet Personendaten zur Prüfung der Kreditwürdigkeit der betroffenen Person, wobei die folgenden Voraussetzungen erfüllt sind:
1. Es handelt sich weder um besonders schützenswerte Personendaten noch um ein Profiling mit hohem Risiko.

2. Die Daten werden Dritten nur bekanntgegeben, wenn diese die Daten für den Abschluss oder die Abwicklung eines Vertrags mit der betroffenen Person benötigen.
3. Die Daten sind nicht älter als zehn Jahre.
4. Die betroffene Person ist volljährig.

Weitere Rechtfertigungsgründe, welche die Bearbeitung von Personendaten rechtfertigen, sind: Bearbeitung von Personendaten durch den Vertragspartner, der in unmittelbarem Zusammenhang mit dem Abschluss oder der Abwicklung eines Vertrages steht (Art. 31 Abs. 2 Bst. a DSG), oder dass man mit einer anderen Person in wirtschaftlichem Wettbewerb steht oder treten will (Art. 31 Abs. 2 Bst. b DSG).

3.9 Intensität der Businesspartner-Prüfung

Die Überprüfung von Geschäftsbeziehungen muss risikoadäquat bleiben – nicht jeder Businesspartner ist gleich intensiv zu überwachen. Die Grafik veranschaulicht die richtige Balance zwischen Risiko und Aufwand:

Die Überprüfung des Geschäftspartners ist abhängig vom Risiko und von der Schadenshöhe.

Abbildung 46: Intensität der Businesspartner-Prüfung (Risikoportfolio)

- **RISIKO KLEIN / EINTRITTSWAHRSCHEINLICHKEIT GERING:** Kleine Risiken mit geringer Eintrittswahrscheinlichkeit sind grundsätzlich nicht zu prüfen. Mögliche Ausnahme: Anzeichen von Ungereimtheiten. Die Überwachung amtlicher Negativpublikationen ist ausreichend.
- **RISIKO KLEIN / EINTRITTSWAHRSCHEINLICHKEIT HOCH:** Kleine Risiken mit hoher Eintrittswahrscheinlichkeit sind immer zu Beginn einer Geschäftsbeziehung zu prüfen. Hier lohnt es sich ebenfalls, die amtlichen Negativpublikationen zu überwachen (Konkurs-Monitoring).
- **RISIKO GROSS / EINTRITTSWAHRSCHEINLICHKEIT GERING:** Grosse Risiken mit geringer Eintrittswahrscheinlichkeit sind nicht nur bei Aufnahme der Geschäftsbeziehung zu prüfen, sondern darüber hinaus auch laufend zu überwachen (Monitoring der Bonität).
- **RISIKO SEHR GROSS / EINTRITTSWAHRSCHEINLICHKEIT HOCH:** Maximale Risiken mit hoher Eintrittswahrscheinlichkeit verlangen die intensivste Prüfung. Neben der üblichen Bonitätsprüfung vor Aufnahme der Geschäftsbeziehung und einer engmaschigen Überwachung empfiehlt sich der Einbezug des Umfeldes und aller zur Verfügung stehenden Informationsquellen.

3.9.1 Businesspartner-Prüfung

Ein Konkurs zeichnet sich im Normalfall über einen mehr oder weniger langen Zeitraum ab.

Ein Konkurs tritt in der Regel nicht plötzlich ein, sondern zeichnet sich über einen mehr oder weniger langen Zeitraum ab. Ausnahmen wie beispielsweise das Grounding der Swissair, das für Aussenstehende nicht voraussehbar war, sind selten (sie beruhen meist auf einem Zusammenspiel mehrerer Ursachen; bei der Swissair werden z. B. das Verhalten der Banken und die mangelhafte Liquiditätskontrolle als massgebende Faktoren genannt).

Grundsätzlich stehen folgende Informationsquellen zur Verfügung:

Art	Inhalte					Beschreibung
	Handelsregister	Verflechtung	Negativdaten	Zahlungsverhalten	Finanzen	Umfeld / Tätigkeiten	
Öffentliche Ämter			●	●			Verschiedene Amtsstellen erteilen auf Anfrage Auskunft. So z. B. Betreibungsämter, Steuerämter, Einwohnerkontrolle usw. In Bezug auf die Bonität kann beim zuständigen Betreibungsamt gegen Interessennachweis Auskunft aus dem Betreibungsregister verlangt werden. Diese enthält aber nur Angaben über am Anfrageort eingeleitete Betreibungen oder das Vorhandensein von Verlustscheinen. Anzeichen von Zahlungsschwierigkeiten sind vielleicht schon am letzten Wohnsitz oder Domizil aufgetreten. Diese werden nicht erkannt. Eine Betreibungsauskunft reicht allein nicht aus. Der Wohnort oder der Sitz der Gesellschaft muss zusätzlich eruiert werden.
SHAB	●		●			●	Das Schweiz. Handelsamtsblatt (SHAB) enthält alle offiziellen Publikationen der Eidgenossenschaft. Diese gliedern sich in 13 Rubriken, u. a. in: • Handelsregister • Konkurse • Nachlassverträge • Schuldbetreibungen • Schuldenrufe • abhandengekommene Werttitel • öffentliches Beschaffungswesen • Edelmetallkontrolle • andere gesetzliche Publikationen Sämtliche Publikationen werden von Creditreform tagesaktuell verarbeitet. Dabei werden die von den Handelsregisterämtern zur Verfügung gestellten Rohdaten veredelt. Sämtliche Verknüpfungen zwischen den Gesellschaften und ihren Organen werden abgebildet. So lassen sich die wirtschaftlichen Verflechtungen erkennen.

Art	Handelsregister	Verflechtung	Negativdaten	Zahlungsverhalten	Finanzen	Umfeld/Tätigkeiten	Beschreibung
Bilanzen					●		Bilanzen werden oftmals nicht bekannt gegeben. Die darin enthaltenen Fakten beziehen sich nur auf die Vergangenheit und haben keine Prognosefähigkeit. Zudem existieren grosse Bewertungsspielräume. Zu beachten ist, dass für die Beurteilung immer eine revidierte und von der Generalversammlung genehmigte Bilanz beigezogen werden soll.
Geschäftsberichte		●			●	●	Der publizierte Geschäftsbericht basiert auf Eigenangaben und ist nur von börsenkotierten Gesellschaften erhältlich.
Kundenreferenzen			●	●		●	Solche Informationen sind zwar hilfreich, jedoch objektiv nicht beurteilbar. Der subjektive Anteil kann sehr hoch sein.
Verbandsmitgliedschaft						●	Mitgliedschaften bei Branchen-, Berufsverbänden usw. können ein Indiz für Vertrauenswürdigkeit sein. Verbände haben oft Standesregeln mit einem internen Aufsichtsgremium. Fehltritte können also Konsequenzen zur Folge haben. Ein Ausschluss wird in der Regel aber nicht publik.
Presse						●	Presseberichte basieren oft auf Eigenangaben, die von den Journalisten nicht immer verifiziert werden.
Bonitäts- und Wirtschaftsauskunft	●	●	●	●	●	●	Systematisch gesammelte Informationen werden à jour gehalten und für eine Auskunft mit hoher Prognosefähigkeit bereitgestellt. Sie vermitteln ein umfassendes Bild des Beauskunfteten. Unabhängige Spezialisten nehmen eine objektive Beurteilung der Fakten vor. Viele verschiedene Informationen fliessen in die Beurteilung ein. Sämtliche vorgängig aufgeführten Punkte sind in der Auskunft enthalten.

Art	Inhalte						Beschreibung
	Handelsregister	Verflechtung	Negativdaten	Zahlungsverhalten	Finanzen	Umfeld/Tätigkeiten	
Due Diligence	●	●	●	●	●	●	Due Diligence bezeichnet die «gebotene Sorgfalt», mit der beim Kauf bzw. Verkauf von Unternehmensbeteiligungen oder Immobilien das Vertragsobjekt im Vorfeld der Akquisition geprüft wird. Due-Diligence-Prüfungen beinhalten insbesondere eine systematische Stärken-/Schwächen-Analyse des Kaufobjekts, eine Analyse der mit dem Kauf verbundenen Risiken sowie eine fundierte Bewertung des Objekts. Gegenstand der Prüfungen sind etwa Bilanzen, personelle und sachliche Ressourcen, strategische Positionierung, rechtliche und finanzielle Risiken, Umweltlasten. Gezielt wird nach sogenannten Dealbreakern gesucht, d.h. nach Sachverhalten, die einem Kauf entgegenstehen könnten – z.B. Altlasten beim Grundstückskauf oder ungeklärte Markenrechte beim Unternehmenskauf. Erkannte Risiken können entweder Auslöser für einen Abbruch der Verhandlungen oder Grundlage einer vertraglichen Berücksichtigung in Form von Preisabschlägen oder Garantien sein.

Wie der Tabelle entnommen werden kann, stehen verschiedene Informationsquellen zur Verfügung. Die meisten davon geben jedoch nur über bestimmte Teilbereiche Auskunft. Um ein umfassendes Bild von der Bonität eines Geschäftspartners zu erhalten, müssen verschiedene Einzelinformationen bezogen und für die Beurteilung zusammengefasst werden. Solche Informationen bieten allein Bonitäts- und Wirtschaftsauskünfte und eine Due Diligence. Ein Vorteil der Wirtschaftsauskünfte ist ihre schnelle und sichere Verfügbarkeit über ein Webportal oder ein integriertes System (vgl. Abschnitt *Integration*, 9). Neben Fakten für die zweifelsfreie Identifikation finden sich auch aktualisierte Angaben aus öffentlichen Registern und von Ämtern.

Zur sicheren Beurteilung der Bonität müssen verschiedene Einzelinformationen zu einem umfassenden Gesamtbild verdichtet werden.

Die in der vorherigen Tabelle enthaltene Due Diligence ist eine durch einen Spezialisten (Treuhänder) durchgeführte Analyse. Sie wird bei Geschäftsübernahmen durchgeführt und spielt im Zusammenhang mit unserer Betrachtung keine Rolle – für weitere Ausführungen dazu sei auf die einschlägige Literatur verwiesen.

Die Informationsquellen lassen sich zusammenfassen in:
- Primärinformationen
- Drittinformationen
- Direktinformationen

Unter Primärinformationen versteht man die Informationen, die dem Unternehmen selbst vorliegen.

Unter **Primärinformationen** versteht man diejenigen Daten, die dem Unternehmen bzw. dem Kreditverantwortlichen selbst zur Verfügung stehen. In der Regel handelt es sich dabei um blosse Rohdaten, die oftmals lückenhaft sind und nicht für eine Bewertung des Risikos ausreichen.

Drittinformationen müssen bei externen Anbietern bezogen werden.

Da Primärinformationen für die Beurteilung in der Regel nicht genügen, muss auf **Drittinformationen** zurückgegriffen werden. Dies gilt natürlich auch für Neukunden, bei denen noch gar keine relevanten Informationen vorliegen. Grundsätzlich ist es möglich, Rohdaten einzukaufen. In der Regel lohnt sich jedoch der Bezug veredelter Daten. Das spart nicht nur Kosten (dank der Umschlagshäufigkeit), sondern auch Zeit (dank der Bewertung). Ziel ist es, Grundlagen für schnelle und objektive Entscheidungen zu schaffen.

Direktinformationen basieren auf Eigenangaben des Geschäftspartners und liegen meist nicht vor.

Direktinformationen oder Eigenangaben liegen in den meisten Fällen nicht vor oder können nicht eingesehen werden. Bei Geschäften mit grosser Tragweite (beispielsweise einer Firmenübernahme) sind Eigenangaben des Geschäftspartners jedoch zwingend notwendig – öffentlich zugängliche Daten genügen nicht für eine Risikobeurteilung. Drittinformationen dienen hier der Validierung. Besteht keine Bereitschaft des Geschäftspartners zur Offenlegung, ist das auch schon eine Aussage.

	Primärinformation			Drittinformation		Direktinformation	
Informationsquellen	Erfahrungen des Verkaufs	Eigene Zahlungserfahrungen aus Debitoren	Bestehende Sicherheiten	Direktbezug	Bonitätsauskünfte – Handelsregister – Betreibungen – Presse – Zahlungserfahrung – Bonität – Tätigkeit	Bilanz & Erfolgsrechnung	Due Diligence
Besonderheiten	Objektivität fehlt – oft provisionsorientiert	Oft keine Historie vorhanden	Überwachung notwendig	Nur in Einzelfällen. Unveredelte Rohdaten.	Abrufbar über Firmen und Privatpersonen. Historische Daten mit Prognosefähigkeit.	Bilanzen sind oftmals nicht verfügbar.	Aufwendig und nur in Ausnahmefällen möglich.

Abbildung 47: Informationsquellen

3.9.2 Entscheidungsfindung

Der Prozess der Entscheidungsfindung beginnt mit dem Festlegen der Entscheidungsträger.[12] Sowohl ein Zuviel als auch ein Zuwenig an Kompetenzen erschweren oder verhindern eine risikoadäquate Geschäftsabwicklung. Die Entscheidungsfindung hängt von verschiedenen Faktoren ab. Ausschlaggebend ist meist die zur Verfügung stehende Zeit. Je grösser der Zeitdruck ist, desto weniger Informationen können beigezogen werden. Umso wichtiger sind in diesen Fällen die Qualität der Informationen und ihre Verfügbarkeit.

Entscheidungskompetenzen müssen genau festgelegt sein.

Eine wichtige Rolle spielt auch die Risikobereitschaft. Sie hängt direkt von der Risikotragfähigkeit des Unternehmens ab. Damit sind die Eigenmittel des Akteurs gemeint. Wie viel Verluste kann er im schlimmsten Fall verkraften?[13]

Die Risikobereitschaft hängt von der Risikotragfähigkeit ab.

---

[12] Thommen, Managementorientierte Betriebswirtschaftslehre, S. 798
[13] Boemle / Gsell / Jetzer / Nyffeler / Thalmann, Geld-, Bank- und Finanzmarkt-Lexikon der Schweiz, S. 914

Tragfähige Entscheidungen basieren auf Informationen, die dem Risikoportfolio optimal angepasst sind (vgl. Abbildung 46).

Abbildung 48: Entscheidungsfindung

Primär- und Direktinformationen liegen oft nur in ungenügendem Umfang vor.

Fehlen Primär- und Direktinformationen oder reichen sie für die Beurteilung von Risiken nicht aus, liefern Bonitäts- und Wirtschaftsauskünfte alle notwendigen Drittinformationen für schnelle und unkomplizierte Entscheidungen. Alle Informationen und eine fundierte Bewertung sind über einen einzigen Zugriffspunkt abrufbar.

Bei den Prüfungsarten muss zwischen dem Verkauf und den übrigen Unternehmensbereichen unterschieden werden. Die Prüfung der Kundenbonität – Voraussetzung für sichere Kreditentscheide – sollte standardisiert werden. So bleibt Zeit für komplexe Fälle oder Ausnahmen, die individuell beurteilt werden müssen. Die Prüfung des Geschäftspartners erfolgt nach anderen Massstäben. Hier liegt der Fokus nicht auf der Bonität, sondern auf dem Risiko, dass der Geschäftspartner seinen Verpflichtungen nicht oder nicht vollumfänglich nachkommen könnte.

Verkauf	Einkauf	Produktion Handel	Personal	Finanzen	Infra-struktur
Standardisierter Enscheid mit individueller Beurteilung in Ausnahmefällen	Die Geschäftspartner sind aufgrund der Abhängigkeit des Unternehmens zu prüfen. Dies beginnt bei der Aufnahme der Geschäftsbeziehung und erstreckt sich über die gesamte Dauer. Eine Standardisierung ist in den meisten Fällen nicht angebracht. Es ist in jedem Fall sicherzustellen, dass die Prüfungen nicht unterlassen werden. Sämtliche Prüfungen sind zu dokumentieren.				
Strukturierter Kreditentscheid	Individuelle Prüfung mit anschliessender laufender Überwachung. Erneute Prüfung bei Auftreten von Ungereimtheiten.				

Abbildung 49: Prüfung des Geschäftspartners

3.9.3 Wahl des Businesspartners

Das Kreditmanagement liefert klare Empfehlungen für den Kreditentscheid. Massgeblich ist die Bonität (vgl. Abbildung 44: *Entscheidungshilfen für die Bonitätsbeurteilung*). Primärdaten von den betroffenen Stellen (Debitorenbuchhaltung sowie Informationen aus Verkauf, Einkauf, Produktion, usw.) sind immer mit einzubeziehen.[14] Fehlen Erfahrungswerte – insbesondere bei Aufnahme neuer Geschäftsbeziehungen mit Kunden, Lieferanten oder Systempartnern –, müssen sie von dritter Seite beschafft werden. Gerade bei der Auswahl eines Geschäftspartners, wo tendenziell mit einem intensiven und langen Engagement zu rechnen ist, wird dem Aspekt der Bonität häufig zu wenig Rechnung getragen – mit möglicherweise fatalen Konsequenzen.

Der Grund für den häufig sorglosen Umgang mit der Auswahl eines Geschäftspartners liegt wahrscheinlich daran, dass – anders als im Fall von Kundenbeziehungen – kein direkter Kredit (Lieferantenkredit) gewährt wird. Dennoch sind die Auswirkungen von Zahlungsschwierigkeiten des Partners – im Extremfall eines Konkurses – häufig noch gravierender. Sie reichen von Qualitätseinbussen und Zeitverzögerungen bis hin zur Unmöglichkeit, eigene vertragliche Verpflichtungen zu erfüllen. Die Suche nach einem neuen Geschäftspartner kostet Geld und

> Der Umgang mit Geschäftspartnern ist oft sorglos – zum Teil mit fatalen Folgen.

---

[14] Vgl. Egeli, Verluste vermeiden, S. 57

Zeit. Im schlechtesten Fall gerät man gegenüber den eigenen Kunden in Verzug, mit allen negativen Folgen. Hier zeigt sich, dass zu starke Abhängigkeiten von einem einzelnen Geschäftspartner bzw. Lieferanten wenn immer möglich vermieden werden sollten.

Nutzwertanalysen unterstützen die Entscheidungsfindung.

Vor grösseren Entscheidungen kann eine Nutzwertanalyse sehr hilfreich sein.[15] Alle relevanten Faktoren werden aufgelistet und nach ihrer Bedeutung gewichtet. Anschliessend bewertet man die einzelnen Faktoren nach einer vorgängig festgelegten Punkteskala (z. B. 1 bis 6). Die Multiplikation der Bewertung mit der Gewichtung ergibt den entsprechenden Nutzen des einzelnen Faktors. Die Summe aller einzelnen Faktoren ergibt dann die Gesamtnote. Am vorteilhaftesten ist der Partner mit der höchsten Gesamtnote.

Bei der Beurteilung der Geschäftspartner spielen zwei Faktoren eine entscheidende Rolle: Leistungserbringung und Bonität:

Abbildung 50: Gesamtbeurteilung eines Geschäftspartners

Der erste Faktor stellt im Normalfall kein grosses Problem dar. Unternehmen können die Fragen der Qualität sehr gut selber beantworten. Anders liegt der Fall beim Faktor Bonität. Hier sind das Know-how und auch das Problembewusstsein häufig nicht ausreichend vorhanden, insbesondere fehlt es an bereichsübergreifenden Instrumenten für die Beurteilung, und zwar sowohl bei der Erstprüfung von Kunden als auch bei der anschliessenden Überwachung (Monitoring).

---

[15] Thommen, Managementorientierte Betriebswirtschaftslehre, S. 102 ff.

Die Grafik veranschaulicht das aussagekräftige Konzept der Nutzwertanalyse. Dies soll in zwei Schritten veranschaulicht werden. Die erste Tabelle zeigt eine Bewertung ohne den Einflussfaktor Bonität.

Anforderungen	Gewichtung	Partner A		Partner B		Partner C	
		Bewertung	Nutzen	Bewertung	Nutzen	Bewertung	Nutzen
Qualität	25	5	125	6	150	4	100
Preis	25	3	75	3	75	5	125
Lieferfristen	10	4	40	4	40	5	50
Zahlungskonditionen	10	4	40	3	30	5	50
Bezugsmengen	4	5	20	5	20	5	20
Qualifikation	15	5	75	5	75	4	60
Zertifizierung	11	4	44	5	55	1	11
Gesamtnutzen	100		419		445		416
Rang			2		1		3

Bewertung: 1 schlecht, 2 mangelhaft, 3 ungenügend, 4 genügend, 5 gut, 6 sehr gut

Abbildung 51: Nutzwertanalyse ohne Bonitätskriterium

Zu beachten ist, dass das Kriterium der Bonität im dargestellten Auswahlverfahren zu wenig gewichtet wird. Eine fragwürdige Bonität gefährdet grundsätzlich *jede* Geschäftsbeziehung und sollte deshalb zu Vorsichtsmassnahmen bzw. zum Absehen von einem Engagement führen. Selbstverständlich betrifft dies nur Geschäftsbeziehungen, die längerfristig ausgelegt sind. Kleine Einmal-Lieferungen ohne nennenswerte Garantieverpflichtungen gegenüber dem Endkunden sind in der Regel unproblematisch.

> Das Kriterium der Bonität sollte in den Entscheidungsprozess einfliessen.

Creditreform verfügt beispielsweise mit der Risikoklasse über ein wirksames Instrument für die Prüfung eines Geschäftspartners.[16] Die Ausfallwahrscheinlichkeit wird für jede Bonitätsklasse und für verschiedene Zeiträume gesondert ausgewiesen. Damit wird die Wahrscheinlichkeit eines Totalausfalles (Konkurses) kalkulierbar.

> Die Risikoklasse ist ein äusserst wirksames und in der Anwendung sehr einfaches Entscheidungskriterium.

---

[16] Vgl. Egeli, Verluste vermeiden, S. 54 ff.

Das folgende Beispiel zeigt eindrücklich, wie sich das Resultat nach Einbezug der Bonität im schlechtesten Fall verändern kann. Der Partner B, der in der Abbildung 24 noch den 1. Rang belegte, ist jetzt auf den letzten Rang gerutscht.

Anforderungen	Gewichtung	Partner A		Partner B		Partner C	
		Bewertung	Nutzen	Bewertung	Nutzen	Bewertung	Nutzen
Qualität	20	5	100	6	120	4	80
Preis	20	3	60	3	60	5	100
Lieferfristen	5	4	20	4	20	5	25
Zahlungs-konditionen	5	4	20	3	15	5	25
Bezugsmengen	4	5	20	5	20	5	20
Qualifikation	10	5	50	5	50	4	40
Zertifizierung	6	4	24	5	30	1	6
Bonität	30	5	150	2	60	4	120
Gesamtnutzen	100		444		375		416
Rang			1		3		2

Bewertung: 1 schlecht, 2 mangelhaft, 3 ungenügend, 4 genügend, 5 gut, 6 sehr gut

Abbildung 52: Nutzwertanalyse mit Bonitätskriterium

3.9.4 Initialprüfung des bestehenden Partnernetzwerkes

Mit der Initialprüfung sämtlicher Businesspartner lässt sich der gesamte Datenbestand bereinigen.

Es reicht nicht aus, neue Businesspartner vor Eingehen der Geschäftsbeziehung zu prüfen. Der Aufbau eines fundierten und funktionierenden Businesspartner-Managements bedarf auch einer Initialprüfung der bereits bestehenden Geschäftsbeziehungen. Eine Checkliste als Grundlage für ein strukturiertes Vorgehen, die in jedem Fall den effektiven Gegebenheiten angepasst werden muss, kann hilfreiche Dienste leisten.

Bei der Initialprüfung ist zwischen der Prüfung von Geschäftspartnern und der Prüfung von Kunden zu unterscheiden:

- **GESCHÄFTSPARTNER:** Informationen über Geschäftspartner, die nicht direkt Kunden sind, liegen im Normalfall nicht in strukturierter Form vor. Es bedarf einer individuellen Prüfung beim Eingehen der Geschäftsbeziehung. Die Evaluation sollte auf objektiven Fakten basieren. Die Bonität ist – neben einigen weiteren Auswahlkriterien – ein zentraler Faktor.
- **KUNDEN:** Diese können aus dem CRM herausgezogen werden. Das Kundenfile ermöglicht eine fundierte Datenanalyse. Mit einer Initialprüfung lässt sich der aktuelle Stand bewerten. Damit werden Veränderungen aufgrund getroffener Massnahmen sichtbar.

Eine Initialprüfung muss in Regel nur einmal durchgeführt werden. Danach erfolgt die Überprüfung neuer und die laufende Überwachung bestehender Businesspartner standardmässig (vgl. Abschnitt *Monitoring*, 6.8). Nicht zu vernachlässigen ist die Sensibilisierung der verantwortlichen Personen – Businesspartner-Management muss gelebt werden, nur so lassen sich die Risiken aktiv minimieren.

> Auf die Initialprüfung folgt die laufende Überwachung der Kunden.

Die für das Unternehmen wichtigen Businesspartner sind für jeden Unternehmensbereich (vgl. Abschnitt *Businesspartner-Management im Unternehmen*, 2.3) einzeln zu identifizieren und zu beurteilen. Speziell bei lang andauernden Geschäftsbeziehungen wiegt man sich leicht in falscher Sicherheit. Anzeichen für Veränderungen werden häufig übersehen oder nicht richtig interpretiert.

> Jeder Unternehmensbereich muss seine Businesspartner einzeln eruieren und prüfen – oft wiegt man sich in falscher Sicherheit.

Nach der Analyse der bestehenden Businesspartner sind die Alternativen näher zu betrachten. Je mehr Ausweichmöglichkeiten bestehen, desto geringer ist das Risiko. Dieser Aspekt alleine reicht jedoch nicht aus. Eine Bewertung der Kosten eines Partnerwechsels ist ebenfalls erforderlich. Sind diese zu hoch, wird die Unabhängigkeit des Unternehmens eingeschränkt. Das gilt auch für den Fall, dass ein Wechsel zu lange dauert.

Wie schon bei der Beurteilung der neuen Businesspartner ist es auch hier ratsam, die Bewertung mit einer Nutzwertanalyse (vgl. Abschnitt *Wahl des Businesspartners,* 3.9.3) durchzuführen.

Unternehmens-bereiche	☐ Verkauf ☒ Einkauf ☐ Produktion ☐ Personal ☐ Finanzen ☐ Infrastruktur					
Business-partner	Gewichtung	Laufende Geschäftsbeziehung				Alternative
		Partner A		Partner B		Firma A
		Bewertung	Nutzen	Bewertung	Nutzen	Bewertung	Nutzen
Abhängigkeit des Unternehmens vom BP	15	6	90	3	45	3	45
Persönliche Beziehungen der Geschäftsl.	10	6	60	0	0	0	0
Dauer der Geschäfts-beziehung	13	3	39	1	13	0	0
Umsatzanteil der Geschäfts-leitung	10	3	30	1	10	0	0
Spezifische Kenntnisse des BP	10	6	60	3	30	6	60
Bonität BP	20	6	120	3	60	4	80
Referenzen	10	3	30	5	50	5	50
Zertifizierung	10	0	0	0	0	6	60
Verbandsmit-gliedschaften	2	6	12	0	0	6	12
Weitere Aspekte der Geschäfts-beziehung	...	...	...	...	...	...	...
Gesamtnutzen	100		441		208		307
Rang			1		3		2

Bewertung: 1 schlecht, 2 mangelhaft, 3 ungenügend, 4 genügend, 5 gut, 6 sehr gut

Abbildung 53: Initiale Businesspartner-Prüfung

Die einzelnen Businesspartner sind auch in Bezug auf die Abhängigkeit des eigenen Unternehmens zu klassifizieren. Je grösser die Abhängigkeit von einem Geschäftspartner ist, umso besser ist dieser zu überwachen.

Je grösser die Abhängigkeit ist, desto wichtiger ist die Überwachung.

Die Massnahmen richten sich u. a. nach dem Resultat der initialen Businesspartner-Prüfung. Partner mit hoher Abhängigkeit sind laufend auf ihre Bonität hin zu überwachen. Bei geringer Abhängigkeit reicht ein reines Konkursmonitoring (vgl. Abschnitt *Monitoring*, 6.8). Zu den weiteren Massnahmen kann beispielsweise der Aufbau von Beziehungen zu einem alternativen Geschäftspartner gehören, der die Abhängigkeit mindern soll. Bei einer totalen Abhängigkeit von einem Businesspartner, der gleichzeitig für einen grossen Anteil an der Wertschöpfung des Unternehmens verantwortlich ist, kann es notwendig sein, das Knowhow zu insourcen. Umgekehrt kann bei geringer Abhängigkeit das Outsourcing als relativ risikoarm eingestuft werden.

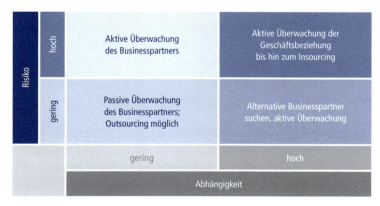

Abbildung 54: Intensität der Businesspartner-Prüfung

3.9.5 Prüfung der Businesspartner als Teil des IKS

> Das IKS umfasst alle Vorgänge, Methoden und Massnahmen, die einen ordnungsgemässen Ablauf des betrieblichen Geschehens sicherstellen.

Die Abkürzung IKS steht für «Internes Kontrollsystem» und bezeichnet alle vom Verwaltungsrat, von der Geschäftsleitung und den übrigen Führungsverantwortlichen angeordneten Vorgängen, Methoden und Massnahmen, die einen ordnungsgemässen Ablauf des betrieblichen Geschehens sicherstellen. Das System der internen Kontrolle ist in die betrieblichen Arbeitsabläufe integriert, d. h. alle Massnahmen erfolgen arbeitsbegleitend oder sind dem Arbeitsvollzug unmittelbar vor- oder nachgelagert.[17]

Aufgabe des IKS ist u. a. die Unterstützung der Unternehmensziele und die Beseitigung interner Fehlerquellen. Voraussetzung für eine effiziente Kontrolle ist eine klare Regelung der Arbeitsabläufe. Die Mitarbeiter müssen wissen, welches Vorgehen korrekt ist. So kann beispielsweise eine standardisierte Überprüfung von Geschäftspartnern folgenschwere Fehlentscheidungen vermeiden. Einerseits werden subjektive Einflussfaktoren minimiert, anderseits klar definierte risikoadäquate Lösungen gefördert, die von Unternehmen zu Unternehmen spezifisch festzulegen sind. In jedem Fall aber braucht es intern verbindliche Regelungen für den Umgang mit den verschiedenen Risiken (gross, mittel, klein). Dazu zählt auch das Wissen um eine mögliche Kumulation von Einzelrisiken.

> Alle Mitarbeitenden müssen ihre Kompetenzen kennen.

Schwierig gestaltet sich die Beurteilung von Risiken, die aus der Zusammenarbeit mit Geschäftspartnern erwachsen. Hier sind individuelle Analysen notwendig. Ein probates Mittel zur Risiko-Minimierung ist die Festlegung von Schwellenwerten. Alle Mitarbeiter und Kadermitglieder sollten immer genau wissen, bis zu welchen Beträgen ihre Kompetenzen reichen. Geschäfte mit einem grösseren Volumen sind dem Vorgesetzten zur Beurteilung vorzulegen. Diese Regelung kann allerdings dazu verleiten, Geschäfte in Teilgeschäfte aufzuteilen, die den Schwellenwert nicht übersteigen.

---

[17] Treuhandkammer, Schweizer Handbuch der Wirtschaftsprüfung 1998, S. 171

3.10 Konkurrenzbeobachtung

Neben der fundierten Kenntnis aller Geschäftspartner gehört die Konkurrenzbeobachtung zu den wichtigen Elementen eines professionellen BPM. Veränderungen in konkurrierenden Unternehmen geben Auskunft über zukünftige Entwicklungen bzw. Neuausrichtungen oder auch über rechtliche Neuerungen. Solche Informationen gehören ebenfalls in den Beobachtungsfokus.

- **BESTEHENDE MITBEWERBER:** Neben einer Initial-Prüfung lohnt es sich, bestehende Mitbewerber einem Monitoring zu unterziehen.
- **NEUE MITBEWERBER:** Informationen zu allen Neugründungen sind heute branchenspezifisch abrufbar – im sogenannten Push-Verfahren. Sie bilden im Bedarfsfall die Grundlage für weiter gehende Massnahmen und schützen vor negativen Überraschungen bei der Offertstellung.

> Die Konkurrenzbeobachtung gehört auch in den Aufgabenbereich eines Unternehmers.

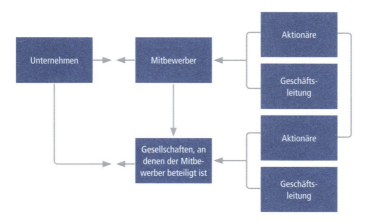

Abbildung 55: Konkurrenzbeobachtung

3.11 Prüfung der eigenen Bonität[18]

Unternehmen müssen über die Bewertung ihrer eigenen Bonität im Bild sein.

Unternehmen müssen nicht nur die Bonität ihrer Geschäftspartner kennen, sondern auch über die Bewertung ihrer eigenen Bonität im Bild sein. Solche Beurteilungen werden von ihren Gläubigern und Geschäftspartnern beigezogen und können eine Grundlage für die Einräumung von Kreditlimiten bilden. Deshalb sollte man prüfen, wie Dritte die Bonität des eigenen Unternehmens einschätzen. Nach Art. 25 DSG ist jede Person zur Einsicht in Daten berechtigt, die über sie gesammelt wurden. Dabei besteht gegebenenfalls auch die Möglichkeit, unzutreffende Informationen richtig zu stellen.

Befindet sich ein Unternehmen in einer Krisensituation oder in einer Restrukturierungsphase, so ist die Kommunikation gegenüber den Geschäftspartnern, Kunden und Bonitäts- und Wirtschaftsauskunfteien essenziell. Nur wer offen, klar und proaktiv kommuniziert, kann damit rechnen, richtig eingeschätzt zu werden.

---

[18] Baur / Kantowsky / Schulte, Stakeholder-Management in der Restrukturierung, S. 248

4

KREDIT- UND FORDERUNGSMANAGEMENT

4 KREDIT- UND FORDERUNGSMANAGEMENT

Die Aufmerksamkeit gilt in erster Linie den Kunden.

Die Praxis zeigt, dass die Aufmerksamkeit in erster Linie den Kunden gilt. Ihre Verwaltung wird als Customer Relationship Management (CRM) bezeichnet. Das Angebot an Software in diesem Bereich ist vielfältig. Neben der Vereinfachung der Kundenverwaltung steht in diesem Kapitel vor allem die Integration aller bekannten Kundendaten in den Bonitätsprüfungsprozess im Vordergrund. Ziel ist es, Vorleistungen nur zahlungsfähigen Kunden zu erbringen oder sie auf Rechnung zu beliefern.

Abbildung 56: Gesamtüberblick

Zum CRM gehört auch das Kredit- und Forderungsmanagement. Das Kreditmanagement beschäftigt sich mit der Bonitätsbeurteilung der Kunden, der Gewährung von Lieferantenkrediten und der Beurteilung aller damit zusammenhängenden Risiken. Für jeden Kunden resultiert eine dem Risiko entsprechende Kreditlimite.

Das Forderungsmanagement umfasst die Bewirtschaftung der offenen Forderungen.

Das Forderungsmanagement umfasst die Bewirtschaftung der offenen Forderungen, die der Kreditgewährung folgt. Der Eingang der Zahlungen muss überwacht werden. Gerät der Schuldner in Verzug, müssen effiziente Massnahmen ergriffen werden (z.B. Mahnungen, Lieferstopp). Bleibt die Zahlung aus, so muss die ausstehende Forderung auf dem Rechtsweg geltend gemacht werden (Inkasso). Dieser kosten- und zeitintensive Prozess verlangt ein umfangreiches Spezialwissen im Schuldbetreibungs- und Konkursrecht.

Im Mittelpunkt des Kredit- und Forderungsmanagements steht die sichere Bewertung von Risiken. Dabei geht es nicht um die Vermeidung von Risiken überhaupt – diese gehören zum unternehmerischen Alltag –, sondern um die Frage nach der Risikotragfähigkeit. Das heisst konkret: so viel Risiko wie das Geschäft erfordert, aber ohne die Existenz des Unternehmens aufs Spiel zu setzen.

Risiken gehören zum unternehmerischen Alltag. Früherkennung und Minimierung sind entscheidend.

Das Kredit- und Forderungsmanagement ist mehr als nur eine Aufgabe des Rechnungswesens. Es umfasst wesentliche Bereiche eines Unternehmens und dient der zielorientierten Steuerung des gesamten Prozesses der Kreditvergabe von der Akquisition bis zur Realisierung der Forderung – die eigentliche Wertschöpfungskette.[1] Denn nur bei effektiver Realisierung der Umsätze fliessen dem Unternehmen die für das Überleben notwendigen liquiden Mittel zu.

Das Kredit- und Forderungsmanagement dient der zielorientierten Steuerung des gesamten Prozesses der Kreditvergabe von der Akquisition bis zur Realisierung der Forderung.

Kundenselektion, Bonitätsprüfung, Informationsbeschaffung	Rechnungswesen, Finanzbuchhaltung, Controlling	Mahnwesen, Betreibung
Liquiditätssicherung, Eigenkapitalstärkung	**Kredit- und Forderungsmanagement**	Kooperationen: Inkasso, Factoring
Krisenmanagement	CRM, Qualitätsmanagement, Kundendienst	Verträge, Sicherungsmittel, AGB

Abbildung 57: Kredit- und Forderungsmanagement des Unternehmens[2]

Oberstes Ziel eines Unternehmens ist die Rentabilität. Diese reicht aber alleine nicht aus. Zu jedem Zeitpunkt muss auch die notwendige Liquidität gewährleistet sein. In diesem Zusammenhang spielt die Sicherheit eine entscheidende Rolle – nicht tragbare Risiken sind zu

Liquidität ist lebensnotwendig für das Unternehmen.

---

1 Weiss / Bolik, Erfolgsfaktoren der Forderungsrealisation in der Unternehmenspraxis, S. 6
2 Serafini, Credit- und Debitorenmanagement des Unternehmens, S. 35

vermeiden. Denn falsche oder gar fehlende Beurteilungen von Kunden und Lieferanten können die Existenz des Unternehmens unmittelbar gefährden. Ein aktives Kredit- und Forderungsmanagement verhindert keine Geschäfte, sondern macht die Risiken kalkulierbar.

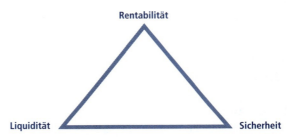

Abbildung 58: Das Spannungsfeld der Unternehmensführung

Voraussetzung für die Vermeidung von Debitorenverlusten sind zahlungsfähige Kunden.

In diesem Spannungsfeld ist es Aufgabe des Kredit- und Forderungsmanagements, sicherzustellen, dass nur Geschäftsverbindungen mit zahlungsfähigen Kunden eingegangen werden und dass das unvermeidbare Restrisiko kalkulierbar bleibt. So können Forderungsausfälle vermieden werden, was für die Erhaltung von Liquidität und Rentabilität wesentlich ist.

4.1 Kompensation der Debitorenverluste durch Mehrumsätze

Debitorenverluste lassen sich nicht durch Mehrumsätze kompensieren.

Die zentrale Bedeutung des Kredit- und Forderungsmanagements wird im Unternehmens-Alltag leicht vergessen. Neben Offertenstellung, fristgerechter Auslieferung, Rechnungsstellung usw. findet man keine Zeit, sich um die Zahlungsfähigkeit der Kunden zu kümmern. Am Monatsende – im schlimmsten Fall erst am Jahresende – wird mit Schrecken festgestellt, dass gewisse Kunden noch nicht bezahlt haben. Versuche, solche nicht einkalkulierten Verluste durch Mehrumsätze wettzumachen, sind wenig erfolgversprechend bzw. meist unmöglich. Dies belegen folgende Beispiele:

FALL 1: Der Umsatz beträgt CHF 1 000 000. Bei einer angenommenen Umsatzrendite von 5% beträgt der Gewinn CHF 50 000. Bei einem Debitorenverlust von 1% reduziert sich der Gewinn auf CHF 40 000. Der Debitorenverlust müsste also durch einen Mehrumsatz von CHF 200 000 kompensiert werden.

FALL 2: Bei einem Debitorenverlust von 2% wäre unter den gleichen Voraussetzungen bereits ein Mehrumsatz von CHF 400 000 zu realisieren.

FALL 3: Bei einer etwas tieferen Umsatzrendite von 3% und einem Debitorenverlust von 1% würde der erforderliche Mehrumsatz CHF 333 333 betragen.

Kunde	Fall 1	Fall 2	Fall 3
Umsatz	1 000 000	1 000 000	1 000 000
Umsatzrendite	5%	5%	3%
Gewinn	50 000	50 000	30 000
Debitorenverlust in %	1%	2%	1%
Gewinn nach Debitorenverlust	40 000	30 000	20 000
Erforderlicher Mehrumsatz	200 000	400 000	333 333

Abbildung 59: Erforderlicher Mehrumsatz

Die Beispiele verdeutlichen auf drastische Weise, dass es kostengünstiger ist, Debitorenverluste zu vermeiden als zusätzlichen Umsatz zu generieren – wobei es natürlich keinen Sinn macht, mehr für die Prävention auszugeben, als in der Vergangenheit Debitorenverluste angefallen sind. Die Erfahrung lehrt aber, dass sich präventive Massnahmen in jedem Fall lohnen.

Die Vermeidung von Debitorenverlusten ist kostengünstiger als das Generieren von zusätzlichem Umsatz.

4.2 Kreditmanagement als Teil des Working Capital Management

Unter Working Capital versteht man das Nettoumlaufvermögen eines Unternehmens.

Unter dem Working Capital versteht man das Nettoumlaufvermögen eines Unternehmens. Es bezeichnet die freie Liquidität nach Abzug der kurzfristigen Verbindlichkeiten vom Umlaufvermögen. Das Working Capital sollte grösser als null sein. Das Working Capital Management (WCM) umfasst alle Massnahmen, welche diese Grösse beeinflussen. Es ist wiederum ein Teilbereich der Financial Supply Chain (der monetären Wertschöpfungskette).

Ziele des Working Capital Managements sind:
- Optimierung der Liquidität
- Reduzierung der Kapitalbindung

Die Optimierung der Liquidität ist zentral in der unternehmerischen Tätigkeit.

Die Optimierung der Liquidität ist zentral in der unternehmerischen Tätigkeit. Oft ist unnötig viel Geld gebunden, das nicht innert nützlicher Frist frei gemacht werden kann oder das sich im schlimmsten Fall aufgrund von Veränderungen am Markt nicht mehr freisetzen lässt. Drei Bereiche binden dabei besonders schnell einen hohen Anteil an liquiden Mitteln:

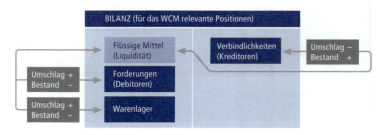

Abbildung 60: Massnahmen des Working Capital Managements

In allen drei Bereichen ist es das Ziel, die Umschlagshäufigkeit zu erhöhen. Dadurch wird die Kapitalbindung gesenkt. Die frei werdenden Mittel können sofort anders eingesetzt werden.

Eigene Verbindlichkeiten sollte man so spät wie möglich bezahlen, die Forderungen der Kunden dagegen sollten so schnell wie möglich realisiert werden (vgl. Abschnitt *Kennen der Kreditlimite des Kunden*, 5.7). Aber Achtung! Werden die Rechnungen zu spät bezahlt, setzt man möglicherweise die eigene Bonität aufs Spiel. Negative Folge könnte sein, dass durch das veränderte Zahlungsverhalten die eigene Bonität schlechter beurteilt wird und somit die Kreditlimiten eingeschränkt werden (vgl. Abschnitt *Prüfung der eigenen Bonität*, 3.11).

Die Grafik zeigt die Abhängigkeiten, die durch Kundenguthaben bestehen:

Abbildung 61: Abhängigkeiten von Kundenguthaben

Das Working Capital Management ist nicht nur für grosse Unternehmen wichtig. Vielmehr sind gerade KMU im Fall von Liquiditätsengpässen hohen Risiken ausgesetzt. Umso wichtiger ist für sie ein effizientes Kredit- und Forderungsmanagements.

4.3 Folgen eines ungenügenden Kredit- und Forderungsmanagements

Folgen eines ungenügenden Kredit- und Forderungsmanagements:
- Liquiditätsengpass
- zu hohe Zinskosten
- Gewinneinbussen

Ein ungenügendes Kredit- und Forderungsmanagement kann nicht nur zu einem Debitorenverlust am Ende des Geschäftsjahres führen, sondern zu weiteren, schwerwiegenden Konsequenzen:

- **LIQUIDITÄTSENGPASS:** Ohne aktives Kredit- und Forderungsmanagement läuft das Unternehmen Gefahr, dass zu viele Mittel in den Debitoren (Kundenguthaben) gebunden werden. Es kann zu einem Liquiditätsengpass kommen – im schlimmsten Fall zum «Aus» für das Unternehmen.

- **ZU HOHE ZINSKOSTEN:** Fehlt es dem Unternehmen an liquiden Mitteln, ist die Aufnahme von zusätzlichem Fremdkapital für die Überbrückung des Engpasses notwendig. Dafür berechnet die Bank einen Kapitalzins. Die zusätzlichen Zinskosten schmälern das Unternehmensergebnis. Im Vergleich zur Konkurrenz ist man weniger rentabel und kann möglicherweise Investitionen für die Zukunft nicht vornehmen. Zudem werden Kreditlimiten bei der Bank unnötigerweise ausgeschöpft. Der Teufelskreis beginnt sich zu drehen. Durch die tiefere Rentabilität und Wettbewerbsfähigkeit wird das Unternehmen von der Bank zusätzlich noch mit einem Risikozuschlag auf dem Zins bestraft.

- **GEWINNEINBUSSEN:** Schliesslich läuft das Unternehmen Gefahr, Kunden zu beliefern, die von den Mitbewerbern nicht mehr bedient werden. Durch das erhöhte Risiko droht ein weiteres Ansteigen der Debitorenverluste. Dies führt wiederum zu Gewinneinbussen.

Für die Umsetzung eines aktiven Kredit- und Forderungsmanagements gilt also: Debitorenverluste entstehen nicht erst bei der Rechnungsstellung – sie entstehen bereits bei der Akquisition!

> Debitorenverluste entstehen nicht erst bei der Rechnungsstellung – sie entstehen bereits bei der Akquisition!

4.4 Spannungsfeld zwischen Verkauf und Finanzen

Unter Kreditmanagement versteht man die Bewirtschaftung von Lieferantenkrediten, die durch das Einräumen von Zahlungsfristen entstehen. Denn sobald ein Kunde die Rechnung des Lieferanten nicht bar bezahlt, gewährt dieser einen Kredit. Ungewiss bleibt, ob der Kunde die Rechnung auch vereinbarungsgemäss bezahlen wird. Bei der Kreditgewährung kommt es deshalb zum Interessenkonflikt zwischen dem Verkauf, der den Kredit gewähren will, und dem Rechnungswesen, das sicherstellen muss, dass die Forderung letztendlich bezahlt wird.

> Bei der Kreditgewährung besteht ein Interessenkonflikt zwischen Marketing und Finanzen.

Abbildung 62: Kredit- und Forderungsmanagement im Interessenkonflikt

In diesem Spannungsfeld den richtigen Weg zu finden, ist schwierig. Der folgende Abschnitt soll die unterschiedlichen Aufgaben der beiden Bereiche verdeutlichen, um so zu einer verantwortungsvollen und optimalen Balance hinzuführen.

> Ziel eines erfolgreichen Kredit- und Forderungsmanagements ist die optimale Balance.

4.4.1 Verkauf und Marketing

Marketing ist das Bemühen, Waren und Dienstleistungen zu verkaufen.

Marketing (aus dem Engl.: Vermarktung, Vertriebswesen, Absatzlehre, auch Öffentlichkeitsarbeit bzw. Markt machen, einen Markt für seine Produkte schaffen) ist eine Funktion der Betriebswirtschaft mit Stabscharakter. Aus der Sicht des Kunden bedeutet es auch Unternehmensführung. Umgangssprachlich ist Marketing das Bemühen, Waren und Dienstleistungen zu verkaufen.

Das Marketing umfasst folgende Prozessschritte:[3]
- Analyse der Ausgangslage
- Bestimmung der Marketing-Ziele – Abstimmung mit der Unternehmensstrategie
- Bestimmung der Marketing-Instrumente – Produktpolitik, Distributionspolitik, Konditionenpolitik und Kommunikationspolitik
- Erstellen des eigentlichen Marketing-Mix – Gebrauch und Abstimmung der Marketing-Instrumente
- Marketing-Durchführung – eigentliche Umsetzung
- Evaluation der Marketing-Resultate – Messung des Erfolges

---

[3] Thommen, Managementorientierte Betriebswirtschaftslehre, S. 126 ff.

Abbildung 63: Steuerung des Marketing-Problemlösungsprozesses[4]

Die Konditionenpolitik umfasst alle Entscheidungen über das Entgelt für Produkte oder Dienstleistungen, die ein Unternehmen anbietet, sowie die damit verbundenen Bezugsbedingungen einschliesslich der Zahlungsmodalitäten und -fristen.[5]

Die Konditionenpolitik gliedert sich in:
- Preispolitik
- Rabattpolitik
- Transportbedingungen

Die Absatzfinanzierung (Kreditgewährung) lässt sich nicht ausschliesslich der Preispolitik zuordnen. Sie umfasst sowohl Aspekte der Finanzierung als auch des Marketings. Der Kredit- und Debitorenverantwortliche – in KMU der einzelne Unternehmer – übernimmt hier eine wichtige Funktion. Verschiedene Interessen müssen unter ein Dach gebracht bzw. gegeneinander abgewogen werden.

Die Konditionenpolitik gliedert sich in:
- Preispolitik
- Rabattpolitik
- Transportbedingungen

Die Absatzfinanzierung umfasst Aspekte der Finanzierung und des Marketings.

---

[4] Thommen, Managementorientierte Betriebswirtschaftslehre, S. 127 ff.
[5] Thommen, Managementorientierte Betriebswirtschaftslehre, S. 195

4.4.2 Aufgaben des Rechnungswesens

Das Rechnungswesen dient der systematischen Erfassung der Geldströme.

Das Rechnungswesen – im weitesten Sinn die Rechnungslegung – als Teilgebiet der Betriebswirtschaftslehre dient der systematischen Erfassung, Überwachung und informatorischen Verdichtung der durch den betrieblichen Leistungsprozess entstehenden Geld- und Leistungsströme.

Anreize zur Absatzförderung können unmittelbar die Finanzierung des Unternehmens gefährden.

Der Verantwortliche für das Rechnungswesen hat immer die Finanzen im Auge. Aus seiner Sicht können Anreize zur Absatzförderung, z.B. die Gewährung von Zahlungsfristen, die Finanzierung des Unternehmens unmittelbar gefährden, weil aufgrund späterer Zahlungseingänge (Ansteigen der Debitoren) die Fremdfinanzierung erhöht werden muss. Dies kann über einen Bankkredit erfolgen oder aber durch das Überziehen der eingeräumten Zahlungsfristen – im letzteren Fall also durch die Inanspruchnahme eines Lieferantenkredits.

Lieferantenkredite entstehen durch das Einräumen von Zahlungsfristen.

Ein Lieferantenkredit entsteht dadurch, dass der Lieferant seinem Abnehmer eine bestimmte Zahlungsfrist einräumt. Der Lieferantenkredit ist für den Kreditnehmer insofern vorteilhaft, als er im Vergleich zu Bankkrediten nahezu formlos und ohne besondere Sicherheiten gewährt wird.[6] Der Kreditgeber seinerseits hat die Aufgabe, die Bonität des Kunden zu prüfen, um sich vor Verlusten zu schützen.

Unternehmen mit mangelnder Liquidität nehmen besonders häufig Lieferantenkredite in Anspruch.

Empirische Untersuchungen haben gezeigt, dass gerade Unternehmen, die Probleme mit ihrer Liquidität haben, Lieferantenkredite zur Finanzierung von langfristig gebundenem Kapital verwenden – was in vielen Fällen früher oder später zur Illiquidität führt.[7]

---

[6] Thommen, Managementorientierte Betriebswirtschaftslehre, S. 492
[7] Thommen, Managementorientierte Betriebswirtschaftslehre, S. 493

4.4.3 Interessenkollision

Die Abbildung zeigt, in welchen zentralen Punkten es zu einer Interessenkollision kommen kann:

Aspekte Verkauf	Aspekte Finanzen
Jeden potenziellen Kunden akquirieren	Nur Kunden mit guter Bonität akquirieren
Lieferantenkredite zur Absatzförderung	Nur Barzahlung oder Vorauskasse
Zahlungsverzug gewähren	Verzugszinsen oder Androhung rechtlicher Schritte

Abbildung 64: Interessenkollision Marketing/Verkauf und Finanzen/Rechnungswesen

Der Verkauf möchte in erster Linie «verkaufen». Ist der Vertrag unterschrieben, endet deshalb das Interesse des Verkäufers – auch zum Vorteil des Unternehmens beschäftigt er sich lieber mit der Akquisition zukünftiger Geschäfte. Anders der Verantwortliche für die Finanzen. Für ihn zählt allein das Ergebnis unter dem Strich – das heisst der Gewinn nach sämtlichen Bereinigungen und Abgrenzungen. Dies beinhaltet auch die Bewertung des Delkredere sowie das Ausbuchen von nicht mehr zu realisierenden Forderungen.

Für den Verkauf ist der Verantwortliche des Rechnungswesens oft ein Umsatzverhinderer.

Der Verkäufer will bei der Gewährung von Lieferantenkrediten also möglichst grosszügig sein – nichts soll einem Verkauf im Weg stehen. Der Verantwortliche für die Finanzen dagegen würde am liebsten nur gegen Vorauskasse oder Barzahlung liefern. Der Verkäufer wiederum duldet den Zahlungsverzug, um den Kunden weiter beliefern zu können bzw. um keine unangenehmen Massnahmen ergreifen zu müssen, während der Finanzverantwortliche für seine Buchhaltung schauen muss, einen Zahlungsverzug sofort mit Verzugszinsen und der Androhung rechtlicher Schritte ahnden möchte.

Der Verkauf möchte beim Gewähren von Zahlungskonditionen grosszügig sein. Der Verantwortliche für die Finanzen schätzt Vorauskasse oder Barbezahlung.

Diese etwas zugespitzte Darstellung verdeutlicht die gegensätzliche Grundhaltung von Verkauf und Finanzen. Ziel muss es sein, den optimalen Weg zu finden – einerseits also den für das Unternehmen notwendigen Auftragsbestand zu sichern, andererseits am Schluss eine profitable Rechnung zu präsentieren.

Abbildung 65: Kredit- und Forderungsmanagement als Bindeglied

Das Kredit- und Forderungsmanagement ist Bindeglied zwischen Marketing und Finanzen. Ziel ist die optimale Balance.

Der erste Schritt hierzu ist das gegenseitige Verständnis. Das Kredit- und Forderungsmanagement hat dabei die Funktion des Bindegliedes. Wie diese zentrale Funktion umgesetzt werden kann, wird im folgenden Kapitel dargestellt.

4.5 Risikomanagement aus Sicht des Kredit- und Forderungsmanagements

Das Kredit- und Forderungsmanagement ist ein wichtiger Teilbereich des Risikomanagements.

Das Kredit- und Forderungsmanagement ist ein wichtiger Teilbereich des Risikomanagements bzw. der laufenden Einschätzung der Unternehmensrisiken. Bei der eingeschränkten Revision verlangen die Revisionsstellen von Kapitalgesellschaften und Genossenschaften eine Risikobeurteilung durch das Unternehmen. Bei wirtschaftlich bedeutenden Unternehmen, die der ordentlichen Revision unterliegen, ist zusätzlich zu überprüfen, ob ein ausreichendes internes Kontrollsystem existiert.[8]

---

[8] Vgl. Egeli, Risiken minimieren, S. 24

Die Art der Risiken ist vielfältig, teils fallen sie in den Einflussbereich eines Unternehmens, teils liegen sie ausserhalb:[9] Das Kreditmanagement gehört in jedem Fall zu den relevanten Teilbereichen.

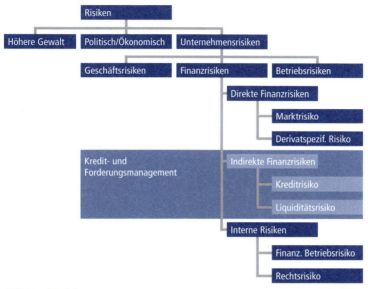

Abbildung 66: Risikomanagement

- Risiken aufgrund höherer Gewalt
- Risiken aufgrund politischer oder ökonomischer Ursachen
- Risiken aus der unternehmerischen Tätigkeit

Direkt vom Unternehmer beeinflussbar sind lediglich die Risiken aus der unternehmerischen Tätigkeit, z.B. die Frage nach der Bezahlung eines Lieferantenkredits. Ziel ist es, diese Risiken zu minimieren bzw. gar nicht erst entstehen zu lassen.

Unternehmerische Risiken sind zu minimieren bzw. zu vermeiden.

---

[9] Keitsch, Risikomanagement (Praxis Creditreform), S. 5 ff.

4.5.1 Unternehmensrisiken

Die Unternehmensrisiken werden unterteilt in:
- Geschäftsrisiken – Produkte, Absatzmärkte, Innovationen und Investitionen (Kernbereiche der unternehmerischen Tätigkeit)
- Betriebsrisiken – Organisationsstruktur, Ablaufprozesse, EDV und Personal (Unternehmensabläufe)
- Finanzrisiken – Verlustrisiken in den Finanzpositionen (Werthaltigkeit)

Das Minimieren der indirekten Finanzrisiken fällt in den Verantwortungsbereich des Kredit- und Forderungsmanagements. Dazu zählen das Kreditrisiko, das Ausfallrisiko und das Liquiditätsrisiko.

4.5.2 Kreditrisiko

Kreditrisiko: Risiko, dass der Kreditnehmer seinen Verpflichtungen nicht nachkommt.

Mit Kreditrisiko wird das Risiko bezeichnet, dass ein Kreditnehmer seinen Verpflichtungen in der Zukunft nicht nachkommen kann. Je höher die Bonität (Solvabilität) des Kunden, umso tiefer ist das Kreditrisiko. Die direkte Folge eines zu hohen Kreditrisikos ist der Zahlungsverzug oder – noch schlimmer – der Zahlungsausfall. Weil wie gezeigt eine Kompensation durch Mehrumsatz wenig erfolgversprechend ist, gilt das Augenmerk präventiven Massnahmen, um ein Kreditrisiko erst gar nicht entstehen zu lassen.

4.5.3 Ausfallrisiko

Das Ausfallrisiko kann durch präventive Massnahmen minimiert werden.

Die direkte Folge eines falsch eingeschätzten Kreditrisikos ist ein erhöhtes Ausfallrisiko. Die Minimierung dieses Risikos erfordert es, den Kunden noch während der Akquisitionsphase auf seine Bonität hin zu durchleuchten. Erst aufgrund der Prüfung ist das Setzen von konkreten Kreditlimiten möglich. Dies allein reicht aber nicht aus. Je nach Höhe der Kreditlimite gilt es, den Kunden mit grösserer oder geringerer Intensität laufend zu überwachen. Informationen, die auf eine negative Veränderung der Bonität schliessen lassen, müssen eine erneute Beurteilung zur Folge haben. Wichtig ist, dass die präventiven Massnahmen immer im Verhältnis zum eingegangenen Risiko stehen – Aufwand und realisierbarer Ertrag müssen im Einklang sein.

4.5.4 Liquiditätsrisiko

Das Liquiditätsrisiko bezeichnet das Risiko, dass ein Unternehmen infolge falsch eingeschätzter Kreditrisiken und daraus resultierender Debitorenverluste selbst in Zahlungsschwierigkeiten gerät – also seinen eigenen Zahlungsverpflichtungen nicht mehr nachkommen beziehungsweise die nötige Liquidität nicht mehr beschaffen kann. Oder letzteres dann nur zu erhöhten Kosten. Liquiditätsmangel ist die häufigste Konkursursache.

> Liquiditätsrisiko: Risiko, aufgrund falsch eingeschätzter Kreditrisiken in Zahlungsschwierigkeiten zu geraten.

4.5.5 Klumpenrisiko

Mit Klumpenrisiko bezeichnet man im Bankwesen einzelne Ausfallrisiken, welche die Risikotragfähigkeit der Bank erreichen oder übersteigen.

> Klumpenrisiko: Risiko, dass einzelne Ausfälle Risikotragfähigkeit übersteigen.

Was bedeutet dies für ein Unternehmen? Üblich ist es, bei Übersteigen des Umsatzanteiles von 10% eines Kunden von einem Klumpenrisiko zu sprechen. Bei dieser einfachen Definition wird aber vergessen, dass ein Klumpenrisiko bereits dann entsteht, wenn ein Debitorenverlust die kurzfristig verfügbaren liquiden Mittel übersteigt – und das Unternehmen in einem solchen Fall also seinen Verpflichtungen nicht mehr nachkommen kann.

4.6 Rechtliche Grundlagen

Die rechtlichen Grundlagen spielen im Bereich des Kredit- und Forderungsmanagements eine wichtige Rolle. Sie bilden die Voraussetzung dafür, dass eine Forderung im nachgelagerten Prozess durchgesetzt werden kann. Das Inkasso einer Forderung ist klar geregelt. Es gilt, be-

> Die rechtlichen Grundlagen spielen im Bereich des Kredit- und Forderungsmanagements eine wichtige Rolle.

stimmte Fristen einzuhalten, sonst kann der Rechtsanspruch verfallen, oder der Prozess muss erneut eingeleitet werden. Vor allem folgende Gesetze sind zu beachten.

Kreditmanagement	Forderungsmanagement	
	Debitorenmanagement	Inkasso
Obligationenrecht		Schuld-, Betreibungs- und Konkursgesetz
		Zivilprozessordnung (ZPO)
Datenschutzgesetz		
Weitere gesetzliche Grundlagen: Versicherungsgesetz, Bankengesetz, Konsumkreditgesetz, Geldwäschereigesetz usw.		

Abbildung 67: Rechtliche Grundlagen des Kredit- und Forderungsmanagements

Je nach Art des Geschäftes kommen verschiedene spezialgesetzliche Regelungen hinzu. Diese sind nur beispielhaft und nicht abschliessend aufgezählt (vgl. Abschnitt *Kreditfähigkeitsprüfung unter dem Konsumkreditgesetz*, 6.13).

Das Kredit- und Forderungsmanagement zieht sich horizontal durch das gesamte Unternehmen. Das Kreditmanagement wird in zwei Phasen unterteilt. Zuerst kommt die Akquisition, dann die Prävention. Das Forderungsmanagement dient der Realisation der Forderungen. Diese Phasen werden in den folgenden Kapiteln näher beleuchtet.

5

AKQUISITION

5 AKQUISITION

Der Verkauf ist für das Gesamtwohl des Unternehmens zu sensibilisieren. Die Vermeidung von Debitorenverlusten steigert die Erfolgschancen.

Die Herausforderung des Kredit- und Forderungsmanagements liegt darin, den Verkauf für das Gesamtwohl des Unternehmens zu sensibilisieren sowie die Einhaltung der internen Arbeitsvorschriften sicherzustellen.

5.1 Vertragswesen

Forderungsverluste entstehen nicht erst bei der Rechnungstellung, sondern bereits bei der Akquisition.

Forderungsverluste entstehen nicht erst bei der Rechnungstellung, sondern vielfach bereits bei der Akquisition! Aus diesem Grund ist dem Vertragswesen ein besonderes Augenmerk zu schenken. Ziel dieses Kapitels ist es, darzustellen, wie wichtig es ist, schon bei der Akquisition bzw. beim Vertragsabschluss die Grundlage für die spätere Durchsetzung der Forderung zu legen.

Je nach Geschäftsmodell ist der Abschluss eines Vertrages oder die explizite Anerkennung von AGB für den Abschluss eines Rechtsgeschäfts möglich, wobei gerade im Online-Handel schriftliche Verträge immer eine Ausnahme bilden, denn in den meisten Fällen sind sie nicht möglich oder werden von den Konsumenten nicht akzeptiert. Nachfolgend soll daher aufgezeigt werden, welche Möglichkeiten der Gläubiger grundsätzlich hat.

In den allermeisten Fällen kann kein schriftlicher Vertrag abgeschlossen werden.

Es bestehen keine Möglichkeiten, einen unterzeichneten schriftlichen Vertrag abzuschliessen			Es wird ein unterzeichneter schriftlicher Vertrag abgeschlossen
Es besteht kein Nachweis eines Vertrages oder der Anerkennung von AGB	Es besteht ein Nachweis durch eine dem Kunden zugestellte Auftragsbestätigung	Es besteht nur ein elektronischer Nachweis, dass der Kunde die AGB akzeptiert hat	
Kauf gegen Rechnung mit vorgängiger Auslieferung		Online-Geschäfte	Umfangreiche Leistungen oder bei Vorleistung durch den Lieferanten
Es liegt **nie** eine Schuldanerkennung vor			Eine Schuldanerkennung liegt vor

Abbildung 68: Wann liegt eine Schuldanerkennung vor?

Vorstehend wurde aufgezeigt, dass es in den allermeisten Fällen bzw. insbesondere im Online-Handel kaum möglich ist, einen unterzeichneten schriftlichen Vertrag mit den Kunden abzuschliessen. Für die Durchsetzung der Forderung liegt somit keine Schuldanerkennung und damit auch kein provisorischer Rechtsöffnungstitel i. S. v. Art. 82 SchKG vor (vgl. Abschnitt *Betreibung*, 7.11.1).

Das Vertragswesen ist laufend den aktuellen Gegebenheiten anzupassen.

Abbildung 69: Ohne Schuldanerkennung keine prov. Rechtsöffnung

Ein schriftlicher, vom Kunden unterzeichneter Vertrag (Schuldanerkennung) erleichtert folglich die spätere Durchsetzung der Forderung (vgl. Abschnitt *Betreibung*, 7.11.1).

Mit der Annahme des Angebotes ist der Vertrag zustande gekommen.

Ist es aufgrund des Geschäftsmodells nicht möglich, einen beidseitig unterzeichneten Vertrag abzuschliessen, so kann aber immerhin eine Auftragsbestätigung des Kunden von Vorteil sein. Zu beachten ist dabei, dass mit der Annahme des Angebotes des Unternehmers durch den Kunden der Vertrag grundsätzlich zustande gekommen ist. Der Phase der Akquisition kommt somit deutlich mehr Bedeutung zu als gemeinhin angenommen. So sind der Kreditentscheid zur Steuerung der Zahlungskonditionen und die Festlegung der Kreditlimite vor der Abgabe des Angebotes vorzunehmen (vgl. Abschnitt *Strukturierter Kreditentscheid*, 6.6).

Das Vertragswesen ist laufend den aktuellen Gegebenheiten anzupassen.

Das Vertragswesen innerhalb des Unternehmens muss aktuell sein und laufend den Gegebenheiten angepasst werden. Ob dies über einen direkten Vertrag mit den Kunden selbst geregelt wird oder in Allgemeinen Geschäftsbedingungen, hängt vom Geschäft und den jeweiligen Umständen ab (vgl. Abbildung 68: *Wann liegt eine Schuldanerkennung vor?*). Folgende Punkte sollten aus Sicht des Kreditmanagements jedoch immer geregelt werden:

5.1.1 Verzugsfolgen

Gemäss Art. 104 Abs. 2 OR beträgt der Verzugszins mindestens 5%. Ein vertraglich vereinbarter Zins bis 8% oder höher kann in der Regel jedoch durchgesetzt werden. Eine entsprechende Regelung ist in die AGB aufzunehmen.

Verzugszinsen von mehr als 5% können durchgesetzt werden.

Kein Verschulden und kein Schadensnachweis notwendig	
Nicht kaufmännischer Verkehr (B2C) Art. 104 Zif. 2 OR	Höherer Verzugszins bei Nachweis eines höheren Vertragszinses → kann in den AGB geregelt werden
Kaufmännischer Verkehr (B2B) Art. 104 Zif. 3 OR	Wenn Bankdiskontsatz höher als 5% ist. → Zinssatz für ungedeckte Kontokorrentkredite → kann in den AGB geregelt werden

Abbildung 70: Verzugszins

5.1.2 Mahngebühren

Bezahlt ein Kunde seine Rechnungen nicht oder mit Verspätung, wird nicht nur die prompte Leistungserbringung bestraft, sondern zusätzlicher Aufwand für die Einforderung des offenen Guthabens verursacht. Mangels Absprache geht der Gläubiger dafür meist leer aus. Er kann und sollte in den AGB Mahnspesen festlegen (vgl. Abschnitt *Mahnungen*, 7.5), damit diese in einem späteren gerichtlichen Verfahren durchgesetzt werden können.

Mahnspesen sind in die AGB aufzunehmen.

5.1.3 Zahlungsverzug

Der Verzugsschaden ersetzt dem Gläubiger den – aus dem Zahlungsverzug entstandenen – Schaden gemäss Art. 103/106 OR. Bei diesem

Kostenfolgen des Zahlungsverzuges.

Schaden handelt es sich um finanzielle Aufwendungen des Gläubigers, die ihm über den Verzugsschaden hinaus entstehen können, um den vertraglichen Zustand (Leistung gegen Leistung) wiederherzustellen.[1] Der Gläubiger kann diesen Schaden dem Schuldner nach erfolgter zweifacher schriftlicher Mahnung belasten. Die Höhe des Verzugsschadens wurde in einer Studie der Universität St. Gallen erhoben.[2] Hierfür empfiehlt es sich, folgende mögliche Regelung in die AGB oder den Vertrag aufzunehmen:

«Das Inkasso erfolgt durch (...). Die hierfür entstehenden Aufwendungen sind erstattungspflichtig und richten sich nach der Forderungshöhe. Die Gebühren nach erfolgloser zweiter Mahnung betragen CHF 60.00 bis zu einer Forderungshöhe (FH) von 50, 100.00 bis FH 150, 125.00 bis FH 300; 190.00 bis FH 500, 260.00 bis FH 1000, 350.00 bis FH 2000, 530.00 bis FH 4000, 900.00 bis FH 8000, 1330.00 bis FH 16 000, 2000.00 bis FH 32 000, 2600 bis FH 50 000, ab FH 50 000 betragen sie 5.5% der Forderung.»

5.1.4 Datenlieferung an Dritte (Zahlungserfahrungen)

Will der Gläubiger Dritte – z.B. den Schweizerischen Verband Creditreform Gen – mit Informationen über die Abwicklung von Vertragsverhältnissen beliefern, muss er dies aus datenschutzrechtlichen Gründen in den AGB festhalten (vgl. Abschnitt *Einbezug der Primärdaten*, 6.5.1).

Der Verband Creditreform organisiert den Austausch von Zahlungserfahrungen unter seinen Mitgliedern und bietet so erfolgreich Schutz vor Zahlungsausfällen – alle profitieren von den Meldungen aller. Der zentrale Vorteil liegt darin, dass die Zahlungserfahrungen bewertet werden und in die Bonitätsbeurteilung durch den Kunden miteinfliessen.

Der Austausch von Zahlungserfahrungen schützt vor Debitorenverlusten.

---

1 Verzugsschaden gemäss vsi: https://inkassoverband.ch/wp-content/uploads/2020/05/20200518-vsi-Gläubigerschaden_extern.pdf (Abgerufen am 24. April 2021)
2 Bergmann: Gläubigerschaden aus Zahlungsverzug

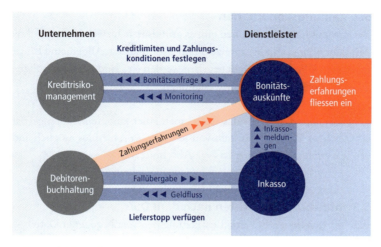

Abbildung 71: Eigene Zahlungserfahrungen führen zu mehr Sicherheit

Eine entsprechende Vertragsbestimmung könnte beispielsweise lauten: «*Informationen über die Auftrags- und Zahlungsabwicklung können an den Schweizerischen Verband Creditreform Gen weitergeleitet werden.*»

Wird eine neutrale Formulierung gewünscht, empfiehlt sich die Bezeichnung einer Auskunftsstelle, z.B. in folgender Form:
«*Wir behalten uns vor, Zahlungserfahrungen einem Informationspool zur Verfügung zu stellen. Weitere Informationen hierzu können unter der Tel.-Nr. […] bei Herrn/Frau […] bzw. Abteilung/Büro […] erfragt werden.*»

Ein entsprechender Hinweis kann zusätzlich in Bestellformulare, Lieferscheine, Rechnungen, Mahnungen etc. aufgenommen werden (vgl. Abschnitt *Mahnungen*, 7.5).

5.2 Zahlungskonditionen

Zahlungsanreize sind abhängig von der Branche.

Bei den Zahlungskonditionen gibt es grundsätzlich zwei Ansatzpunkte: Mit oder ohne Zahlungsanreize durch Skontoabzug. Allgemeine Empfehlungen können hier nicht gegeben werden – es sind branchenabhängige Gepflogenheiten zu berücksichtigen.

Die Praxis zeigt, dass das Einräumen einer kürzeren Zahlungsfrist als üblich – z. B. 10 Tage anstelle von 30 Tagen – problemlos möglich und oftmals auch zielführender ist (vgl. Abschnitt *Mahnungen*, 7.5).

5.3 Informationspflichten nach dem DSG

Vertraglich kann der Informationspflicht Rechnung getragen werden.

Erfolgt nach dem DSG eine Bearbeitung personenbezogener Daten, so kann diese ebenfalls in die Vertragsvereinbarungen aufgenommen werden. Diesbezüglich sei auf die einschlägige Literatur verwiesen.

5.4 Identifikation der Vertragspartei

Die zweifelsfreie Identifikation der Vertragspartei ist Grundlage für den Erfolg.

Erstaunlich ist, dass viele Verkäufer ihre Kunden nicht wirklich kennen. Wer ist zeichnungsberechtigt? Wer entscheidet? Solche rechtsrelevanten Informationen müssen bekannt sein (vgl. Abschnitt *Identifikation*, 2.4.1).

Nicht korrekt unterzeichnete Verträge werden durch die Gerichte immer weniger geschützt.

Die Erfahrung zeigt, dass nicht korrekt unterzeichnete Verträge durch die Gerichte häufig nicht geschützt werden. Hat eine nicht vertretungsberechtigte Person den Vertrag unterzeichnet, ist die dadurch begründete Forderung u. U. nicht durchsetzbar.

Weiter muss zwischen dem Liefer- und dem Vertragsnehmer unterschieden werden. Anderenfalls drohen bei der Durchsetzung von Forderungen Probleme. Die Überprüfung der Adresse im Fall einer Bestellung – d. h. die Kenntnis der Haftungsverhältnisse – ist Sache des Verkaufs. Ist der Kunde eine Firma, muss überprüft werden, dass der effektive Vertragsnehmer angeschrieben wird und die Bestellung nicht einfach nur an eine Verwaltungsadresse erfolgt.

5.5 Aktuelle Kundenstammdaten

Heute verfügen die meisten Unternehmen über ein Customer Relationship Management (CRM) oder wenigstens über eine Software zur Verkaufsunterstützung. Wer ist berechtigt, neue Kundenstammdaten anzulegen? Gibt es hier Einschränkungen?

Ein CRM schützt nicht vor falsch erfassten Adressen – z. B. einer unabsichtlichen Doppelführung eines Kunden.

Oft kommt es vor, dass von einem gesperrten Kunden einfach ein neuer Datensatz angelegt wird. Der sogenannte «Neukunde» ist sofort wieder kreditwürdig. Diese Doppelführung eines Kunden geschieht nicht unbedingt aus böser Absicht. So bestellt z. B. der Kunde unter der Bezeichnung Schreinerei Müller – die korrekte Firmierung wäre aber A. Müller AG Schreinerei. Da man bei der Adressverwaltung den korrekten Datensatz nicht gleich gefunden hat, kommt es zu einer Mehrfacherfassung. Offenkundig ist, dass solche Versehen bei der Identifizierung von Kundenstammdaten zu folgenschweren Fehlentscheidungen führen können.

5.6 Erfahrungen aus dem Verkauf

Dem Kunden am nächsten ist der Verkauf – seine Informationen dürfen deshalb nicht verloren gehen. Erfährt der Aussendienstmitarbeiter z.B., dass es in der Führungsriege des Kunden Änderungen gibt, kann diese Information für das Kredit- und Forderungsmanagement von Interesse sein. Vielleicht handelt es sich um normale Mutationen, vielleicht aber auch um ein Indiz für Missstände im Unternehmen, die durch personelle Veränderung behoben werden sollen. Es muss sichergestellt werden, dass der Verkauf alle bonitätsrelevanten Informationen unverzüglich an das Kredit- und Forderungsmanagement weiterleitet. Nur so kann eine allenfalls angezeigte Überprüfung der Bonität – im Sinne einer Wiedervorlage – erfolgen.

Der Verkauf ist in den Prozess der Kreditgewährung einzubeziehen.

5.7 Kennen der Kreditlimite des Kunden

Der Verkauf muss die Kreditlimite des Kunden kennen. Er muss wissen, wie viel ein Kunde wert ist.

Der Verkauf muss die Kreditlimite des Kunden kennen (vgl. Abschnitt *Kreditlimite pro Kundensegment*, 6.2). Das setzt voraus, dass er in den Prozess des Kredit- und Forderungsmanagements integriert ist. So weiss der Verkauf zum einen genau, wie viel der Kunde «wert» ist. Zum anderen hat er die Möglichkeit, beim Vorliegen einer Fehlbeurteilung bzw. beim Erhalt neuer Informationen selbst Einfluss auf den weiteren Verlauf der Geschäftsbeziehung zu nehmen.

5.8 Reklamationsbearbeitung

Grundlage für eine reibungslose Reklamationsbearbeitung ist eine gut organisierte Dokumentation.

Wo gearbeitet wird, gibt es Fehler. Das ist kein Problem, solange Reklamationen zur vollsten Zufriedenheit der Kunden bearbeitet werden und sich einmal gemachte Fehler nicht wiederholen. Die Reklamationsbearbeitung ist ein Indikator, ob ein Unternehmen gut organisiert ist oder nicht. Dabei müssen verschiedene Bereiche mit einbezogen werden: der Verkauf, die Produktion und das Kredit- und Forderungsmanagement. Die Folgen unsorgfältiger Reklamationsbearbeitungen sind ungerechtfertigte Mahnungen. Der Kunde fühlt sich in einem solchen Fall zu Recht brüskiert. Ein weiteres Problem ist die Nichtbeachtung von Reklamationen – beispielsweise weil keine Regelung besteht, wie diese zu dokumentieren sind.

Fehlende interne Regelungen führen zu Mehraufwand und Informationsverlust.

Das Fehlen von internen Regelungen bzw. genau festgelegten Abläufen führt zu einem administrativen Mehraufwand und zu Informationsverlusten. Es kommt zu Leerläufen, falschen Entscheidungen oder unhaltbaren Versprechungen. Aufgabe des Kredit- und Forderungsmanagements ist es, durch eine straffe Organisation der Reklamationsbearbeitung dem Kunden das Bild eines professionellen Anbieters zu vermitteln.

Reklamationen erfolgen häufig in einem engen zeitlichen Zusammenhang mit der Rechnungsstellung. Deshalb ist es für Unternehmen sinnvoll, die Organisation der Reklamationsbearbeitung in das Kredit-

und Forderungsmanagement zu integrieren. Voraussetzung für die effiziente Bearbeitung ist eine lückenlose Dokumentation und der Einbezug aller beteiligten Unternehmensbereiche (Verkauf, Produktion usw.). Das Fehlen von klaren internen Regelungen führt zu administrativem Mehraufwand und peinlichen Informationsverlusten. Das Resultat sind Leerläufe, falsche Entscheidungen oder – noch schlimmer – nicht eingehaltene Versprechungen. Für den Kunden bedeutet eine schlampige Reklamationsbearbeitung oft eine ungerechtfertigte Mahnung. Er fühlt sich in diesem Fall zu recht brüskiert. In schlecht organisierten Betrieben gehen Reklamationen nicht selten gleich völlig unter.

Für einen optimalen Informationsfluss zwischen den verschiedenen Unternehmensbereichen kann ein CRM (Customer Relationship Management) hilfreich sein. Voraussetzung ist aber, dass alle involvierten Personen auf die gespeicherten Kundendaten zurückgreifen können.

Reklamationen, die zur vollen Zufriedenheit des Kunden bearbeitet werden, bieten die Chance zu einer Verbesserung der emotionalen Bindung des Kunden an das Unternehmen – unabhängig davon, ob der Kunde im Recht ist oder nicht. Grundsätzlich sollte jede Reklamation schriftlich festgehalten werden. Dem Kunden wird damit signalisiert, dass man sein Problem ernst nimmt. Weiter empfiehlt es sich, Bedauern über die entstandene Situation zum Ausdruck zu bringen. Selbst dann, wenn der Fehler offensichtlich beim Kunden liegt. Eine verständnisvolle Teilnahme ist noch kein Zugeständnis in der Sache, sondern der erste Schritt zur Lösung des Konflikts. Bei einer berechtigten Reklamation ist eine klare Entschuldigung selbstverständlich.

Eine erfolgreich bearbeitete Reklamation fördert die Kundenbindung.

Leider gibt es auch notorische Reklamierer, die mit ihren dauernden Beanstandungen und Sonderwünschen zu einer erheblichen Last für Unternehmen werden können. Dies zum Schaden der anderen Kunden. Hilfreich ist hier die Unterscheidung in rentable und unrentable Kunden. Verbindet sich nämlich Reklamationswut mit einer schlechten Zahlungsmoral – was keine Seltenheit ist –, so gilt es durch freundliches, aber

Reklamation werden oft missbraucht, um die Zahlung zu verzögern.

bestimmtes Verhalten, unberechtigte Ansprüche zurückzuweisen. Bei Reklamationen im Bereich des Forderungseinzugs, wo man nicht nur Nerven, sondern auch viel rechtliches Know-how erforderlich sind, kann das Outsourcing eine grosse Entlastung bedeuten. Die Vermittlung zwischen Kunde und Unternehmen wird in dieser heiklen Phase von einem Spezialisten übernommen – immer noch mit dem Ziel einer gütlichen Einigung. Der Kunde soll, wenn immer möglich, als Kunde erhalten bleiben.

Der Umgang mit Reklamationen ist ein Indikator für die Qualität der Organisation eines Unternehmens. Unzufriedene Kunden sind eine Chance, die eigene Leistung und die Kundenbindung zu verbessern. Folgende Punkte sind zu beachten:
- Einbezug aller betroffenen Bereiche (Verkauf, Produktion usw.)
- lückenlose schriftliche Dokumentation
- Festlegung der internen Abläufe und Verantwortlichkeiten
- Schulung der Mitarbeiter
- schnelle Rechnungsstellung
- zweiwöchentlicher Mahnzyklus
- Offenheit und verständnisvolle Teilnahme
- Unterscheidung in rentable und unrentable Kunden
- dem Kundensegment entsprechende Massnahmen
- Outsourcing des Forderungseinzugs

Eine gut organisierte, professionelle Reklamationsbearbeitung zeigt dem Kunden, dass man nicht nur im Kerngebiet leistungsfähig ist, sondern auch bei Problemen alles bestens im Griff hat. Zufriedene Kunden sind der beste Garant für nachhaltigen Erfolg. Wer noch mehr Freiraum für seine guten Kunden und ihre oft auch berechtigten Reklamationen schaffen möchte, sollte ein Outsourcing des Forderungseinzugs in Betracht ziehen. Damit wird nicht nur der Ärger im eigenen Haus massiv reduziert, sondern zugleich die Liquidität des Unternehmens gestärkt.

5.9 Rückprovisionierung bei Forderungsausfällen

Der Verkäufer will primär verkaufen, um sich sein Einkommen zu sichern. Das ist legitim – auch der Anreiz, gute Ergebnisse zu erzielen. Aber soll er eine Provision erhalten, wenn er einen Kunden akquiriert, dessen Bonität zweifelhaft ist, d. h. bei dem mit grosser Wahrscheinlichkeit angenommen werden muss, dass er seinen Verpflichtungen nicht nachkommen wird? In diesem Fall gibt es die einfache wie gleichermassen wirksame Möglichkeit der Rückprovisionierung. Das heisst, ein nicht realisierbarer Umsatz hat die volle oder die teilweise Rückprovisionierung der Verkaufsprovision zur Folge. Das motiviert den Verkauf, seine Zeit und Bemühungen nicht in die «schlechten», sondern nur in die «guten» Kunden zu investieren.

Rückprovisionierung senkt die Akquirierung zahlungsunfähiger Kunden.

5.10 Zusammenfassung der Aufgaben bei der Akquisition

Die Aufgaben des Kredit- und Forderungsmanagements bei der Akquisition beinhalten:
- Identifikation des Kunden (Kundenstammdaten)
- Festlegung der Konditionen (Vertragswesen, AGB)
- Integration des Verkaufes (Unterstützung, Schulung, Rückprovisionierung)
- Sicherstellung der Einhaltung interner Arbeitsvorschriften

6

PRÄVENTION

6 PRÄVENTION

Die Prävention umfasst die eigentliche Bewertung der Kreditwürdigkeit.

Im Anschluss an die Akquisition folgt die eigentliche Prävention. Damit ist die Bewertung bzw. die Beurteilung des Kunden gemeint – konkret die Festlegung von Kreditlimiten und Zahlungskonditionen. Voraussetzung ist, dass der Kunde eindeutig identifiziert ist und alle für die Beurteilung relevanten Fakten vorhanden sind.

6.1 Kundensegmentierung

Die Kundensegmentierung ist Voraussetzung für ein professionelles Kredit- und Forderungsmanagement.

Der erste Schritt ist die Kundensegmentierung – welcher Kunde gehört in welches Kundensegment? Das Festlegen von Kundengruppen ergibt Richtgrössen, die Abweichungen von der Norm sofort sichtbar machen. Dies vereinfacht das Handling und minimiert den Aufwand. Die Kundensegmentierung ist primär ein Instrument für den Verkauf. Denn nicht alle Verkaufsmassnahmen sind für alle Kundengruppen sinnvoll.

Geschäfts-volumen	Kunden-gruppe	Typisierung	
gross	A	Langjähriger Bestandeskunde mit grossem Umsatz	Stammkunden sind laufend zu überwachen
mittel	B	Langjähriger Bestandeskunde mit mittlerem Umsatz	Stammkunden sind laufend zu überwachen
klein	C	Kunde mit kleinem Umsatz, oft Laufkundschaft	Laufkundschaft
	D	Unregelmässiger Kunde mit sehr kleinem Umsatz	Laufkundschaft

Abbildung 72: ABCD-Kundensegmentierung

Das gewählte Beispiel einer Kundensegmentierung zeigt einen möglichen Lösungsansatz, ist aber den jeweiligen Anforderungen des konkreten Unternehmens anzupassen. So hat nicht jede Firma alle Kundengruppen. Falls sie beispielsweise im Projektgeschäft tätig ist, hat sie möglicherweise so wenige Kunden, dass eine Klassifizierung sich nicht lohnen würde.

Die Kundensegmentierung ist den spezifischen Gegebenheiten anzupassen.

6.2 Kreditlimite pro Kundensegment

Nach der Kundensegmentierung folgt in einem zweiten Schritt die Festlegung des Risikos, welches man beim einzelnen Kundensegment einzugehen bereit ist. Bei grossen Geschäftsvolumen darf nicht vergessen werden, dass nur einige wenige tragbar sind. Bei kleinen Geschäftsvolumen kann die Anzahl entsprechend grösser sein. Einen möglichen Lösungsansatz zeigt folgende Abbildung:

Kreditlimiten pro Kundensegment garantieren effiziente Abläufe.

Kunden-segment	Anzahl aktive Kunden	Umsatz pro Segment	∅ Umsatz pro Kunde	Umsatz in %	Standard Kreditlimite pro Kunden-segment	Anpassung der Kreditlimite aufgrund der Bonitätsprüfung		
						Positiv	Mittel	Negativ
A	18	1 241 532	68 974	42	20 000	40 000	20 000	Akonto
B	57	868 410	15 235	29	10 000	12 000	10 000	Akonto
C	164	780 345	4 758	26	5 000	7 500	5 000	Akonto
D	102	96 437	945	3	1 000	2 000	1 000	Akonto
Total	341	2 986 724	8 759	100				
Durchschnittliche Debitorenverluste		2,14%	63 916					

Abbildung 73: Kreditlimiten pro Kundensegment

Mit standardisierten Kreditlimiten lässt sich der Aufwand minimieren – nur Abweichungen werden individuell beurteilt.

Der Einfachheit halber wurde im vorliegenden Beispiel eine dreifache Bonitätseinteilung gewählt (positiv, mittel und negativ). Aufgrund der Risikoklasse ist eine feinere Einteilung möglich (vgl. *Strukturierter Kreditentscheid*, 6.6). Die hier dargestellten Kreditlimiten werden aufgrund der Bonitätsprüfung individuell angepasst. Eine positive Beurteilung erlaubt die Erhöhung der Limite. Ist dies nicht der Fall, wäre für eine Erhöhung die Zustimmung der vorgesetzten Stelle erforderlich. Ziel ist es also, möglichst viele direkt vom Verkauf bearbeitbare Standards zu definieren und nur die Abweichungen einer spezielleren Überprüfung zu unterziehen.

Steigt ein Kunde in ein Kundensegment mit höherer Kreditlimite auf, ist seine Bonität erneut zu prüfen. Damit wird verhindert, dass ein Kunde mit anfänglicher Barzahlung zum Stammkunden avanciert.

In der Praxis kommt es oft vor, dass ein Kunde mit einem kleinen Umsatz in die Geschäftsbeziehung eintritt. Steigt er zu einem späteren Zeitpunkt in ein höheres Kundensegment auf, ist die Bonität entsprechend neu zu prüfen. An dieser Stelle sei nochmals an den NZZ-Artikel erinnert (siehe Kapitel 1). Es muss also sichergestellt werden, dass ein Kunde nach anfänglicher Barbezahlung nicht ohne weitere Bonitätsprüfung schon zum Stammkunden avanciert. Welche Informationen dazu nötig sind, wird im folgenden Abschnitt beleuchtet.

Die grösste Herausforderung ist die standardisierte Festlegung der Kreditlimite pro Kundensegment, die im Anschluss an die eigentliche Bonitätsprüfung den spezifischen Gegebenheiten des Kunden angepasst wird. Folgende Überlegungen haben einen Einfluss auf die Festlegung:

- **KUNDENUMSÄTZE:** Handelt es sich um regelmässig wiederkehrende Umsätze oder nicht? Wiederkehrende Kundenbeziehungen benötigen tendenziell tiefere Kreditlimiten, da das Engagement über eine gewisse Periode verteilt wird. Hinzu kommt, dass auch Sicherungsmassnahmen wie beispielsweise ein Lieferstopp einfacher ergriffen werden können.
- **PRODUKT:** Wird das Produkt individuell für den Kunden erstellt oder nicht? Bei Produkten, die relativ problemlos wiederverkäuflich sind, ist das Risiko kleiner und somit die Kreditlimite höher.
- **VORFINANZIERUNG:** Je höher der Anteil der Vorfinanzierung ist, umso wichtiger sind die Sicherheiten.
- **MARGE:** Je höher die Marge, desto grösser darf grundsätzlich das einzugehende Risiko sein.
- **PREIS PRO PRODUKT:** Handelt es sich um teure Einzelprodukte oder Massenware?
- **AUFTRAGSGRÖSSE:** Je grösser der durchschnittliche Auftrag, desto höher die Kreditlimite.

Die Definition der Standard-Kreditlimite erfolgt primär auf den in der Vergangenheit gemachten Erfahrungen unter Berücksichtigung der beschriebenen Einflussfaktoren.

Jede Standard-Kreditlimite benötigt auch eine zeitliche Befristung, und zwar immer unter der Voraussetzung, dass keine Ungereimtheiten bekannt werden, beispielsweise vom Verkauf in Erfahrung gebrachte Hinweise auf eine Bonitätsveränderung oder Hinweise aus der Kundenüberwachung (vgl. Abschnitt *Monitoring*, 6.8).

> Jede Kreditlimite benötigt eine zeitliche Befristung.

6.3 Bonitätsbeurteilung

Mit Bonität bezeichnet man die Kreditwürdigkeit eines Unternehmens.

Im Zentrum der Prävention steht die eigentliche Bonitätsbeurteilung. Mit Bonität bezeichnet man die Kreditwürdigkeit von Unternehmen, insbesondere die Fähigkeit, laufende Zahlungsverpflichtungen vereinbarungsgemäss zu erfüllen (Solvabilität).[1] Die sichere Beurteilung eines Unternehmens erfordert sichere Informationen. Dabei spielen auch die eigene Risikobereitschaft und die Risikotragfähigkeit eine wichtige Rolle (vgl. Abschnitt *Entscheidungsfindung*, 3.9.2). Wie weit will und kann man gehen? Geht es gar um existenzielle Risiken, braucht es umfassende Informationen, beispielsweise in Form einer Due-Diligence-Prüfung.[2]

6.4 Information über die Bonitätsbeurteilung

Es wird empfohlen, den Kunden über die Bonitätsprüfung zu informieren.

Auch wenn gemäss Art. 31 Abs. 2 Bst. c Ziff. 2 DSG (vgl. Abschnitt *Informationspflichten des Verantwortlichen*, 1.6.4.5) die Bearbeitung von Personendaten zur Kreditprüfung einen gesetzlichen Rechtfertigungsgrund nach DSG darstellt, empfiehlt es sich, den Kunden trotzdem über diese Bearbeitung zu informieren. Dies kann bspw. in den Vertragsbedingungen oder beim Onlineprozess in einer Shoplösung direkt geschehen. Dabei kann folgende Formulierung übernommen werden:

«Der Entscheid, ob gegen Rechnung geliefert werden kann, setzt eine Kreditprüfung voraus. Die für die Auftrags- und Zahlungsabwicklung relevanten personenbezogenen Informationen können dem Schweizerischen Verband Creditreform Gen übermittelt werden.»

Gegebenenfalls ist der Kunde gleichzeitig zu informieren, dass es zu einer automatisierten Einzelentscheidung gemäss Art. 21 DSG kommen kann. Diese Pflicht entfällt, wenn die automatisierte Einzelentscheidung in unmittelbarem Zusammenhang mit dem Abschluss eines Vertrages steht oder der Kunde ausdrücklich einwilligt hat. Folglich könnte dies wie folgt ergänzt werden und die Einwilligung muss festgehalten werden:

---

[1] Pütz, Lexikon Forderungsmanagement der Creditreform, S. 20
[2] Vgl. Egeli, Risiken minimieren, S. 72 ff.

«Ich, der Kunde, willige ausdrücklich ein, dass die Kreditentscheidung automatisiert erfolgt.»

6.5 Informationsquellen für die Prävention

Unternehmen stehen verschiedene Informationsquellen zur Verfügung, um Kreditentscheide zu fällen:

Primärdaten	Eigene Erfahrungen und Abklärungen	Debitoren, Verkauf, Sicherheiten, …
Drittinformationen	Rohdaten	HR, Ämter, Presse, statistische Daten, Register, Referenzen, …
	Veredelte und bewertete Informationen	Bonitäts- und Wirtschaftsauskünfte
Direktinformationen	Unterlagen vom Kunden selbst	Bilanz und Erfolgsrechnung, Revisionsbericht, Due Diligence, …

Abbildung 74: Grundlagen für Kreditentscheide

Primärdaten sind nur bei Bestandeskunden vorhanden. Direktinformationen setzen die Bereitschaft des Kunden zur Auskunftserteilung voraus und müssen verifiziert werden. Veredelte Informationen kosten zwar Geld, gewähren aber mehr Sicherheit und senken den eigenen Aufwand. Welche Informationen im Einzelfall nötig sind, ist zunächst einmal abhängig vom Risiko. Man kann kleine, mittlere, grosse und existenzielle Risiken unterscheiden. Eine wichtige Rolle spielt auch die Zeit, die für eine Entscheidung zur Verfügung steht.

> Primärdaten sind nur bei Bestandeskunden vorhanden.

Letztlich kann die Verantwortung aber nicht delegiert werden. Eine vollständige Risikoabwälzung – beispielsweise in Form einer Warenkreditversicherung oder eines Factorings – führt zu Mehrkosten und fällt deshalb meist ausser Betracht.[3]

---

[3] Vgl. Egeli, Risiken minimieren, S. 76 f.

6.5.1 Einbezug der Primärdaten

Primärdaten aus dem Verkauf sind in den Prozess der Bonitätsprüfung einzubeziehen. Sie haben aber keine Prognosefähigkeit.

Eigene Erfahrungen mit dem Kunden sind wichtig und in den Prozess der Bonitätsprüfung einzubeziehen. Diese sogenannten Primärdaten geben aber nur Aufschluss über das Zahlungsverhalten in der Vergangenheit. Es besteht jedoch die Möglichkeit, die Primärdaten mit Bonitäts- und Wirtschaftsauskünften zu kombinieren, um prognosefähige Informationen zu erhalten (vgl. Abschnitt *Bonitäts- und Wirtschaftsauskünfte*, 3.8).

	Positiv	Negativ
Zahlungserfahrungen	Zahlungen innerhalb der Zahlungsfrist	Zahlungsverzug (evtl. schon gemahnt)
Inkassomeldungen		Vorhandene Inkassofälle
Betreibungsauskünfte	Bestätigung, dass keine Betreibungen vorliegen	Vorhandene Betreibungen ohne Rechtsvorschlag
Bonitätsvernetzung	Engagements mit guter Bonität	Konkurse mit anderen Gesellschaften

Abbildung 75: Zahlungserfahrungen

Der Austausch von Zahlungserfahrungen ist eine bewährte Alternative.

Der Einbezug der eigenen Zahlungserfahrungen scheitert oft an einer zeitnahen Auswertung. Die Praxis zeigt, dass die Debitorenbuchhaltung hier überfordert ist. Eine bewährte Alternative bildet der Austausch von Zahlungserfahrungen über einen professionellen Informationspool. Das verbessert nicht nur die Aussagekraft von Bonitäts- und Wirtschaftsauskünften, sondern gibt einem Unternehmen auch ein Instrument in die Hand, um das Qualitätsmanagement zu optimieren. Positiver Nebeneffekt: Es wird ersichtlich, welche Kunden immer pünktlich zahlen (vgl. Abschnitt *Vertragswesen*, 5.1).

Bonitätsauskünfte können die Informationslücke bei Neukunden decken.

Bei Neukunden besteht eine Informationslücke, da keine Primärinformationen zur Verfügung stehen. Diese kann nur durch Drittinformationen geschlossen werden. Dazu zählen beispielsweise Inkassomeldungen, Betreibungsauskünfte und die Abbildung wirtschaftlicher Verflechtungen. Bonitätsauskünfte umfassen solche Informationen (je nach Produkt in unterschiedlicher Informationstiefe). Darüber hinaus bieten sie eine wichtige Hilfe für ebenso fundierte wie schnelle Entscheidungen.

6.5.2 Amtliche Auskünfte

Hinweise auf die Zahlungsfähigkeit von Kunden oder auch die Vermögenslage finden sich in amtlichen Registern. Auf Anfrage erteilen verschiedene Amtsstellen Auskunft. Folgende Quellen stehen zur Verfügung:
- Betreibungsämter
- Einwohnerämter
- Grundbuchämter
- Steuerämter
- Strassenverkehrsämter (v.a. Halterauskunft)
- Eidgenössisches Patentamt (Urheberrechte etc.)
- Weitere öffentliche Register (Schiffs-, Luftfahrzeug- und Eisenbahnfahrzeugregister)

Neben der Betreibungsauskunft, die eine schweizerische Eigenheit darstellt und im nächsten Abschnitt genauer behandelt wird, kann es von Fall zu Fall zweckmässig sein weitere amtliche Auskünfte einzuholen; beispielsweise um abzuklären, ob ein Schuldner mehr Vermögenswerte besitzt, als er deklariert.

6.5.3 Betreibungs- und Einwohnerauskunft

Das Betreibungsamt am Wohnort des Schuldners oder am Sitz der Gesellschaft erteilt auf Anfrage und gegen Vorlage eines entsprechenden Interessennachweises Auskunft über hängige und abgeschlossene Betreibungsverfahren.

Betreibungsauskünfte müssen am Sitz der Gesellschaft oder am Wohnort des Schuldners eingeholt werden – unter Vorlage eines Interessennachweises.

Es ist aber Folgendes zu beachten: Damit es zu einem Eintrag im Betreibungsregister kommt, muss der Schuldner tatsächlich betrieben worden sein. Bei kleinen Forderungen oder bei schlechter Erfolgsaussicht ist dies oft gar nicht der Fall. Der Beauskunftete hat also trotz ausstehender Zahlungsverpflichtungen immer noch eine saubere Weste!

Es kommt auch vor, dass der Schuldner die Forderung nur unter der Bedingung bezahlt, dass der Eintrag im Betreibungsregister durch den Gläubiger wieder gelöscht wird.

<small>Eine Betreibungsauskunft enthält keine Angaben über Anzeichen einer drohenden Insolvenz.</small>

Die Betreibungsauskunft erlaubt oft keine Aussage über eine drohende Insolvenz bzw. sie kommt zu spät, da sich die Anzeichen oft schon vor der Betreibung durch einen oder mehrere Gläubiger häufen. Eine Wirtschaftsauskunft enthält u.a. Erfahrungen anderer Mitglieder hinsichtlich Zahlweise und Fristüberschreitungen, die oft als Frühwarnsystem dienen können. Auch vorrechtliche Inkassomeldungen werden nur bei den Wirtschaftsauskunfteien erfasst, nicht jedoch bei den Betreibungsämtern.

Wichtig ist auch zu wissen, dass Betreibungsauskünfte auch in anderer Hinsicht lückenhaft sind. Das Betreibungsamt gibt nur Auskunft über Betreibungen und Verlustscheine am angefragten Ort. Bei einer Privatperson, wie auch bei Einzelunternehmen und Personengesellschaften, muss zwingend noch eine Einwohnerauskunft eingeholt werden, um zu sehen, wann der oder die Betreffende zugezogen ist. Nötigenfalls ist dann am früheren Wohnort eine weitere Betreibungsauskunft einzuholen. Ist jemand in den letzten drei Jahren mehrere Male umgezogen, sind mehrere Betreibungs- und Einwohnerauskünfte einzuholen. Nur so können Verweildauer und Zuzugsort eindeutig identifiziert werden. Versäumnisse in diesem Bereich werden von renitenten Schuldnern oft bewusst ausgenutzt.

Bei Firmen ist die Betreibungsauskunft am Sitz der Gesellschaft einzuholen. Bei Zweiggesellschaften und Filialen ist am Hauptsitz anzufragen. Wie bei den Privatpersonen ist auch bei den Unternehmen der Sitz genau zu prüfen. Wurde der Sitz im Anfragezeitraum verlegt, ist zusätzlich eine Betreibungsauskunft am alten Sitz einzuholen.

> Bei Zweiggesellschaften oder Filialen ist die Betreibungsauskunft am Hauptsitz der Gesellschaft einzuholen.

Diese zeitaufwendige Arbeit entfällt, wenn man sich direkt an eine Wirtschaft- und Bonitätsauskunftei wendet. Betreibungsauskünfte gehören dort bei vielen Auskunftsprodukten zum integrativen Bestandteil. In den meisten Fällen verfügt eine Wirtschaft- und Bonitätsauskunftei auch bereits über vorrätige, aktuelle Informationen, sodass unverzüglich eine Entscheidung gefällt werden kann. Zudem werden die Auskünfte im Original angezeigt und stehen somit dem Auskunftsbezüger sowohl in strukturierter, bewerteter wie auch in Originalform zur Verfügung.

> Mit einer Bonitäts- und Wirtschaftsauskunft entfällt das zeitaufwendige und kostenintensive Einholen einer Betreibungsauskunft.

Betreibungsauskünfte verlieren zusehends an Aussagekraft. Der Grund hierfür liegt in der neuesten politischen Grundhaltung. So kann der Schuldner seit der letzten Revision des SchKG (in Kraft seit 01.01.2019) gemäss Art. 8 Abs. 3 Bst. d SchKG verlangen, dass Betreibungen Dritten nicht zur Kenntnis gebracht werden, wenn er nach Ablauf einer Frist von drei Monaten seit der Zustellung des Zahlungsbefehls ein entsprechendes Gesuch gestellt hat und der Gläubiger nach Ablauf einer Frist von 20 Tagen nicht den Nachweis erbringt, dass er rechtzeitig ein Verfahren zur Beseitigung des Rechtsvorschlages nach Art. 79-94 SchKG eingeleitet hat. In diesem Kontext sei erneut darauf hingewiesen, dass die Gläubiger in der Mehrheit der Fälle gar nicht in der Lage sind, eine prov. Rechtsöffnung zu verlangen, und es sich vielfach gar nicht lohnt, einen Zivilprozess anzustrengen (vgl. Abschnitt *Zahlen und Fakten*, 1).

Diese neue Regelung der Nichtbekanntgabe an Dritte wurde im Zusammenhang mit der politischen Diskussion zu ungerechtfertigten Betreibungen aufgenommen und liegt definitiv nicht im Interesse eines Gläubigers, da davon auszugehen ist, dass gerade die säumigen Zahler bzw. notorischen Schuldner diese Bestimmung kennen und ausnutzen werden. Die Betreibungsauskunft verliert daher massiv an Bedeutung und Aussagekraft, da Zahlungsprobleme entweder gar nicht mehr oder viel später erkannt werden können. Aus diesem Grund wird empfohlen, eine Bonitätsauskunft bei einer Wirtschaftsauskunftei zu beziehen, da diese umfassender ist.

Es stellt sich sodann auch die Frage, was unter einer ungerechtfertigten Betreibung überhaupt zu verstehen ist. Wie nachfolgend aufgezeigt wird, halten viele Schuldner die gegen sie gerichteten Betreibungen für ungerechtfertigt, obwohl sie das in der Regel gar nicht sind, bzw. der Gläubiger oftmals gar keine andere Wahl hat als den Schuldner zu betreiben, wenn er zu seinem Recht bzw. zu seinem Geld kommen will. Nachfolgend werden einzelne typische Sachverhalte dargestellt.

Forderung wird betrieben, Schuldner erhebt Rechtsvorschlag	Fazit
Gläubiger verfügt über keinen provisorischen Rechtsöffnungstitel und müsste zur Beseitigung des Rechtsvorschlages einen Zivilprozess anstrengen.	Lohnt sich in der Regel nicht. Betreibung ist nicht ungerechtfertigt.
Schuldner erhebt bei einer kleinen Forderung grundsätzlich Rechtsvorschlag. Dies im Wissen, dass auch bei Vorliegen eines prov. Rechtsöffnungstitels die Beseitigung sich aus Kostengründen nicht lohnt.	Die Betreibung ist nicht ungerechtfertigt, es wird aus Kostengründen keine Rechtsöffnung angestrebt.
Der Gläubiger muss die Verjährung unterbrechen. Dies kann er ohne Zutun des Schuldners nur durch eine Betreibung.	Die Betreibung ist nicht ungerechtfertigt.

Abbildung 76: Vermeintlich ungerechtfertigte Betreibungen

6.5.4 Grundbuchauskunft[4]

Das Grundbuch enthält Angaben über Grundstücke (Grösse, Parzellennummer, Gebäude, Lage usw.) und über die Berechtigungen, die daran bestehen. In erster Linie werden dingliche Rechte wie Eigentum, Dienstbarkeiten, Grundlasten und Pfandrechte erfasst. Wo das Gesetz es vorsieht, können auch persönliche Rechte vorgemerkt werden. Dies gilt etwa für Vor- und Rückkaufsrechte, Kaufrechte oder Mietverhältnisse. Weitere Informationen wie gesetzliche Wegrechte oder beweglichen Sachen (sogenanntes Zugehör) zur Liegenschaft können als Anmerkung erfasst werden. Das Grundbuch bildet die Grundlage für den gesamten Rechtsverkehr mit Immobilien. Insbesondere bedarf die Begründung, Übertragung und Aufhebung dinglicher Rechte jeweils der Eintragung im Grundbuch. Das Grundbuch ist grundsätzlich öffentlich, wobei nur bestimmte Informationen uneingeschränkt zugänglich sind.

Das Grundbuch enthält wichtige Angaben zum Eigentümer eines Grundstücks.

Folgende Daten sind für jedermann erhältlich:
- Bezeichnung des Grundstücks und Grundstücksbeschreibung
- Name und Identifikation des Eigentümers
- Erwerbsdatum und Eigentumsform (Alleineigentum, Gesamteigentum, Miteigentum)
- Dienstbarkeiten und Grundlasten
- Anmerkungen, mit einigen Ausnahmen, die sich aus dem Persönlichkeitsschutz ergeben (etwa eherechtliche Grundbuchsperren, Veräusserungsbeschränkungen aufgrund von vorbezogenen Guthaben der zweiten Säule usw.)

Mit einer Grundbuchauskunft können Besitzverhältnisse also ohne Mühe abgeklärt werden. Doch selbst wenn sich zeigt, dass das Haus tatsächlich dem Kunden gehört, hat das Unternehmen noch keine Gewissheit über eine ausreichende Bonität seines Vertragspartners. Das Eigentumsrecht sagt nämlich nichts darüber aus, ob und wie weit das Haus des Kunden mit Grundpfandrechten belastet ist, die seinen Wert im Ergebnis erheblich vermindern oder aufheben können.

Eine Grundbuchauskunft gibt ein Bild über die Besitzverhältnisse.

---

[4] Vgl. Egeli, Gläubigerschutz Recht Transparent, S. 75 ff.

Ob das Grundbuchamt über die vom Gesetz als öffentlich bezeichneten Informationen hinaus Auskünfte erteilt, hängt von der konkreten Interessenlage ab. Das gilt nicht nur für Angaben zu Grundstücken, sondern auch für personenbezogene Anfragen. Will ein Unternehmen beispielsweise wissen, ob ein Kunde noch weitere Immobilien besitzt, muss es den Grundbuchbeamten zuerst davon überzeugen, dass es auch in Bezug auf diese Information über ein schutzwürdiges Interesse verfügt. Dieses Interesse muss im Übrigen nicht zwingend wirtschaftlicher Natur sein. In Betracht kommen auch persönliche, wissenschaftliche oder öffentliche Anliegen (so etwa im Fall eines Journalisten, der über fragwürdige Geschäftspraktiken einer Immobilienfirma recherchierte, und dem das Grundbuchamt kraft Bundesgerichtsurteil die gewünschte Auskunft erteilen musste[5]).

Ein wirtschaftliches Interesse kann etwa die Bank geltend machen, die sich über die finanzielle Situation eines potenziellen Kreditnehmers informieren will. Ebenso gilt dies für Privatpersonen, die dem Hauseigentümer Kredit gewähren, oder Bauhandwerker, die auf Rechnung liefern. Ein Unternehmen wird also in Erfahrung bringen können, ob und in welcher Höhe die Liegenschaft mit Grundpfandrechten belastet ist. Wie weit die Pfandsicherheit zu einem gegebenen Moment tatsächlich beansprucht ist (wie hoch also der aktuelle Kreditstand ist), weiss der Grundbuchbeamte allerdings nicht. Darüber könnte nur der pfandberechtigte Kreditgeber Auskunft erteilen. Jedenfalls muss man seine Chancen sorgfältig abwägen und allenfalls weitere Informationen einholen, wenn festgestellt wird, dass hohe Pfandsummen im Grundbuch eingetragen sind.

Bei komplexeren Fällen – etwa mehreren Liegenschaften in verschiedenen Grundbuchbezirken – kann die Beschaffung aller erforderlichen Informationen recht aufwendig sein. Bei der Bonitätsprüfung spielen Grundbuchauskünfte in der Praxis daher eher eine untergeordnete Rolle.

---

[5] BGE 126 III 512

Die persönliche Einsichtnahme ins Grundbuch ist in der Regel kostenlos. Für schriftliche Auszüge wird hingegen eine Gebühr erhoben. Die Höhe richtet sich nach dem Aufwand und liegt zwischen 20 und mehreren hundert Franken pro Grundstück.

6.5.5 Steuerauskunft[6]

Neben Betreibungs-, Einwohner- und Grundbuchämtern geben auch manche Steuerämter Auskünfte. In 19 Kantonen gilt allerdings ein striktes Steuergeheimnis (noch 2007 waren es nur deren 15). Auch die übrigen Kantone erteilen nur eingeschränkt Auskunft. Mit dem Einverständnis des Steuerpflichtigen können Dritte in den meisten Kantonen Einsicht nehmen. Für die Prüfung der Zahlungsfähigkeit bringt dies jedoch in aller Regel nur einen eingeschränkten Nutzen. Die folgende Aufstellung gibt eine Übersicht.

Nicht alle Kantone erteilen Steuerauskünfte.

Auskunft an Dritte	Kanton	Bemerkungen
Ja	BE	Nachweis eines wirtschaftlichen Interesses erforderlich. Steuerpflichtige Person wird informiert.
	FR	Nur bei Gemeinden mit einem öffentlichen Register möglich.
	NE	
	SG	Begründetes Gesuch notwendig, u.U. Einwilligung des Steuerpflichtigen erforderlich. Information des Beauskunfteten.
	VD	Schriftliches Gesuch notwendig. Besondere Bedingungen beachten.
	VS	Auskunftserteilung nur während öffentlicher Auflage. Ausserhalb davon schriftliches, begründetes Gesuch an den Gemeinderat.
	ZH	
Nein	AG, AI, AR, BL, BS, GE, GL, GR, JU, LU, NW, OW, SH, SO, SZ, TG, TI, UR, ZG	

Abbildung 77: Öffentlichkeit der Steuerregister (1.1.2019)

---

[6] Vgl. Egeli, Gläubigerschutz Recht Transparent, S. 78 ff.

Eine Steuerauskunft ist mit Gebühren verbunden. Diese können bis 50 Franken betragen und richten sich nach der Gebührenverordnung der Gemeinden oder Kantone.

Steuerauskünfte enthalten Angaben zum steuerbaren Einkommen und Vermögen natürlicher Personen beziehungsweise zum steuerbaren Ertrag sowie zum Kapital juristischer Personen. Nicht erkennbar ist, wie viel eine Privatperson effektiv verdient hat, sondern nur, wie viel davon steuerbar war. Die getätigten Abzüge können dabei je nach Situation stark variieren. So kann beispielsweise bei der Renovation der eigenen Liegenschaft der nicht wertvermehrende Anteil als Liegenschaftsunterhalt in Abzug gebracht werden. Das steuerbare Einkommen kann somit unter Umständen markant tiefer ausfallen als die effektiven Zuflüsse. Zusätzlich muss berücksichtigt werden, dass die erteilten Steuerfaktoren eventuell nicht aktuell sind. Man muss sich also im Klaren darüber sein, dass die Aussagekraft einer Steuerauskunft begrenzt ist. In Einzelfällen kann es aber durchaus empfehlenswert sein, mit einer Steuerauskunft mehr über die finanzielle Lage eines Kunden in Erfahrung zu bringen, beispielsweise wenn man grössere Forderungen auf dem Rechtsweg geltend machen muss.

6.5.6 Andere amtliche Informationsquellen[7]

Je nach Bedürfnis können weitere Informationsquellen wertvolle Dienste leisten.

Neben den erwähnten öffentlichen und nicht öffentlichen Informationsquellen gibt es eine Vielzahl weiterer amtlicher Register. Im Einzelfall kann es zweckmässig sein, auf solche speziellen Informationsquellen zurückzugreifen, etwa um abzuklären, ob ein Schuldner mehr Vermögenswerte besitzt, als er deklariert. Keinen Nutzen haben dagegen sogenannte öffentliche Branchenregister, die auf freiwilligen Daten beruhen und allein der Absatzförderung dienen. Folgende amtliche Register kommen für eine spezielle Recherche infrage:

---

[7] Egeli, Gläubigerschutz Recht Transparent, S. 80 ff.

- **ZENTRALES AUSLÄNDERREGISTER (ZAR):** Das ZAR dient der automatisierten Datenverwaltung und der Kontrolle der Einreise- und Aufenthaltsvoraussetzungen der Ausländer und Ausländerinnen. Private oder Organisationen können Adresse und Aufenthaltsstatus eines Ausländers in Erfahrung bringen, sofern sie glaubhaft machen, dass der Betroffene die entsprechenden Auskünfte verweigert hat, um «die Durchsetzung von Rechtsansprüchen oder die Wahrnehmung anderer, schutzwürdiger Interessen zu verwehren» (Art. 15 Abs. 2 der Verordnung über das Zentrale Migrations-Informationssystem vom 15. April 2006). Die Auskunftsgebühr beläuft sich auf CHF 40.00.
- **ZIVILSTANDSREGISTER:** Art. 59 Zivilstandsverordnung lässt die Bekanntgabe von Personenstanddaten an Private zu, «die ein unmittelbares und schutzwürdiges Interesse nachweisen, wenn die Beschaffung bei den direkt betroffenen Personen nicht möglich oder offensichtlich nicht zumutbar ist». Die frühere Heimatscheinkontrolle (Heimatscheindepot) am Heimatort wird seit 1. Juli 2004 nicht mehr geführt. Für den Anfragenden hat sich der Informationsgehalt dieser Information deshalb sehr verschlechtert.
- **FAHRZEUGREGISTER:** Die meisten Kantone publizieren heute kostenpflichtig Namen und Adressen von Kontrollschildinhabern. Solche Online-Abfragen der Halterdaten wurden vom eidgenössischen Datenschutzbeauftragten überprüft und als rechtlich zulässig befunden. Neben den allgemeinen schweizerischen und kantonalen Datenschutzrichtlinien und den speziellen Vorschriften aus dem Strassenverkehrsgesetz (SVG) wird aber vor allem darauf geachtet, dass die Daten keiner kommerziellen Verwendung dienen. Solche Fälle werden grundsätzlich mit einer Datensperre resp. mit einem Entzug der Abfrageberechtigung geahndet.
- **SCHIFFSREGISTER:** In der Schweiz gibt es verschiedene Schiffsregister (je nach befahrenen Gewässern). Zuständig sind die ansässigen Schifffahrtsämter.
- **EISENBAHN-FAHRZEUGREGISTER:** Im schweizerischen Eisenbahn-Fahrzeugregister sind Güterwagen, Spezialfahrzeuge, Reisezugwagen, Triebfahrzeuge und Triebzüge erfasst, die über eine vom Bundesamt

für Verkehr (BAV) ausgestellte Betriebsbewilligung verfügen.
- **LUFTFAHRZEUGREGISTER:** Das schweizerische Luftfahrzeugregister verzeichnet alle in der Schweiz registrierten Luftfahrzeuge. Es enthält detaillierte Auskünfte über den Eigentümer und Halter, den Typ des Luftfahrzeuges, das Baujahr, die Seriennummer, das maximale Startgewicht und die lärmabhängige Gebührenklasse.
- **REGISTER DES EIDGENÖSSISCHEN INSTITUTS FÜR GEISTIGES EIGENTUM:** Dieses Register gibt Auskunft über eingetragene Urheberrechte.
- **EIGENTUMSVORBEHALTSREGISTER:** Möchte ein Veräusserer jemandem einen Gegenstand übergeben, ohne dass das Eigentum an den Erwerber übergeht, so hat er es an dessen jeweiligem Wohnort in einem vom Betreibungsbeamten zu führenden öffentlichen Register einzutragen.

6.6 Strukturierter Kreditentscheid

> 70% aller Debitorenverluste fallen bei Stammkunden an.

Untersuchungen der Creditreform haben gezeigt, dass rund 70% aller Debitorenverluste bei Stammkunden anfallen. Dies erscheint auf den ersten Blick unverständlich, erweist sich aber bei genauerer Betrachtung als plausibel. Stammkunden glaubt man zu kennen. Folglich werden aufgrund der langjährigen Geschäftsbeziehung Anzeichen einer drohenden Insolvenz missachtet oder fehlt es einfach an Mut, die Geschäftsbeziehung zu beenden, weil man sich gegenüber dem Stammkunden verpflichtet fühlt.

> Kreditentscheide müssen strukturiert gefällt werden.

Zentraler Bestandteil des Kredit- und Forderungsmanagements ist ein strukturierter Kreditentscheid, der auf einem standardisierten Vorgehen basiert. Je nach Branche ändern sich natürlich die Begriffe bzw. die zeitlichen Abläufe. Auch hier spielt der Zeitfaktor eine wichtige Rolle.

> Jedem Kundensegment ist eine Standardlimite zuzuweisen. Das erleichtert das Beurteilen von Ausnahmen.

Wie Kreditprüfungen standardisiert werden können, zeigen die Produkte von Creditreform. Zunächst werden die Kunden nach Grösse des Geschäftsvolumens segmentiert. Danach wird jedem Kundensegment eine Standardlimite (vgl. Abschnitt *Kreditlimite pro Kundensegment*, 6.2) zugewiesen und festgelegt, welche Informationen für die Beurteilung beigezogen werden müssen. Diese standardisierten Kreditlimiten werden aber noch nicht freigegeben. Der definitive Kreditentscheid wird erst bei Eingang der Bestellung oder Zustellung der Offerte getroffen. Dabei kann aufgrund der gewichteten Informationen eine interne Risikobeurteilung vorgenommen werden. Dies geschieht wiederum nach definierten, internen Risikoklassen.

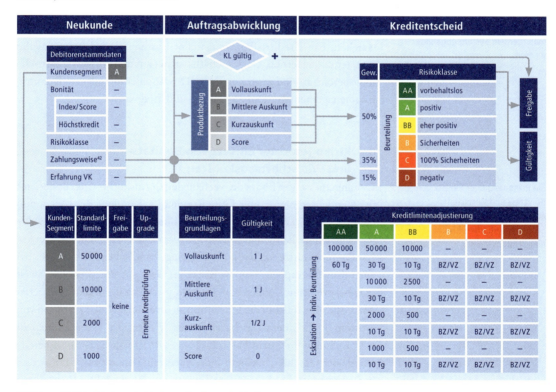

Abbildung 78: Beispiel eines strukturierten Kreditentscheides[8]

---

[8] Werden Zahlungserfahrungen direkt ausgetauscht, fliessen sie in die Auskunft mit ein (vgl. Abschnitt Bewerten der eigenen Kundeninformationen, 6.18).

Die Abweichung von Standard-Kreditlimiten nennt man Kreditlimiten-Adjustierung.

Basierend auf diesem Urteil erfolgt die standardisierte Kreditlimiten-Adjustierung. Sie umfasst mögliche Zahlungskonditionen sowie die zeitliche Gültigkeit der Kreditlimite. Letztere sagt aus, wann eine Neubeurteilung erforderlich ist. Die Kreditlimiten-Adjustierung liegt in der Verantwortung des zuständigen Sachbearbeiters und muss klar geregelt sein. So werden Freiräume für den Vorgesetzten geschaffen, der sich nur um Fälle kümmern muss, die eskalieren.

Der Workflow zur Kreditentscheidung kann in einem Kreditrisikomanagement-System abgebildet werden.

Der Vorteil dieses Vorgehens liegt darin, dass die Unternehmensführung laufend über die Fälle informiert wird, die von der Norm abweichen. Ein Kreditrisikomanagement-System kann dabei wertvolle Unterstützung leisten. Die Geschäftspartner aus den übrigen Unternehmensbereichen sind zentral in der CRM-Applikation oder im Kreditrisikomanagement-System zu erfassen und zu dokumentieren.

6.7 Risikogerechter Einsatz von Bonitäts- und Wirtschaftsauskünften

Ein risikoadäquater Einsatz von Bonitäts- und Wirtschaftsauskünften orientiert sich immer an den spezifischen Risiken eines Unternehmens.

Der angemessene Einsatz der verschiedenen Auskunftsarten basiert auf der Kundensegmentierung. Gute Kunden (A-Kunden [Key-Accounts] oder B-Kunden) weisen aufgrund ihres durchschnittlichen Bezugsvolumens grundsätzlich ein grosses bis sehr grosses Risiko auf. Bei kleinen Laufkunden dürfte das Risiko eher gering sein. Zu beachten ist aber bei allen Kundengruppen, dass das Risiko als Ganzes betrachtet wird. So ist man bei grösseren Kunden bzw. Kundengruppen aufgrund der grösseren Marge gewillt, mehr in die Prävention zu investieren. Die Definition von grossem und kleinem Geschäftsvolumen variiert von Unternehmen zu Unternehmen. In einem Fall bildet ein Auftrag von CHF 5000 bereits ein grosses Geschäft, in einem anderen erst ein Umsatz von CHF 25 000 (vgl. Abschnitt *Kreditlimite pro Kundensegment,* 6.2). Die Beurteilung adäquater Präventions-Produkte für die Risikominimierung hängt zum einen ab von der Frage, wie viele grosse Kunden man pro Jahr verlieren kann, ohne in Bedrängnis zu geraten, zum anderen von den Debitorenverlusten der Vergangenheit.

In der Praxis bewährt sich ein risikogerechter Einsatz der Produkte: Grosse Geschäftsvolumen verlangen umfassende Bonitäts- und Wirtschaftsauskünfte mit einer hohen Prognosefähigkeit, bei kleinen Geschäftsvolumen genügt ein kurzer Bonitätscheck:

Der Einsatz der Produkte ist dem Risiko anzupassen.

Geschäfts-volumen	Produkte		Marktsegmentierung		
	Bonität	Handelsregister			
gross	Neu recherchierte Vollauskunft mit Monitoring	Handelsregisterdaten mit sämtlichen Verflechtungen	B2B	B2C	RECHERCHIERT
mittel	Aktualisierte Betreibungsauskunft				
klein	Kurzer Bonitäts-Check mit Details		B2B	B2C	SYNTHETISCH
	Score mit Ampel				

Abbildung 79: Produkt- und Marktsegmentierung (Creditreform)

Die Steuerung des Auskunftsbezuges kann analog der Kundensegmentierung erfolgen oder – falls eine solche fehlt – über die Forderungshöhe definiert werden (vgl. Abschnitt *Kreditlimite pro Kundensegment*, 6.2).

Die Steuerung des Auskunftsbezuges erfolgt über die Kundensegmentierung oder über die Forderungshöhe.

In diesem Zusammenhang ist daran zu denken, dass von einem Lieferungsstopp betroffene Kunden sich häufig einfach einen anderen Lieferanten suchen. Firmen, welche die Bonität nicht korrekt prüfen, laufen Gefahr, die schlechten Kunden der Mitbewerber zu übernehmen. Die Mitgliedschaft in einem Informationspool für Zahlungserfahrungen bildet einen wirksamen Schutz vor solchen Risiken.

Firmen, welche die Bonität nicht korrekt prüfen, laufen Gefahr, die schlechten Kunden der Mitbewerber zu übernehmen.

Das Festlegen von Standards verhindert unnötigen Aufwand.

Wichtiger Baustein eines ausgewogenen Kreditmanagements ist ein strukturiertes Vorgehen. Das Festlegen von Standards – die von Unternehmen zu Unternehmen variieren – ermöglicht, die individuelle Bearbeitung auf Fälle zu beschränken, die von der Norm abweichen. Damit wird unnötiger Aufwand vermieden.

Folgendes Schema hat sich im unternehmerischen Alltag bewährt:

Geschäfts-volumen	Kunden-segment	potenzielle Neukunden	Neukunden	Bestandeskunden
gross	A	Adresse und Firmenprofil zur korrekten Eröffnung der Stammdaten – erstes Bild des Kunden	Prüfen der Bonität und Setzen der Kreditlimite. Festlegen der Zahlungskonditionen	Laufendes Monitoren der Bonität. Erneute Prüfung bei Überschreiten der Kreditlimite
mittel	B			
klein	C		Prüfen der Bonität bei Bestellungseingang. Zahlungskonditionen	Erneute Prüfung der Bonität bei Überschreiten der Kreditlimite
	D		Kurzer Check bei Bestellungseingang	

Abbildung 80: Risikogerechter Einsatz der Produkte (Creditreform)

Vorteil dieser Vorgehensweise ist die Einstufung der Geschäftspartner nach ihrem Risiko (analog zur Kundensegmentierung[9]).

Die nachfolgende Grafik veranschaulicht die Komplexität des gesamten Prüfungsprozesses – unter Einbezug von Risiko und Zeitachse:

---

[9] Egeli, Verluste vermeiden, S. 55

Abbildung 81: Zeitlicher Ablauf der Bonitätsprüfung (Creditreform)

Das erfolgreiche Kreditmanagement beinhaltet folgende Schritte:
- **GESCHÄFTSANBAHNUNG:** Ziel ist ein erstes Bild des Geschäftspartners. Wesentlich sind Kenntnisse der Zeichnungsberechtigungen und der wirtschaftlichen Verflechtungen.
- **ERSTPRÜFUNG:** Im Fall eines Fehlens von Primärdaten (eigenen Erfahrungen mit dem Geschäftspartner) ist der Einbezug externer Auskünfte zwingend. Mangelhafte Abklärungen in dieser Phase führen häufig dazu, dass eine Geschäftsbeziehung zu einem Partner mit schlechter Bonität aufgebaut wird.
- **MONITORING – BONITÄTSÜBERWACHUNG:** Die laufende Orientierung über vordefinierte Ereignisse gewährt nachhaltige Sicherheit. Wer Verluste vermeiden will, muss Anzeichen einer Bonitätsverschlechterung rechtzeitig bemerken.
- **NACHPRÜFUNG:** Die konsequente Nachprüfung der Geschäftsbeziehung ist immer dann erforderlich, wenn Hinweise auf wesentliche Veränderungen bestehen oder die Geschäftsbeziehung ausgeweitet wird.

Eine Erstprüfung gewährt also noch keinen ausreichenden Schutz vor Verlusten. Vielmehr müssen auch bewährte Geschäftsbeziehungen sorgfältig beobachtet werden. Die Intensität der Überwachung sollte aber immer dem Risiko angepasst sein.

6.8 Monitoring

Die Qualität des Monitorings ist abhängig von der Fähigkeit, relevante von nicht relevanten Ereignissen zu unterscheiden.

Monitoring ist ein Sammelbegriff für das Erfassen, Beobachten oder Überwachen von Vorgängen mittels technischer Hilfsmittel bzw. Systeme. Bei Eintreten bestimmter Ereignisse bzw. Veränderungen wird automatisch eine Meldung ausgelöst. Die Qualität des Monitorings ist abhängig von der Fähigkeit, relevante von nicht relevanten Vorkommnissen zu unterscheiden. Nur gezielt ausgelöste Monitoring-Meldungen können das Kreditmanagement wirksam unterstützen.

Creditreform bietet beispielsweise diverse Monitoring-Dienstleistungen an, die risikogerecht über Veränderungen beim Partner orientieren:

Geschäftsvolumen	Monitoring-Arten
gross	Umfangreiches Bonitätsmonitoring
mittel	Bonitätsmonitoring der wichtigsten Veränderungen
klein	Monitoring sämtlicher Handelsregisterveränderungen
	Konkursmonitoring

Abbildung 82: Risikogerechter Einsatz der Monitoring-Produkte (Creditreform)

Je nach Risiko stehen verschiedene Monitoring-Dienstleistungen zur Verfügung.

Risikogerechte Monitoring-Dienstleistungen sind unerlässlich für eine individuelle Überwachung von Geschäftsbeziehungen. Je nach Intensität des Monitoring wird eine grössere oder kleinere Zahl von Fakten permanent einbezogen. Die Bandbreite reicht vom einfachen Konkurs-Monitoring mit laufenden Adressmeldungen bis zum umfassenden Bonitäts-Monitoring, das alle bonitätsrelevanten Veränderungen einbezieht – die Minimierung von Forderungsausfällen ist damit keine Frage des Zufalls mehr, sondern eine Frage der effizienten Organisation. Wichtig ist, dass der Informationsanbieter nur dann eine Meldung auslöst, wenn sie auch relevant ist, beispielsweise bei einer Veränderung der Risikoklasse. Veränderungen ohne Relevanz interessieren nicht. Letztlich geht es immer nur um die Frage, ob eine Geschäftsbeziehung ausgeweitet werden kann oder eingeschränkt werden muss.

6.9 Sicherungsmöglichkeiten

Zusätzlich zum Instrument der Bonitäts- und Wirtschaftsauskünfte können diverse Sicherungsmöglichkeiten eingesetzt werden. Sie sind nur bei grossen Risiken angebracht. Soweit sie nicht einseitig durchgesetzt werden können (wie z.B. beim Bauhandwerkerpfandrecht), scheitern sie häufig daran, dass der Kunde keine entsprechende Vereinbarung abschliessen will oder gleich zu einem anderen Anbieter wechselt.

Sicherungsmöglichkeiten für grössere Risiken.

Sieht man von der Möglichkeit ab, das Risiko an einen externen Dienstleister zu übertragen (Versicherungen usw.), können Sicherheiten grundsätzlich in zwei Gruppen eingeteilt werden:

Personalsicherheiten	– Bürgschaften – Haftungszusagen (Patronatsverträge, Verlustübernahmevertrag)
Realsicherheiten	– Pfandrechte – Eigentumsrechte (Abtretungen, Eigentumsvorbehalte)

Abbildung 83: Zwei Gruppen von Sicherheiten

Eine grundpfändliche Sicherstellung gegenwärtiger oder zukünftiger Forderungen kann direkt oder indirekt erfolgen. Bei der ersten Variante erfolgt der Eintrag der Belastung direkt im Grundbuch. Bei der zweiten Variante wird ein Schuldbrief (Wertpapier, auf den Namen oder auf den Inhaber lautend) erstellt, der dem Gläubiger als Faustpfand übergeben wird. Der Schuldbrief kann flexibler als die Grundpfandverschreibung eingesetzt werden, weshalb ihm eine grössere praktische Bedeutung zukommt. Mit der Einführung der neuen Grundpfandverordnung [Grundbuchverordnung GBV vom 23. September 2011, Stand am 1. Januar 2012] wurde mit dem Register-Schuldbrief ein neues Instrument der Sicherstellung eingeführt. Der als Wertpapier ausgestaltete Papier-Schuldbrief entfällt, und die Übertragung auf einen neuen Gläubiger erfolgt durch Anmeldung beim Grundbuchamt (Art. 104 GBVO). Es ist ebenfalls eine Eintragung im Grundbuch nötig. Es stehen somit folgende Pfandrechte zur Verfügung:

- Grundpfandverschreibung
- Papierschuldbrief
- Registerschuldbrief

Zusammenfassend ergeben sich folgende Sicherungsmöglichkeiten:
- Gesetzliche oder vertragliche Pfandrechte (Beispiel für ein gesetzliches Pfandrecht: Bauhandwerkerpfandrecht [vgl. Abschnitt *Bauhandwerkerpfandrecht*, 7.11.12] usw.)
- Bürgschaften und Garantien
- Eigentumsvorbehalt
- Sicherungszession
- Vorauszahlung
- Warenkreditversicherung
- Factoring

6.10 Erwachsenenschutz

Am 1. Januar 2013 ist das neue Erwachsenenschutzrecht als Teil des ZGB (Art. 360 ff.) in Kraft getreten. Mit der Gesetzesrevision beabsichtigte der Gesetzgeber, das Vormundschaftswesen zu professionalisieren. Dabei wurde leider nicht berücksichtigt, dass die Publikation vormundschaftlicher Massnahmen für die kreditgebende Wirtschaft von grosser Bedeutung ist.

Nach dem alten Recht wurden vormundschaftliche Massnahmen in den Amtsblättern publiziert. Bonitäts- und Wirtschaftsauskunfteien verarbeiteten diese wichtigen Informationen, mit denen sich Gläubiger vor dem Abschluss nichtiger Verträge bzw. dem daraus resultierenden Schaden schützen konnten. Diese Möglichkeit entfällt unter dem neuen Recht.

Der gültige Abschluss von Verträgen bedarf der Handlungsfähigkeit im Sinne von Art. 13 ZGB. Ein Vertrag mit nicht handlungsfähigen Partnern ist nichtig bzw. bedarf der Zustimmung des gesetzlichen Vertreters (ausgenommen bei «geringfügigen Angelegenheiten des täglichen Lebens», vgl. Art. 19 Abs. 2 ZGB). Nicht alle vormundschaftlichen Massnahmen bewirken eine Einschränkung oder Aufhebung der Handlungsfähigkeit; soweit sie dies jedoch tun, müssten aktuelle oder potenzielle Vertragspartner davon auf einfache Weise Kenntnis erhalten können. Kommt es zum Abschluss eines Vertrages mit einem handlungsunfähigen Partner, trägt der andere im Regelfall den vollen Schaden (Art. 452 Abs. 1 ZGB).

Neu ist nur noch ein Auskunftsrecht vorgesehen (Art. 451 Abs. 2 ZGB). Wer ein entsprechendes Interesse glaubhaft machen kann, dem erteilt die Erwachsenenschutzbehörde (ESB) Auskunft über die Anordnung einer vormundschaftlichen Massnahme.

Unterlässt man diese aufwendigen Einzelanfragen, läuft man Gefahr, einen ungültigen Vertrag abzuschliessen. Voraussetzungen für die Auskunftserteilung sind:[10]

- **INTERESSE:** Der bereits getätigte oder beabsichtigte Abschluss eines Rechtsgeschäftes gilt als ausreichendes Interesse im Sinne von Art. 451 Abs. 2 ZGB, insbesondere dann, wenn der Anfragende vorleistungspflichtig ist und die Gegenleistung erst zu einem späteren Zeitpunkt erfolgen soll. Ist Zug-um-Zug-Erbringung der beidseitigen Leistungen vorgesehen (Barzahlung), ist das Interesse jedenfalls dann anzunehmen, wenn das Geschäft nicht bloss eine geringfügige Angelegenheit des täglichen Lebens betrifft (Art. 19 Abs. 2 ZGB).
- **AUSKUNFTSGESUCH (ANFRAGE):** Das Auskunftsgesuch des Dritten ist schriftlich einzureichen, wobei die elektronische Übermittlung (E-Mail) genügt.

---

[10] KOKES, Anwendung Art 451 ZGB, S. 2

- **GLAUBHAFTMACHUNG:** In der Regel sollten keine umfangreichen Belege erforderlich sein (Vertrag, Vertragsofferte, Bestellschein usw.). Besteht jedoch der Verdacht, dass der Anfragende den beabsichtigten Abschluss eines Rechtsgeschäftes vortäuscht, um an Informationen zu gelangen, auf die er sonst keinen Anspruch hätte, kann die ESB weitere Belege verlangen oder auf die Möglichkeit hinweisen, dass der Vertragspartner bei der ESB selbst eine Bescheinigung über das Fehlen einer Einschränkung seiner Handlungsfähigkeit verlangen kann.

Positiv ist immerhin zu erwähnen, dass die Auskunftsgesuche in elektronischer Form eingereicht werden dürfen und von nicht zuständigen Ämtern an die richtige Stelle weitergeleitet werden müssen. Die Anfrage ist am Wohnort des Betroffenen einzureichen. Die Rückmeldung erfolgt auf dem Postweg und soll nicht mehr als zwei Tage in Anspruch nehmen. Die Kosten sind zum heutigen Zeitpunkt nicht bekannt und dürften je nach Gebührenhoheit verschieden ausfallen.

Derzeit laufen Anstrengungen, den Zugang zu diesen Informationen zu vereinfachen. Das Ergebnis bleibt abzuwarten.[11]

6.11 Konzerngesellschaften

Bei Konzerngesellschaften dürfen Einzellimiten nicht kumuliert werden.

Bei Konzerngesellschaften sind besondere Abklärungen zu treffen. Einzellimiten dürfen nicht kumuliert werden, weil sonst das Gesamtengagement viel zu gross wird und ein Klumpenrisiko entsteht. Es ist unerlässlich, alle wirtschaftlichen Verflechtungen zu kennen und eine Kreditlimite für die ganze Gruppe festzulegen. Auch hier kann man auf Bonitäts- und Wirtschaftsauskunfteien zurückgreifen.

6.12 Auslandgeschäfte

Bei Auslandgeschäften ist besondere Vorsicht geboten.

Das Exportgeschäft ist ein bedeutender Wirtschaftsfaktor, auch für

---

[11] Publikation von Erwachsenenschutzmassnahmen, Parlamentarische Initiative 11.449 Rudolf Joder

kleine und mittlere Unternehmen. Die Welt wächst zusammen. Neue Märkte eröffnen neue Perspektiven. Mit Bulgarien und Rumänien sind 2007 beispielsweise zwei weitere ehemalige Ostblockstaaten der EU beigetreten. Auch die Märkte in den Nachfolgestaaten der Sowjetunion bieten für innovative Unternehmen viele Chancen. Dasselbe gilt für China und Brasilien. Wer Chancen nutzen will, geht immer auch Risiken ein. Der Schritt über die Grenze ist im Vergleich zu früher leichter geworden, aber nicht sicherer. Bei Auslandgeschäften stellen sich existenzielle Fragen: Welchen ausländischen Partnern kann ich Vertrauen schenken? Wie lange muss ich auf mein Geld warten? Wie funktioniert das fremde Rechtssystem? Für erfolgreiche Auslandsgeschäfte ist in jedem Fall internationales Know-how erforderlich.

Um aussagekräftige Risikobeurteilungen vorzunehmen, braucht man Zugang zu fundierten Informationen. Am Anfang steht immer die korrekte Identifikation des ausländischen Geschäftspartners beziehungsweise Kunden. Innerhalb Europas ist die Situation mittlerweile relativ komfortabel. So gibt es die Möglichkeit, online auf das «Handelsregister EU» (European Business Register) zuzugreifen, und zwar kostenlos. Global gesehen bestehen bei der Identifizierbarkeit aber noch erhebliche Lücken. Einzelne Wirtschaftsauskunfteien verfügen über ein weltweites Netzwerk, welches diese Aufgabe erleichtert.

Wer langfristig ins Exportgeschäft investieren möchte, sollte auf die Dienste international tätiger Auskunfteien zurückgreifen. Diese identifizieren und überprüfen heutzutage weltweit jedes aktive Unternehmen. Unternehmen sollten die verschiedenen Angebote vergleichen. Zentral sind die Aktualität und die Qualität der Auskünfte. Bewährt haben sich vor allem jene Auskunfteien, die vor Ort präsent sind und über ausreichende Kenntnisse der länderspezifischen Eigenheiten verfügen.

Auch wenn Forderungen offen bleiben, benötigt man Unterstützung vor Ort. Nur wer detaillierte Kenntnisse der Mentalität, der Sprache und des Rechtssystems eines ausländischen Schuldners verfügt, darf sich

Hoffnungen machen, zu seinem Geld zu kommen. Dazu muss man entweder ein eigenes verlässliches Partnernetzwerk aufbauen (z.B. in Form von lokalen Vertrauensanwälten) oder auf bestehende Netzwerke international tätiger Inkassofirmen zurückgreifen. Bei Letzteren besteht die Möglichkeit, einen Dienstleister zu wählen, der Inkasso und Auskünfte kombiniert anbietet. Das hilft, den administrativen Aufwand zu minimieren.

6.13 Kreditfähigkeitsprüfung unter dem Konsumkreditgesetz

Bei der Gewährung eines Konsumkredites ist eine Kreditfähigkeitsprüfung nötig.

Das Konsumkreditgesetz (KKG) ist am 1. Januar 2003 in Kraft getreten. Es regelt die gewerbsmässige Gewährung von Darlehen an Konsumentinnen und Konsumenten. Das Ziel liegt im Schutz privater Kreditnehmer vor der Überschuldung. Das Konsumkreditgesetz erfasst keine Darlehen, die zu beruflichen oder gewerblichen Zwecken gewährt werden. Es ist anwendbar auf Darlehenssummen zwischen CHF 500 und 80 000.

Nicht alle Darlehen, die zu Konsumzwecken gewährt werden, fallen unter das Konsumkreditgesetz. Ausgenommen sind unter anderem Kredite, die grundpfändlich oder durch Hinterlegung von Vermögenswerten gesichert sind, sowie zins- und gebührenfrei gewährte Darlehen. Das Gesetz gilt auch nicht für Kredite, die innert höchstens drei Monaten oder in nicht mehr als vier Raten innert höchstens zwölf Monaten zurückbezahlt werden müssen.

Das Konsumkreditgesetz regelt folgende Vertragsarten:
- Konsumkredite in Form von Zahlungsaufschüben, Darlehen, und ähnliche Finanzierungshilfen (z.B. Finanzierungskredite, Ratenzahlungsvereinbarungen);
- Leasingverträge zu privaten Zwecken;
- Verträge über Kredit- und Kundenkarten mit Kreditlimite und der Möglichkeit zu ratenweiser Rückzahlung;

- Überziehungskredite auf Bankkonti, wenn die Rückzahlung nicht auf einmal erfolgen muss.

Der Kreditnehmer kann den Antrag zum Vertragsabschluss oder die Annahmeerklärung innerhalb von sieben Tagen schriftlich widerrufen. Auch die vorzeitige Rückzahlung des Kredits steht ihm jederzeit frei. In diesem Fall hat er Anspruch auf Erlass der Zinsen für die nicht beanspruchte Kreditdauer und auf eine angemessene Ermässigung der Kosten, für die er nach dem Vertrag aufzukommen hat.

Wer gewerbsmässig Konsumkredite gewähren oder vermitteln will, bedarf einer Bewilligung (ausgenommen Institute, die dem Bankengesetz unterstehen). Diese ist an bestimmte Voraussetzungen gebunden. Der Gesuchsteller muss in finanziell geordneten Verhältnissen leben – unter anderem dürfen gegen ihn keine Verlustscheine ausstehend sein – und über ausreichende Fachkenntnisse verfügen. Ausserdem muss er über eine ausreichende Berufshaftpflichtversicherung verfügen. Keine Bewilligung ist erforderlich, wenn der Kredit zur Finanzierung der eigenen Waren oder Dienstleistungen gewährt werden soll. Nachfolgend werden die wichtigsten Regelungen beschrieben. Für detailliertere Angaben ist die einschlägige Literatur zu konsultieren.

> Wer gewerbsmässig Konsumkredite gewähren oder vermitteln will, bedarf einer Bewilligung.

Will ein Lieferant mit seinen Kunden Ratenzahlungen vereinbaren, muss er diverse gesetzliche Auflagen beachten. Das Konsumkreditgesetz regelt nicht nur den Inhalt der Verträge, sondern auferlegt dem Kreditgeber auch weitere Pflichten. Dazu gehören insbesondere die Prüfung der Kreditfähigkeit und die Meldung des Vertrages an die Informationsstelle für Konsumkredit.

Ein Kunde gilt als kreditfähig, wenn er den Konsumkredit innert längstens 36 Monaten zurückzahlen kann, ohne dass er unter das Existenzminimum gerät. Diese Regel gilt auch bei Verträgen, die eine längere Rückzahlungsdauer vorsehen. Bei der Prüfung darf sich der Kreditgeber grundsätzlich auf die finanziellen Angaben seines Kunden verlassen, solange diese nicht offensichtlich falsch sind oder den Angaben der Informationsstelle widersprechen. Kommt der Kreditgeber seinen Prüfungspflichten nicht nach, riskiert er den Verlust seiner gesamten Forderung oder mindestens seines Anspruchs auf Zinsen und Ersatz der vereinbarten Kosten.

Zweifelt der Kreditgeber an der Richtigkeit der Angaben, ist er verpflichtet dieselben anhand amtlicher oder privater Dokumente zu überprüfen (z. B. Betreibungsregisterauszug oder Lohnausweis). Auch Bonitätsauskünfte kommen dafür infrage. Zumal diese helfen, den administrativen Aufwand zu senken.

Das Konsumkredit gewährende Unternehmen muss der Informationsstelle den Vertragsabschluss mitteilen und Meldung erstatten, wenn der Konsument mit seinen Verpflichtungen in Verzug gerät. Tut es dies nicht, riskiert es ebenfalls den Verlust seines Anspruchs auf Zinsen und Kosten.

6.14 Versicherungscharakter des Kredit- und Forderungsmanagements

Das Kredit- und Forderungsmanagement hat Versicherungscharakter – massgebend ist der maximal tragbare Umsatzausfall.

Wie viel ein Unternehmen in das Kredit- und Forderungsmanagement investiert, ist nicht allein abhängig von vergangenen Erfahrungen (z. B. den Debitorenverlusten der letzten fünf Jahre), sondern auch von der Einschätzung zukünftiger Entwicklungen. Die Tatsache, dass man in der Vergangenheit nicht von einem grösseren Debitorenverlust heimgesucht wurde, schützt nicht vor Ausfällen in der Zukunft. Ein ausgewogenes Kredit- und Forderungsmanagement hat Versicherungscharakter. Es gilt – ähnlich wie beim Abschluss einer Berufshaftpflicht – zu fragen, wie viel Umsatzausfall man im schlimmsten Fall verkraften kann.

6.15 Prompte Rechnungsstellung

Der Erfolg sämtlicher Massnahmen hängt davon ab, dass die Rechnungen prompt gestellt werden. Je mehr Zeit zwischen Leistungserbringung und Rechnungsstellung verstreicht, desto höher ist das Risiko eines Verlustes. Zum einen läuft das Unternehmen Gefahr, dass sich die Bonität des Kunden in der Zwischenzeit verschlechtert oder das geschuldete Geld anderweitig ausgegeben wird. Bei grösseren Rechnungen, z.B. im Bereich B2C, ist das mitunter fatal. Zum anderen vermindert eine späte Rechnungsstellung auch immer die eigene Liquidität.

Eine prompte Rechnungsstellung sichert die Liquidität und senkt das Verlustrisiko.

Eine leistungsnahe Rechnungsstellung ist auch insofern von Vorteil, als die Übersicht über die erbrachten Leistungen erhalten bleibt. Davon profitiert auch der Kunde. Zum einen weiss er, was für Kosten auf ihn effektiv zukommen, beispielsweise wenn noch Folgearbeiten ausstehen. Zum anderen kann er allfällige Mängel und Beanstandungen zu einem Zeitpunkt anbringen, wo alle Beteiligten noch über Details der Leistungserbringung Bescheid wissen. Das wiederum erspart bei Reklamationen – berechtigten wie unberechtigten – mühselige firmeninterne Nachforschungen.

Es gehört zu den Führungsaufgaben, angefangene Arbeiten und erbrachte, aber noch nicht verrechnete Leistungen laufend zu überwachen. Zu beachten ist auch, dass erbrachte, aber nicht verrechnete Leistungen verjähren können. Das heisst, dass Forderungen nach Ablauf einer bestimmten Frist nicht mehr durchgesetzt werden können.

Nicht in Rechnung gestellte Leistungen können verjähren.

Verjährungsfrist	Forderungen
5 Jahre (Art. 128 OR)	Für Miet-, Pacht- und Kapitalzinse sowie andere periodische Leistungen.
	Aus Lieferung von Lebensmitteln, für Beköstigung und für Wirtsschulden.
	Aus Handwerksarbeit, Kleinverkauf von Waren, ärztlicher Besorgung, Berufsarbeiten von Anwälten, Rechtsagenten, Prokuratoren und Notaren sowie aus Arbeitsverhältnis von Arbeitnehmenden.
10 Jahre (Art. 127 OR)	Mit Ablauf von zehn Jahren verjähren alle Forderungen, für die das Bundeszivilrecht nicht etwas anderes bestimmt.
20 Jahre (Art. 149a SchKG)	Die durch den Verlustschein verurkundete Forderung verjährt 20 Jahre nach der Ausstellung des Verlustscheines; gegenüber den Erben des Schuldners jedoch verjährt sie spätestens ein Jahr nach Eröffnung des Erbganges.

Abbildung 84: Verjährungsfristen

Die Aufzählung ist nicht abschliessend, da es noch weitere einschlägige Verjährungsfristen gibt.

Die Verjährung kann unterbrochen werden.

Verjährungsfristen lassen sich unterbrechen. Art. 135 OR sieht folgende Möglichkeiten vor:
- Anerkennung der Forderung durch den Schuldner, namentlich auch durch Zins- und Abschlagszahlungen, Pfand- und Bürgschaftsbestellungen;
- Schuldbetreibung, Schlichtungsgesuch, Klage oder Einrede vor einem staatlichen Gericht oder einem Schiedsgericht sowie Eingabe im Konkurs.

Im Auge zu behalten ist besonders die Verjährung von Verlustscheinen (vgl. Abschnitt *Verlustscheine*, 7.11.5). Bei allen Forderungen gilt es zu beachten, dass die Verjährung mit einer Mahnung nicht unterbrochen werden kann. Die Unterbrechung ist somit in jedem Fall mit zusätzlichen

Kosten verbunden. Es sollte daher geprüft werden, ob sich eine Unterbrechung auch wirklich lohnt.

Die Unterbrechung der Verjährung ist mit heiklen Fragen verbunden, die Gegenstand einer umfangreichen Gerichtspraxis bilden. Unter Umständen kann es sinnvoll sein, einen Spezialisten beizuziehen. Grundsätzlich gilt jede Handlung des Schuldners als verjährungsunterbrechend, die eine Anerkennung der Forderung zum Ausdruck bringt. Ausser den im Gesetz genannten Modalitäten wie Zins- und Abschlagszahlungen bzw. Bestellung von Sicherheiten kann auch eine Zahlungsvertröstung oder ein Stundungs- bzw. Erlassgesuch oder der Abschluss einer Abzahlungsvereinbarung die Verjährung unterbrechen. Am sichersten ist ein unterzeichnetes Dokument, in dem der Schuldner die Forderung ausdrücklich anerkennt.[12] Möglich ist aber auch, dass der Schuldner im Rahmen einer sog. Verjährungseinredeverzichtserklärung ausdrücklich im Voraus darauf verzichtet, in einem allfälligen gerichtlichen Verfahren auf die Einrede der Verjährung zu verzichten. Dies ist möglich, weil die Gerichte die Verjährung nicht von sich aus berücksichtigen, sondern nur auf Einrede hin.

6.16 Weisung für das Kreditmanagement?

Der Grund für Debitorenverluste sind meist nicht fehlende Instruktionen, sondern Missverständnisse zwischen den Beteiligten, insbesondere zwischen dem Verkauf und dem Debitorenverantwortlichen. Die Prozessvorgaben werden nicht eingehalten. Die Folge: Es wird Ware an Kunden mit schlechter Bonität geliefert, und das ohne Sicherheiten. Welche Möglichkeiten gibt es, die internen Abläufe zu optimieren?

Missverständnisse können zu Debitorenverlusten führen.

Gerade in hektischen Phasen sind Missverständnisse häufig. Neben Schulung und Sensibilisierung der Mitarbeiter ist es hilfreich, die Abläufe exakt zu dokumentieren, etwa in Form einer Weisung. So wird auch

In hektischen Phasen kann man mit einer klaren Weisung Ruhe schaffen.

---

[12] Sürekli, Unterbrechung der Verjähung, S.1

sichergestellt, dass im Fall von Stellvertretungen oder Personalwechseln keine wichtigen Informationen verloren gehen. Weiter können mit einer Weisung Kompetenzen klar geregelt werden. Was darf ein Mitarbeiter selbst entscheiden? Wann muss er sich an seinen Vorgesetzten wenden?

Der gesamte Prozess der Kreditprüfung sollte zu den spezifischen Eigenheiten des Unternehmens passen. Nehmen wir zum Beispiel einen Handelsbetrieb. Dort reicht es aus, die Kreditwürdigkeit bei Bestellungseingang zu prüfen. Das aber ohne Verzögerung. Denn für die Kundenzufriedenheit und damit den Erfolg ist es wichtig, dass der Bereitstellungs- und Auslieferungsprozess prompt vor sich geht. Deshalb ist die Bonität des Bestellers direkt nach Bestellungseingang zu prüfen. Kurz vor der Auslieferung muss spätestens die definitive Freigabe erfolgen oder ein Lieferstopp veranlasst werden. Geht der Bestellung ein Offertverfahren voraus, sollte der Kreditentscheid vor der Offertstellung vorliegen. Schliesslich geht man damit auch eine Verpflichtung ein und will risikogerechte Konditionen offerieren. Ebenfalls in der Verantwortung des Unternehmens liegt die Festlegung, welche Informationen für den Kreditentscheid beigezogen werden und wie Geschäfte zusätzlich abgesichert werden können. Die Möglichkeiten variieren von Branche zu Branche. Die nachstehende Aufzählung beschränkt sich auf allgemeingültige Grundsätze.

Eine Weisung für ein effizientes Kreditmanagement sollte mindestens folgende Punkte beinhalten:

- **ZIELSETZUNG**: Die Verantwortlichen müssen klare Ziele vorgeben. Unter anderem müssen sie vermitteln, dass eine enge Zusammenarbeit mit dem Verkauf erforderlich ist. Nur wenn alle am selben Strick ziehen, kann man Forderungsausfälle vermeiden und die Liquidität des Unternehmens steigern.
- **STAMMDATEN**: Voraussetzung für eine zweifelsfreie Identifikation der Vertragspartner sind korrekte Kundendaten. Das verhindert Mehrfacherfassungen und damit verbundene mehrfache Vergaben von Kreditlimiten. Zudem sollte man den Personenkreis, der Stammdaten

erfassen darf, gezielt einschränken. Hilfreich ist es, wenn die Kundendaten mit einem Referenzsystem abgeglichen und die Adressen mittels Adressmonitoring à jour gehalten werden.

- **VERTRAGSABSCHLUSS:** Stellt man eine Offerte, müssen die zeichnungsberechtigten Personen der anderen Vertragspartei bekannt sein.
- **ENTSCHEID KREDITLIMITE:** Der Kreditentscheid muss dem Risiko angemessen sein. Grosse Geschäftsvolumen erfordern andere Entscheidungsgrundlagen als kleine. Ebenso verlangt die Prüfung von Geschäftskunden (B2B) andere Entscheidungshilfen als die von Privatkunden (B2C). Geschäftskunden (B2B), bei denen eine längere Kundenbeziehung besteht, sind in Kundensegmente einzuordnen. Im Fall von Privatkunden (B2C) ist dies in der Regel nicht möglich. Hier entspricht die Kreditlimite dem Bestellvolumen. Wie man den Umgang mit Privatkunden im Einzelnen regelt, hängt davon ab, ob man im Massengeschäft (viele kleine Forderungen) tätig ist oder nicht. Für Firmen, die viele Transaktionen tätigen, lohnt sich meist eine Direktanbindung an eine Bonitätsdatenbank. Vorteil: Die Bonitätsampel kann kundenindividuell eingerichtet werden. Das heisst, sie richtet sich nach der Risikobereitschaft und der Risikotragfähigkeit des eigenen Unternehmens. Höhere Kreditlimiten sind beim Vorgesetzten zu beantragen. Auch diesbezüglich sind klare Regelungen erforderlich. Kein Kreditentscheid ist für immer gültig. Ausschlaggebend sind die vorhandenen Informationen. Die Bonitätsprüfung ist sodann spätestens nach Ablauf einer vordefinierten Frist zu wiederholen. Auch neue Informationen aus dem Monitoring, interne Hinweise oder Ungereimtheiten bieten Anlass, einen Kunden nochmals genauer anzuschauen.
- **ÜBERWACHUNG:** Die Kunden sind entsprechend ihrem Geschäftsvolumen zu überwachen. Man unterscheidet zwischen einem umfangreichen und einem eingeschränkten Monitoring für kleine Geschäftsvolumen (vgl. Abschnitt *Monitoring*, 6.8). Das Letztere betrifft kleinere Risiken. Es wird sichergestellt, dass keine Konkurse, Schuldenrufe usw. übersehen werden. Im Fall einer Warnung bleibt genügend Zeit, die Forderung beim entsprechenden Amt anzumelden und einen Lieferstopp für künftige Bestellungen zu verfügen.

- **ZAHLUNGSKONDITIONEN:** Auch hier können klare Regelungen einen Wettbewerbsvorteil schaffen. Grössere Geschäfte erfordern oft erweiterte Zahlungsmodalitäten. Hier spielen branchenspezifische Eigenheiten und die Art des Geschäftes eine Rolle. Für Geschäfte mit grossen Risiken bestehen zusätzliche Sicherungsmöglichkeiten (Eigentumsvorbehalt, Bankgarantie, Kreditversicherung usw.).
- **ZAHLUNGSERFAHRUNGEN:** Die eigenen Zahlungserfahrungen können in den Kreditentscheid strukturiert einfliessen. Wer den eigenen Aufwand gering halten möchte, kann seine Erfahrungen aus der Zahlungsabwicklung an einen externen Informationsanbieter weiterleiten, beispielsweise an den Schweizerischen Verband Creditreform. Vorteil: Alle gemeldeten Informationen fliessen direkt in die Bonitätsauskünfte ein und erhöhen deren Prognosefähigkeit (vgl. Abschnitt *Vertragswesen*, 5.1). Zudem braucht man kein eigenes Steuerungssystem.
- **LIEFERSTOPP:** Man kann auch einem Kunden mit schlechter Bonität Ware liefern oder eine Dienstleistung anbieten. Voraussetzung ist, dass der Kunde Sicherheiten leistet, etwa Barzahlung oder Vorauskasse. Werden nach Erteilung der Kreditlimite weitere negative, bonitätsrelevante Informationen bekannt, so ist ggf. ein Lieferstopp zu verfügen.

Weisung Kreditmanagement Gültig ab 1.1. 20XX				**Muster Handels AG**			
Ersteller	Geschäftsleiter		Empfänger	Geschäftsleitung Debitoren Verkauf			
Zielsetzung	Debitorenverluste lassen sich nur mit einem aktiven Kreditmanagement vermeiden. Voraussetzung: ein enger Informationsaustausch zwischen Verkauf und Debitorenverantwortlichem. Denn: Forderungsverluste entstehen nicht erst bei der Rechnungsstellung, sondern bereits bei der Akquisition. Ein Verkauf ist erst dann erfolgreich, wenn der Kunde bezahlt hat.						

Tätigkeit				**Ziel**			**Verantwortung**
Stammdaten	Eröffnen oder Mutieren von Kundendaten im CRM oder in den Debitoren			Eindeutige Identifikation zur Vermeidung von Mehrfacherfassungen und somit Gewährung doppelter Kreditlimiten			Debitoren
Vertrags- abschluss	Prüfen der Zeichnungsberechtigung mit einer CrediDATA			Sicherstellen, dass Verträge rechtlich durchgesetzt werden können.			Verkauf
Entscheid	Kundensegment, Forderung		Auskunft	Betreibungs- auskunft	Bonität/Ent- scheidungshilfen	Kreditlimite/ Bestellung	Debitoren
	B2B	A > 10 000	Vollauskunft	aktuell, Interessen- nachweis einreichen	RK[13] 1–2	75 000	
					3–4	50 000	
					5–8	10 000	
					>8	BZ/VZ	
		B > 3 000	mittlere Auskunft		GRÜN	10 000	
					GELB	5 000	
					ROT	BZ/VZ	
		C < 3 000	kurzer Bonitäts- check	Aktualisierung der BA, wenn nötig	GRÜN	3 000	
					GELB	500	
					ROT	BZ/VZ	
	B2C	A > 10 000	Vollauskunft	aktuell, Interessen- nachweis einreichen	Kundenindividuelle Bonitätsampel GRÜN	20 000	
					GELB	5 000	
					ROT	BZ/VZ	
		B > 3 000	mittlere Auskunft		GRÜN	10 000	
					GELB	5 000	
					ROT	BZ/VZ	
		C < 3 000	Bonitäts- check	Aktualisierung der BA, wenn nötig	GRÜN	1 000	
					GELB	500	
					ROT	BZ/VZ	

[13] Risikoklasse

	Zusatz-informationen	Diese müssen nach Branche und Art der Geschäfte individuell festgelegt werden.		Geschäftsleitung
	Entscheidungs-kompetenz	Die oben aufgeführten Kreditlimiten liegen in der Kompetenz der Verantwortlichen für die Debitoren. Darüber hinausgehende Kreditlimiten müssen vom Geschäftsleiter bewilligt werden.		Geschäftsleitung
	Gültigkeit	Jeder Kreditentscheid ist nur eine bestimmte Zeit gültig. Nach Ablauf dieser Frist ist die Bonität der laufenden Kundenbeziehung erneut zu prüfen.		Debitoren
	A	max. 1 Jahr	Neuprüfung auch bei Ungereimtheiten oder Meldungen aus dem Monitoring	
	B	max. 6 Monate		
	C	max. 2 Monate		
Über-wachung	Jeder Neukunde wird ins Monitoring angemeldet und bei definitivem Ende der Geschäftsbeziehung wieder abgemeldet. Damit wird sichergestellt, dass relevante Veränderungen laufend bekannt sind.			Debitoren
	A	Umfangreiches Monitoring	Jährliche Prüfung mit Nachtragsservice zur Bonität	
	B	Eingeschränktes Monitoring	Monitoring sämtlicher Handelsregisterpublikationen	
	C	Konkursmonitoring	Meldung der Konkurspublikationen	
Zahlungs-konditionen	Vertragsbestimmungen		Zahlungskonditionen	Verkauf
	Vertrag > 50 000		⅓ bei Bestellung ⅓ bei Lieferung ⅓ nach Lieferung	
Zahlungs-erfahrungen	Bezahlung auf Rechnung		15 Tage Zahlungsfrist ohne Skonto	Debitoren
	Die in den Debitoren anfallenden Zahlungserfahrungen werden jeweils nach dem Mahnlauf der Creditreform gemeldet.			Debitoren
Lieferstopp	Ein Lieferstopp muss umgehend erfolgen. Eine Wiederaufnahme der Beziehung erfordert einen Abzahlungsvertrag noch offener Posten. Der Kunde bleibt so lange auf Barzahlung.			Debitoren Verkauf
Ort, Datum, Ersteller				

Abbildung 85: Beispiel Weisung Kreditmanagement

6.17 Berechnung des zu erwartenden Verlustes[14]

Für Unternehmen mit einem grossen Kundenportfolio kann es angebracht sein, den zu erwartenden Verlust zu berechnen. Voraussetzung ist, dass jeder Kunde einem Kundensegment zugewiesen und mit einer aktuellen Risikoklasse angereichert wurde. Mittels der Risikoklasse kann dann die Ausfallwahrscheinlichkeit für jeden Kunden bestimmt werden.

Der erwartete Verlust eines Kundenportfolios kann berechnet werden.

Abbildung 86: Berechnung des zu erwartenden Verlustes

Die Verlustquote ist ein Erfahrungswert, der aussagt, wie viele Forderungen aus dem Inkasso am Ende wieder eingebracht werden können. Im Fall der Zusammenarbeit mit einem Inkassobüro kann hier auch das Reporting Aufschluss geben. Werden vom Kunden Sicherheiten eingefordert, so ist die Werthaltigkeit dieser Sicherheiten zum Ausfallzeitpunkt ebenfalls zu bewerten. In der Praxis dürfte dies aber eher die Ausnahme sein.

6.18 Bewerten der eigenen Kundeninformationen

Ein Unternehmen verfügt über verschiedene eigene Informationen zur Zahlungsfähigkeit der Bestandeskunden. Bei den Neukunden dagegen besteht eine grundsätzliche Informationslücke. Doch auch bei den Bestandeskunden sind die Informationen nur hilfreich, wenn sie korrekt

Die Bewertung der eigenen Kundeninformationen ist komplex und erfordert spezifisches Know-how.

---

[14] Burkhard, Varnholt, Modernes Kreditrisiko-Management, S. 64

und effizient angewendet werden. Dabei stellt die Verteilung der Informationen über verschiedene Systeme eine besondere Herausforderung dar. Informationen zum Zahlungsverhalten befinden sich im Debitorenprogramm, Informationen aus dem Verkauf im CRM usw. Weiter fehlt es oft auch am Know-how, die verschiedenen Informationen richtig zu bewerten.

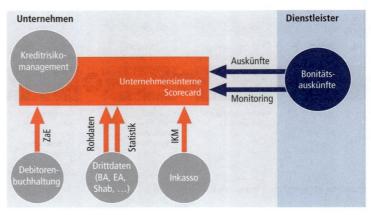

Abbildung 87: Bewerten der kundeneigenen Informationen im Unternehmen

Da die meisten Unternehmen nicht über eine genügende Anzahl von Kundendaten verfügen, ist eine systemgestützte Bewertung nicht sinnvoll.

Da die meisten Unternehmen nicht über eine genügende Anzahl von Kundendaten verfügen, ist eine systemgestützte Bewertung nicht sinnvoll. Hier bewährt sich der Austausch von Zahlungsinformationen über eine professionelle Plattform. Anbieter von Bonitäts- und Wirtschaftsinformationen bieten heutzutage die Möglichkeit der automatisierten Verarbeitung von grossen Datenbeständen aus der Debitoren-Buchhaltung. Sie identifizieren die Schuldner und führen sie mit der eigenen Bonitätsdatenbank zusammen. Die einzelnen Forderungen fliessen anonymisiert in die Bonitätsbeurteilung mit ein. Dabei werden nicht nur negative Zahlungserfahrungen ausgetauscht, sondern auch positive. So bekommt man beispielsweise Informationen, wo sich eine Ausweitung der Geschäftsbeziehung lohnt. Gerade KMU können von einem solchen Austausch enorm profitieren, und das mit einem relativ geringen Aufwand.

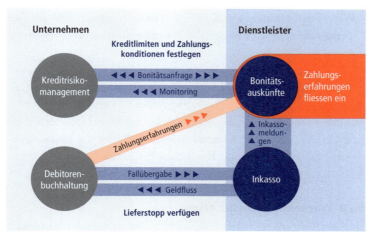

Abbildung 88: Zahlungserfahrungen mitbewerten

Ein weiterer Vorteil ist, dass sich durch die Zusammenarbeit mit einem externen Partner gleichzeitig die Informationslücke bei Neukunden schliessen lässt.

6.19 Factoring

Steht nicht die Debitorenbewirtschaftung, sondern die Liquiditätsoptimierung im Vordergrund, so kann das Factoring wertvolle Dienste leisten. Die Forderung wird an den Factor abgetreten (Zession). Dieser übernimmt die Umsatzfinanzierung und das Forderungsmanagement gegen eine entsprechende Gebühr.

> Das Factoringunternehmen übernimmt die Umsatzfinanzierung und das Debitorenmanagement gegen eine entsprechende Gebühr.

Es werden folgende Arten von Factoring unterschieden:
- Echtes Factoring: Das Factoringunternehmen übernimmt das Delkredererisiko (Ausfallrisiko bei einem Zahlungsausfall).
- Unechtes Factoring: Das Factoringunternehmen übernimmt kein Delkredererisiko.
- Offenes Factoring: Der Kunde wird darüber informiert, dass ein Factoringunternehmen die Forderung übernommen hat.

- Verdecktes Factoring: Der Kunde wird nicht informiert, dass ein Factoringunternehmen mit der Debitorenbewirtschaftung beauftragt wurde.

Für das Unternehmen bedeutet dies einen unverzüglichen Liquiditätszufluss nach Vorlage der Rechnungskopie. Ein gewisser Anteil wird jeweils vom Factoringunternehmen zurückbehalten und dient als Sicherheit. Ob eine Forderung finanziert wird, entscheidet das Factoringunternehmen, denn es prüft die Bonität des Endkunden.

6.20 Warenkreditversicherung

Die Warenkreditversicherung übernimmt das Risiko bei Zahlungsausfall des Abnehmers.

Soll die Debitorenbewirtschaftung nicht an einen externen Dienstleister übertragen werden, kann das Risiko jedoch nicht selbst getragen werden, so kann der Beizug einer Kreditversicherung angebracht sein. Die Warenkreditversicherung prüft ihrerseits die Bonität des Abnehmers und gewährt ein Kreditlimit. Innerhalb dieser von der Kreditversicherung gewährten Limite können dann die Aufträge abgewickelt werden. Im Fall des Zahlungsausfalles des Abnehmers übernimmt die Kreditversicherung die Forderung und zahlt dem Kunden den vereinbarten Anteil aus.

Es bleibt zu berücksichtigen, dass eine Kreditversicherung nur Abnehmer mit einer guten Bonität versichert. Ist diese nicht gegeben, muss das Unternehmen selbst entscheiden, ob es den Auftrag trotzdem annehmen will und die für diesen Entscheid notwendigen Informationen selbst beschaffen.

6.21 Zusammenfassung der Aufgaben bei der Prävention

Die Aufgaben des Kredit- und Forderungsmanagements bei der Prävention beinhalten:

- Festlegen eines transparenten und rationellen Ablaufes der Kreditbewirtschaftung

- Kundensegmentierung
- Regelung, wie man zum Stammkunden wird – Barzahlungsablauf
- Festlegung der Kreditlimiten und der Beurteilungskriterien
- Kreditmanagement ist Auskunftsstelle für den Verkauf
- Überwachung der Einhaltung der Kreditlimiten
- Verfügen von Lieferstopps (vgl. Abschnitt *Lieferstopp*, 7.6).

7

REALISATION

7 REALISATION

Ziel der Realisation ist, dass der Kunde seinen Verpflichtungen nachkommt.

Die letzte Phase der Wertschöpfungskette ist die Realisation. Die Lieferung an den Kunden ist erfolgt – nun geht es darum, dass auch der Kunde seinen vertraglichen Pflichten nachkommt.

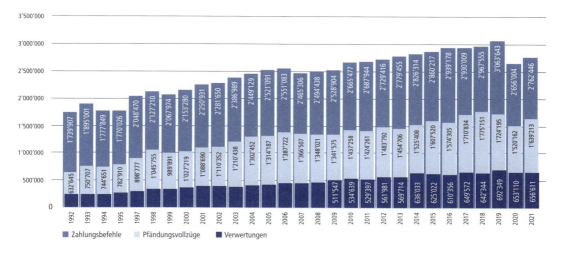

Abbildung 89: Zahlungsbefehle, Pfändungsvollzüge und Verwertungen in der Schweiz (BFS)

Jährlich werden in der Schweiz rund 3 Mio. Zahlungsbefehle ausgestellt. Davon führen nur 650 000 zu einem erfolgreichen Ergebnis. Es muss deshalb alles getan werden, um gar nicht erst in diese Phase zu kommen. Passiert es trotzdem, ist der Forderungseinzug straff zu organisieren. Es darf keine Zeit mehr verloren gehen.

Jährlich werden knapp 3 Mio. Zahlungsbefehle ausgestellt.

Auffällig ist der Rückgang im Jahr 2020. Erwartungsgemäss hätten die Betreibungen aufgrund der COVID-Pandemie zunehmen müssen. Wie aber eingangs bereits dargelegt, ist dieser Rückgang auf die vom Bundesrat verhängten Massnahmen zum SchKG und den Betreibungsstopp von Grossgläubigern zurückzuführen.

7.1 Phasen der Realisation

Diese ebenso wichtige wie heikle Phase umfasst das gesamte Forderungsmanagement. Es wird in das eigentliche Forderungsmanagement und das Inkasso eingeteilt.

Abbildung 90: Der Forderungsverzug

Der Debitorenverantwortliche sichert die Liquidität des Unternehmens.

Das Forderungsmanagement untersteht dem Debitorenverantwortlichen. Seine Aufgabe ist es, die Prozesse zu optimieren und zu überwachen. Im folgenden Abschnitt werden die wichtigsten Massnahmen aufgezeigt. Oberste Priorität hat die Sicherung der eigenen Liquidität. Dazu müssen die Ausstandszeiten verkürzt werden.

Das Inkasso befasst sich mit der Geltendmachung überfälliger Forderungen (vgl. Abschnitt *Inkasso*, 7.11). Oft steht ein Schuldner bei mehreren Gläubigern in der Kreide. Deshalb gilt: Je länger man wartet, desto geringer werden die Chancen der Realisierung.

7.2 Forderungsmanagement im Überblick

Massnahmen, die das Forderungsmanagement optimieren:
- Verkürzen der Debitorenlaufzeiten
- Straffen des Mahnwesens
- Verfügen von Lieferstopps
- Messen der Veränderungen mithilfe von Kennzahlen
- korrektes Verbuchen der offenen Posten
- Delkredere

7.3 Dokumentationspflichten

Ein zentraler Punkt für eine erfolgreiche Realisation der Forderung ist eine saubere und lückenlose Dokumentation aller sachdienlichen Unterlagen. Dies ist nicht nur für ein gutes Reklamationsmanagement (vgl. Abschnitt *Reklamationsbearbeitung*, 5.8) eminent wichtig, sondern ist auch zwingend notwendig, um eine Forderung (nötigenfalls in einem Gerichtsverfahren) durchsetzen zu können. So ist der Kommunikationsverkehr zwischen Unternehmer und Kunden zentral und am besten im CRM zu dokumentieren, weshalb ein besonderes Augenmerk auf (schriftliche) Vereinbarungen mit dem Kunden bzw. dem Schuldner zu legen ist.

Eine lückenlose Dokumentation vereinfacht das Reklamationsmanagement.

Da ein Verlustschein keinen Beweis für den Bestand einer Forderung darstellt, müssen neben einem solchen auch noch sämtliche Unterlagen aufbewahrt werden, die notwendig sind, um die Forderung zu beweisen (vgl. Abschnitt *Verlustschein ist kein Beweis für das Bestehen einer Forderung*, 7.11.6). Dies ist aufgrund der neuesten Entwicklung notwendig geworden, weil immer mehr Schuldner auf Anraten hin im Rahmen der Rechtsöffnung oder auch im ordentlichen Verfahren die Einrede erheben, die Forderung sei zu beweisen, oder gar auf Aberkennung der Forderung nach Art. 83 Abs. 2 SchKG klagen. Da viele Gläubiger fälschlicherweise annehmen, es reiche aus, nur den Verlustschein aufzubewahren, können sie den Beweis nicht antreten und verlieren gar den Prozess.

Es reicht nicht aus, nur den Verlustschein aufzubewahren, denn der Verlustschein ist kein Beweis für den Bestand einer Forderung.

7.4 Verkürzen der Debitorenlaufzeiten

Von zentraler Bedeutung sind die Debitorenlaufzeiten. Wenn es gelingt, diese zu verkürzen, generiert man unverzüglich mehr Liquidität für das Unternehmen. In der Praxis ist der monatliche Mahnlauf weit verbreitet. Die Verkürzung auf einen zweiwöchentlichen Mahnlauf oder sogar auf einen wöchentlichen hat aber viele Vorteile. So werden z.B. Reklamationen schneller angebracht und können entsprechend schneller behandelt werden. Auch wird das Mahnen zur Routine und geht nicht, wie es oft geschieht, vergessen.

Die Verkürzung der Debitorenlaufzeiten generiert zusätzliche Liquidität.

Die Abbildung zeigt die Verkürzung auf einen zweiwöchentlichen Mahnlauf:

Abbildung 91: Verkürzen der Mahnläufe

Das Outsourcing des Inkassos schafft Freiräume für das Mahnwesen und die Reklamationsbearbeitung.

Nachteilig ist, dass durch die Verkürzung der Mahnläufe der Arbeitsanfall ansteigt. Der Mehraufwand kann aber abgefangen werden, wenn das Inkasso einem Spezialisten anvertraut wird. Dies hat zudem den Vorteil, dass sich das Forderungsmanagement dank der Entlastung vom Inkasso und den damit verbundenen rechtlichen Hürden intensiver mit der Bearbeitung von Reklamationen und dem Forderungseinzug befassen kann.

Massnahmen zur Optimierung des Mahnwesens:
- Kunde nicht mehr als zwei mal mahnen (Kontoauszug, letzte Mahnung)
- Klare Kommunikation der Konsequenzen und des Einbezuges eines Spezialisten bei Nichteinhalten der Zahlungsziele
- Erhöhung des Drucks auf den Schuldner durch Einbringen eines externen Inkassoanbieters – Negativeintrag in der Bonitätsdatenbank
- Einhaltung angedrohter Konsequenzen

Vorteile, die aus der Optimierung des Mahnwesens resultieren:
- Zeitgewinn für eine reibungslose Reklamationsbearbeitung
- Unterstützung des Verkaufs (Kreditlimiten, Stammdaten-Eröffnung, Regelung von Reklamationen usw.)
- Kein Erfordernis von Spezialwissen im SchKG
- Vermeidung weiterer Lieferungen an schlechte Zahler

7.5 Mahnungen

Die Mahnung ist die Aufforderung an den Kunden, seinen Verpflichtungen nachzukommen. Gemäss Art. 102 Abs. 1 OR wird der Kunde durch die Mahnung in Verzug gesetzt. Erst ab diesem Zeitpunkt beginnt der vertraglich vereinbarte oder gesetzliche Verzugszins zu laufen. Ausgenommen sind Fixgeschäfte mit klar festgelegten Erfüllungsterminen (Art. 102 Abs. 2 OR, Erfüllung mit einem bestimmten Verfalltag). Grundsätzlich ist ein Verzugszins von 5% geschuldet (vgl. Abschnitt *Vertragswesen*, 5.1).

Die Mahnung ist die Aufforderung an den Kunden, seinen Verpflichtungen nachzukommen.

Wie viele Mahnungen sollen einem Schuldner zugestellt werden? In welchen Zeitabständen? Wie hart soll man Mahnungen formulieren? Schliesslich möchte man einen Kunden nicht brüskieren – man will ihn ja nicht verlieren.

Die Erfahrungen aus der Praxis zeigen, dass solche Bedenken weitgehend unbegründet sind. Anpassungen bzw. Optimierungen im Ablauf des Mahnwesens führen bei den betroffenen Kunden zu keinen grossen Reaktionen. Sie verschaffen vielmehr Respekt.

Kürzere Zahlungsfristen führen zu keinen grossen Reaktionen bei den betroffenen Kunden.

Anstelle einer ersten Mahnung sollte dem Kunden ein Kontoauszug zugestellt werden. Dies hat den Vorteil, dass er nicht «gemahnt» wird, sondern die Chance erhält, seinen Verpflichtungen nachzukommen – vielleicht hat der Kunde die Rechnung einfach übersehen.

Die erste Mahnung wird als Kontoauszug zugestellt.

Weiter empfiehlt es sich, den Kunden aufzufordern, im Fall einer Nichtbezahlung eine schriftliche Reklamation anzubringen. Damit können Missverständnisse von Beginn weg vermieden werden. Zudem kennt man dann die Gründe, weshalb der Kunde nicht zahlen will, und zwar schriftlich. Das vereinfacht das weitere Vorgehen, etwa beim Suchen von allseits akzeptablen Lösungen.

Der Kontoauszug gibt dem Kunden die Möglichkeit, sein Versäumnis zu korrigieren.

Musterstrasse
8000, Ort
Telefon
E-Mail
www.muster.ch

Muster Produktion AG

Empfängername
Empfängerstrasse
Empfängerort

Ort, 1.4.20XX

Kontoauszug

Sehr geehrter Kunde

Bis zum heutigen Zeitpunkt ist noch keine Zahlung bei uns eingegangen. Wir bitten Sie höflich, dies zu prüfen. Sollten Sie die Zahlung inzwischen ausgeführt haben, können Sie dieses Schreiben als gegenstandslos betrachten. Andernfalls bitten wir um Ausgleich in den kommenden 10 Tagen oder um eine schriftliche Reklamation.

Bei erneuter Nichtzahlung werden wir Ihnen gemäss unseren AGB Mahngebühren von CHF 20.00 sowie Verzugszins von 8 % belasten. Informationen über die Zahlungsabwicklung können dem Schweizerischen Verband Creditreform weitergeleitet werden.

RG-Nr.	RG vom	Fälligkeit	Forderung
21190	15.03.20XX	25.03.20XX	2 840.50
Zahlungen berücksichtigt bis		31.03.20XX	

Für Fragen stehen wir Ihnen jederzeit gerne zur Verfügung.

Freundliche Grüsse
H. Beispiel

Abbildung 92: Beispiel Kontoauszug

Bleibt die Zahlung trotzdem aus, folgt die Zustellung der letzten Mahnung. Diese muss klar und unmissverständlich formuliert sein. Es empfiehlt sich, bereits bei der letzten Mahnung darauf hinzuweisen, dass man mit einem externen Inkassoanbieter zusammenarbeitet. Oft genügt allein schon der Hinweis auf eine solche Zusammenarbeit, um säumigen Zahlern Beine zu machen.

> Der Schuldner wird sich mit der letzten Mahnung der Konsequenzen bewusst.

Musterstrasse
8000, Ort
Telefon
E-Mail
www.muster.ch

Muster Produktion AG

Empfängername
Empfängerstrasse
Empfängerort

Ort, 17.4.20XX

Letzte Mahnung

Sehr geehrter Kunde

Bis zum heutigen Zeitpunkt sind trotz einer Erinnerung weder eine Zahlung noch eine schriftliche Reklamation bei uns eingegangen. Wir fordern Sie auf, uns den geschuldeten Betrag in den nächsten 10 Tagen zu überweisen. Sonst sehen wir uns leider gezwungen, die Forderung unserem Inkassopartner zu übergeben. Informationen über die Zahlungsabwicklung können dem Schweizerischen Verband Creditreform weitergeleitet werden.

RG-Nr.	RG vom	Fälligkeit	Forderung
21190	15.03.20XX	25.03.20XX	2 840.50
Mahngebühr gemäss AGB			20.00
Verzugszins 8 % gemäss AGB			9.50
Offene Forderung			2 870.50
Zahlungen berücksichtigt bis		16.04.20XX	

Für Fragen stehen wir Ihnen jederzeit gerne zur Verfügung.

Freundliche Grüsse
H. Beispiel

Abbildung 93: Beispiel letzte Mahnung

Viele Softwareprogramme im Bereich der Debitorenbuchhaltung sind nicht in der Lage, den Verzugszins bei der Mahnung darzustellen.

Je nach Branche kann es sinnvoll sein – in Abhängigkeit von der Kundengrösse – den Verkauf einzubeziehen (vgl. Abschnitt *Situativer Einsatz der Massnahmen im Forderungsmanagement,* 7.12). So kann man beispielsweise dem zuständigen Aussendienstmitarbeiter eine Kopie der letzten Mahnung zusenden. Damit gibt man ihm die Möglichkeit, den Kunden im direkten Kontakt zur Zahlung zu motivieren oder wenigstens eine Schuldanerkennung einzuholen. Weiterer Vorteil: Man sensibilisiert den Verkauf für bonitätsrelevante Veränderungen (vgl. Abschnitt *Betreibung,* 7.11.1; *Kundensegmentierung,* 6.1).

In der Praxis hat sich bewährt, nur zwei Mahnungen zu versenden. Je nach Situation, Art des Geschäfts und Branche können aber auch drei Mahnungen angemessen sein.

Kommuniziert ein Kunde aufgrund einer Mahnung oder eventuell gar von sich aus (was leider selten der Fall ist) vorübergehende Zahlungsschwierigkeiten, kann man sich überlegen, ob eine Zahlung in Raten Sinn macht. Vorteil einer solchen schriftlichen Vereinbarung: Man erhält eine Schuldanerkennung (vgl. Abschnitt *Betreibung,* 7.11.1). Das erleichtert auch im Fall einer Nichteinhaltung des Ratenplans den rechtlichen Forderungseinzug. Ganz allgemein gilt natürlich für ein solches Entgegenkommen: Es muss eine reale Chance bestehen, dass der Kunde seinen neu vereinbarten Zahlungsverpflichtungen auch tatsächlich nachkommen kann und will. Gerade notorische Schuldner spielen gerne auf Zeit. Und hier nützt nur konsequentes Handeln.

> Musterstrasse
> 8000, Ort
> Telefon
> E-Mail
> www.muster.ch
>
> Muster Produktion AG
>
> Empfängername
> Empfängerstrasse
> Empfängerort
>
> Ort, 1.4.20XX
>
> **Ratenzahlungsvereinbarung**
>
> Sehr geehrter Kunde
>
> Um Ihnen die Abgeltung der offenen Forderung zu erleichtern, gewähren wir Ihnen die Möglichkeit einer Ratenzahlung. Wir bitten Sie dazu, diese Vereinbarung zu unterzeichnen und sie mit beiliegendem, frankiertem Couvert zu retournieren.
>
> Der/die Unterzeichnende   Name, Vorname
>   Adresse, Ort
>
> anerkennt die nachstehend aufgeführte Forderung des Gläubigers MusterProduktion AG vollumfänglich und verpflichtet sich, monatlich Teilbeträge von mindestens CHF XXX.XX zu überweisen. Bei Rückstand einer Rate von mehr als 10 Tagen wird diese Ratenvereinbarungszahlung ungültig und der gesamte Restbetrag sofort fällig.
>
> | RG-Nr. | RG vom | Fälligkeit | Forderung |
> |---|---|---|---|
> | 21190 | 15.03.20XX | 25.03.20XX | 2 840.50 |
> | Fälligkeit der ersten Teilzahlung | | 14.04.20XX | |
>
> Gläubiger   Schuldner
>
> MusterProduktions AG   _____
>   rechtsgültige Unterschrift
>
> Rückantwortcouvert, Einzahlungsschein

Abbildung 94: Beispiel Ratenzahlungsvereinbarung

Dem Schuldner wird die Möglichkeit der Ratenzahlung geboten. Gleichzeitig dient diese als Schuldanerkennung für eine mögliche provisorische Rechtsöffnung.

Da die Mahnläufe im Minimum alle zwei Wochen erfolgen sollten, ist für die Bezahlung einer ausstehenden Forderung eine Frist von 10 Tagen einzuräumen. Somit ist sichergestellt, dass der offene Posten bei Nichtbezahlung in den nächsten Mahnlauf fällt.

Ein straff geführtes Mahnwesen zeigt dem Kunden, dass man nicht nur im Kerngebiet der Leistungserbringung gut organisiert ist, sondern auch die administrativen Abläufe bestens im Griff hat. So hinterlässt

Mit einem straff geführten Mahnwesen hinterlässt man beim Kunden einen professionellen Eindruck.

man beim Kunden einen durchwegs positiven Eindruck. Schliesslich gibt es genügend Firmen, die mit der Administration überfordert sind.

7.6 Lieferstopp

> Das Androhen von Lieferstopps ist eine wirksame Massnahme bei zahlungsunwilligen Kunden – aber nur bei konsequenter Durchsetzung.

Eine äusserst wirksame Massnahme, die in das Mahnprozedere einbezogen werden muss, ist das Setzen von Lieferstopps – und zwar spätestens nach der letzten Mahnung. Solche Lieferstopps müssen angeordnet und auch eingehalten werden. Es nützt nichts, Konsequenzen anzudrohen, den Kunden aber weiter zu beliefern. Gleichzeitig ist der Verkauf zu informieren, um zu verhindern, dass er weitere Aufträge auslöst.

7.7 Kennzahlen zur Messung der Veränderungen

Die folgenden Kennzahlen sind im Forderungsmanagement wichtig und sollten mindestens einmal pro Jahr errechnet werden. Einerseits wird der Erfolg eingeleiteter Massnahmen sichtbar, andererseits bekommt man aussagekräftige Vergleichswerte.

- **DEBITORENUMSCHLAG**

$$\text{Debitorenumschlag} = \frac{\text{Nettoerlös aus Kreditverkäufen}}{\text{Durchschnittlicher Debitorenbestand}}$$

Die Umschlaghäufigkeit ist ein Mass für die Erneuerung des Debitorenbestandes – je höher die Kennzahl, desto besser. Variiert der Debitorenbestand sehr stark, beispielsweise aufgrund saisonaler Schwankungen, nimmt man den Jahresdurchschnitt auf Monatsbasis.

- **DURCHSCHNITTLICHE ZAHLUNGSFRIST DER DEBITOREN**

$$\text{Debitorenfrist} = \frac{360 \text{ (Tage)}}{\text{Debitorenumschlag}}$$

Mit dieser Kennzahl kann geprüft werden, ob die effektive durchschnittliche Kreditfrist mit den Zahlungsbedingungen des Unternehmens im Einklang steht.

Dem untenstehenden Beispiel ist zu entnehmen, wie sich eine Verkürzung der Zahlungsfristen auf die liquiden Mittel des Unternehmens auswirkt. Ausgegangen wird von einer Senkung der Debitoren um 40 % – wie Erfahrungen zeigen ein realistischer Wert.

	Vorher	Nachher
Umsatz	1 243 621	1 243 621
Davon Barzahlung	127 287	127 287
Umsatz auf Kredit	**1 116 334**	**1 116 334**
Debitoren am 1.1.	213 450	128 070
Debitoren am 31.12.	**245 223**	**147 134**
Durchschnittlicher Debitorenbestand	229 337	137 602
Debitorenumschlag	**4.9**	**8.1**
Debitorenfrist in Tagen	**74.0**	**44.4**
Eingeräumtes Zahlungsziel in Tagen	30.0	30.0
Durchschnittlicher Zahlungsverzug in Tagen	44.0	14.4
Zunahme der liquiden Mittel		98 089

Abbildung 95: Beispiel der Berechnung der Zahlungsfrist

Variiert der Debitorenbestand innerhalb der Betrachtungsperiode stark, so kann nur der Durchschnitt aus dem Anfangs- und Endbestand für die Berechnung herangezogen werden. In diesem Fall ist der monatliche Durchschnitt aussagekräftiger.

Die frei werdenden liquiden Mittel können zur Amortisation des Fremdkapitals verwendet werden. Dies führt zu einer Reduktion des Fremdkapitals, frei werdenden Kreditlinien und einer tieferen Zinsbelastung.

7.8 Verbuchungsarten der offenen Posten

Die Behandlung der offenen Posten in der Finanzbuchhaltung ist für die Unternehmensführung von grosser Bedeutung – je transparenter der Ausweis, desto weniger Fehler entstehen. Für die Verbuchung überfälliger Positionen nach erfolgloser Mahnung gibt es grundsätzlich zwei Varianten:

- **VARIANTE 1 – DUBIOSE DEBITOREN**

  Erfolglos gemahnte Debitoren werden auf das Konto «Dubiose Debitoren» gebucht. Sie verbleiben so lange auf diesem Konto, bis klar ist, dass sie uneinbringlich sind bzw. sämtliche Massnahmen fruchtlos waren. Erst dann erfolgt die Ausbuchung über das Konto Debitorenverluste. **Vorteil:** Man hat immer den genauen Stand in der Finanzbuchhaltung.

- **VARIANTE 2 – AUSBUCHEN ÜBER DEBITORENVERLUSTE**

  Erfolglos gemahnte Debitoren werden aus dem Debitorenbestand ausgebucht. Können sie später realisiert werden, ist der Ertrag über das Konto «Ausserordentlicher Ertrag» zu verbuchen. **Nachteil:** Die ausgebuchten Forderungen müssen in einer separaten Liste geführt werden, denn es besteht immer noch die Chance einen Teil davon zu realisieren. Voraussetzung ist, dass die Bearbeitung dieser Forderung auch erfolgt.

7.9 Debitorenverluste

Debitorenverluste in Verhältnis zum Umsatz liefern auch eine wichtige Kennzahl.

Eine weitere wichtige Kennzahl ist das Verhältnis der Debitorenverluste zum Umsatz, wobei die Beurteilung einer einzelnen Periode nicht ausreicht. Vielmehr sollte diese Kennzahl regelmässig gerechnet werden, um eine Aussage über den Erfolg der Massnahmen machen zu können. In der Rechnung sollte nur der Umsatz aus Kreditverkäufen berücksichtigt werden.

Diese Kennzahl kann allerdings leicht beeinflusst werden. In der Praxis ist es z. B. oft nicht klar geregelt, wann eine Forderung über das Konto Debitorenverlust auszubuchen ist und wann die bestehende Forderung mittels einer Gutschrift einfach über das Konto Umsatz storniert werden soll. Das Ausbuchen über das Konto Debitorenverlust hat einen grösseren Einfluss auf die erwähnte Kennzahl als das Ausbuchen über den Umsatz, was bei der Beurteilung berücksichtigt werden muss.

Hilfreich ist auch ein Vergleich innerhalb der Branche, sofern möglich. In der Praxis geht man von durchschnittlichen Debitorenverlusten von 1,5 bis 2% aus.

7.10 Delkredere

Beim Delkredere handelt es sich um eine Wertberichtigung auf den Debitoren, die zur Abdeckung des Verlustrisikos vorgenommen wird. Es umfasst grundsätzlich die zweifelhaften Forderungen. Diese können pauschal ermittelt werden. Die Eidgenössische Steuerverwaltung akzeptiert ein generelles Delkredere von maximal 5% auf inländischen bzw. 10% auf ausländischen Guthaben. Auf kantonaler Ebene werden häufig pauschal 10% akzeptiert (hier sind die Weisungen der Kantonalen Steuerverwaltung massgebend). Erfolglos gemahnte oder bereits betriebene Forderungen, die analog der Verbuchungsvariante 1 auf das Konto «Dubiose Debitoren» gebucht wurden, sollten zu 100% wertberichtigt werden.

Das Delkredere ist die Wertberichtigung auf den Debitoren, die zur Abdeckung des Verlustrisikos vorgenommen wird.

Anhand der Verbuchungsvariante 1 (Dubiose Debitoren) ist das Delkredere wie folgt zu berechnen:

Debitorenbestand	230 000	10%	23 000
Dubiose Debitoren	18 000	100%	18 000
Total Delkredere			**41 000**

Erfolgt die Verbuchung nach der Variante 2, entfällt die Wertberichtigung auf dem Konto «Dubiose Debitoren» – die zweifelhafte Forderung ist bereits als Debitorenverlust ausgebucht worden.

7.11 Inkasso

Bleiben die verschiedenen Zahlungsaufforderungen des Gläubigers erfolglos, muss er sein Guthaben auf dem Rechtsweg weiterverfolgen. Dieser beginnt in der Regel mit der Betreibung. Das Verfahren ist im

Ausbleibende Zahlungen erfordern die Einleitung der Betreibung.

Schuldbetreibungs- und Konkursgesetz (SchKG) geregelt. Im folgenden Abschnitt werden nur die wichtigsten Grundsätze dargestellt – weiterführende Informationen dazu wie auch zum Nachlassvertrag finden sich in der einschlägigen Literatur.

7.11.1 Betreibung

Die Fristen spielen im SchKG eine zentrale Rolle. Ihre genaue Einhaltung ist Voraussetzung für jeden Erfolg.

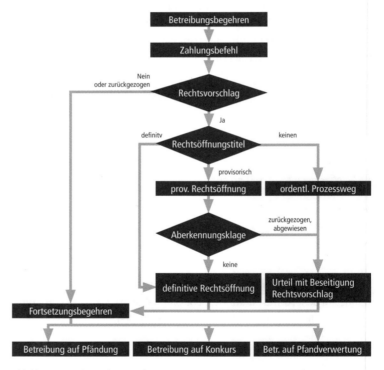

Abbildung 96: Einleiten der Betreibung

Die Betreibung auf Pfändung und die Betreibung auf Konkurs unterscheiden sich grundlegend durch die Art der Blockierung bzw. des Einzugs von Vermögenswerten, während mit der Betreibung auf Pfandverwertung eine schon vor der Einleitung der Betreibung bestehende dingliche Sicherheit (z. B. ein Grundstück) verwertet wird.

Bei der Betreibung auf Pfändung werden einzelne Gegenstände durch den Betreibungsbeamten blockiert bzw. eingezogen (sog. Spezialexekution). Demgegenüber wird durch den Konkurs des Schuldners dessen gesamtes Vermögen im Zeitpunkt der Konkurseröffnung vollumfänglich blockiert bzw. eingezogen (sog. Generalexekution).

Das Betreibungsbegehren muss bei dem Betreibungsamt eingereicht werden, das für den Wohnort des Schuldners oder den Sitz der Gesellschaft örtlich zuständig ist. Es muss nicht zwingend ein amtliches Formular verwendet werden, die Benutzung hilft jedoch, Formfehler zu verhindern.

Die Betreibung ist für den Gläubiger nicht kostenlos. Betreibungsämter verlangen für ihre Arbeit vorab eine Entschädigung. Die Kosten für den Zahlungsbefehl sind in der Gebührenverordnung zum Bundesgesetz über Schuldbetreibung und Konkurs geregelt (Art. 16 GebV SchKG). Sie sind abhängig von der Forderungshöhe. Die totalen Kosten enthalten die Auslagen für die Zustellung des Zahlungsbefehls an den Schuldner sowie des Gläubigerdoppels. Bei Problemen mit der Zustellung können weitere Kosten hinzukommen:[1]

> Die Betreibung ist für den Gläubiger nicht kostenlos.

---

[1] Wie viel kostet eine Betreibung: https://www.e-service.admin.ch/eschkg/cms/content/faq/teuertab_de (abgerufen am 13. Februar 2018)

Forderung in CHF	Gebühr in CHF	Total Kosten in CHF
bis 100	7	20.30
über 100 bis 500	20	33.30
über 500 bis 1 000	40	53.30
über 1 000 bis 10 000	60	73.30
über 10 000 bis 100 000	90	103.30
über 100 000 bis 1 000 000	190	203.30
über 1 000 000	400	413.30

Abbildung 97: Kosten für den Zahlungsbefehl

Eine schriftliche und unterschriebene Schuldanerkennung vereinfacht das Verfahren wesentlich.

Der Abbildung 96 kann entnommen werden, dass dem Gläubiger ein besonderes Verfahren zur Verfügung steht, falls er einen definitiven oder provisorischen Rechtsöffnungstitel besitzt. Die definitive Rechtsöffnung setzt ein rechtskräftiges Urteil bzw. eine gleichwertige Urkunde oder eine rechtskräftige Verwaltungsverfügung voraus, die provisorische Rechtsöffnung eine Schuldanerkennung (vgl. Abschnitt *Vertragswesen*, 5.1), die in einer öffentlichen Urkunde festgestellt oder durch Unterschrift des Schuldners bekräftigt ist (Art. 80 und 82 SchKG). Der Gläubiger sollte wenn immer möglich dafür sorgen, dass der Schuldner ein Schriftstück unterzeichnet, in dem die Höhe des geschuldeten Betrages aufgeführt ist (Bestellformular, Lieferschein oder dgl., nach Eintritt des Verzuges allenfalls eine Abzahlungsvereinbarung). Damit kann er den Rechtsvorschlag statt im ordentlichen Prozess im schnelleren und kostengünstigeren Rechtsöffnungsverfahren beseitigen lassen.

Definitiver Rechtsöffnungstitel	Vollstreckbares gerichtliches Urteil (Gerichtliche Vergleiche und Schuldanerkennungen, Verfügungen und Entscheide von Bund und Kantonen, usw.) Art. 80 SchKG
Provisorischer Rechtsöffnungstitel	Öffentliche Urkunde Art. 82 SchKG
	Durch Unterschrift bekräftigte Schuldanerkennung Art. 82 SchKG

Abbildung 98: Arten von Rechtsöffnungstiteln

Verfügt der Gläubiger über keinen provisorischen oder definitiven Rechtsöffnungstitel, so muss er sein Recht auf dem ordentlichen Prozessweg durchsetzen. Die nachfolgenden Ausführungen geben einen Überblick über wichtige Aspekte der ZPO. Sie betreffen das Geltendmachen von allgemeinen Forderungen. Nicht berücksichtigt sind Forderungen aus dem Gleichstellungsgesetz sowie aus Miete und Pacht. Hier gelten besondere Bestimmungen.

Ohne provisorischen Rechtsöffnungstitel muss der ordentliche Prozessweg beschritten werden.

Forderungshöhe	Verfahrensbeschreibung	Rechtsmittel
Einleitung Schlichtungsverfahren		
< 2000	Die Schlichtungsbehörde kann auf Antrag der klagenden Partei erstinstanzlich entscheiden (ZPO 212).	Beschwerde: Frist 30 Tage; bei mündlicher Urteilseröffnung muss innert 10 Tagen eine schriftliche Begründung verlangt werden (ZPO 319).
< 5000	Die Schlichtungsbehörde kann einen Urteilsvorschlag unterbreiten, von sich aus oder auf Antrag einer Partei (ZPO 210).	Vorschlag wird zum rechtskräftigen Urteil, wenn innert 20 Tagen seit Eröffnung keine der Parteien den Urteilsvorschlag ablehnt. Im Ablehnungsfall Fortsetzung wie bei den Streitwerten <30 000.00 (ZPO 211).
> 5000	Wenn keine Einigung zustande kommt, stellt die Schlichtungsbehörde die Klagebewilligung aus (ZPO 209).	Will der Kläger den Fall weiterziehen, so hat er innert drei Monaten das Gericht anzurufen, ansonsten muss er eine neue Klagebewilligung einholen (ZPO 209 Abs. 3).
> 100 000	Gemeinsamer Verzicht auf Schlichtungsverfahren möglich. Der Kläger kann direkt das schriftliche Klageverfahren einleiten.	Sofern beide Parteien einverstanden sind, wird auf die Durchführung einer Schlichtungsverhandlung verzichtet. Das Verfahren wird durch Einreichung einer schriftlich begründeten Klage beim Gericht eingeleitet.
Verfahren vor dem Gericht		
< 30 000	Vereinfachtes Verfahren für vermögensrechtliche Streitigkeiten (Geldforderungen). Vereinfachte Klagemöglichkeit ohne Begründung jedoch mit Beilagen (ZPO 243 ff.).	bei mündlicher Urteilseröffnung muss innert 10 Tagen die schriftliche Begründung verlangt werden, ansonsten Verzicht auf Rechtsmittel angenommen wird. Im Übrigen: < 10 000.00 – Frist für Beschwerde: 30 Tage, beim Summarverfahren 10 Tage. (ZPO 321) > 10 000.00 – Frist für Berufung: 30 Tage (ZPO 311) Die Rechtsmittel sind an die zweite Instanz im Kanton zu richten (Obergericht, Kantonsgericht) (ZPO 311 und 321).
> 30 000	Schriftliches Verfahren (schriftlich begründete Klage mit allen Beweismitteln/Dokumenten usw.) (ZPO 220 ff.).	Berufung; Frist 30 Tage (ZPO 308).

Abbildung 99: Verfahrensübersicht nach neuer ZPO

Diese knappen Ausführungen zur ZPO machen klar, dass sich Gläubiger, die im Besitz eines provisorischen Rechtsöffnungstitels sind (z. B. in Form einer Schuldanerkennung), einen umständlichen Prozessweg ersparen können.

Nachdem der Zahlungsbefehl zugestellt und ein allfälliger Rechtsvorschlag durch den Richter beseitigt ist, kann innerhalb der vom Gesetz vorgesehenen Frist das Begehren um Fortsetzung der Betreibung (kurz «Fortsetzungsbegehren») eingereicht werden. Nun beginnt das eigentliche Verwertungsverfahren. Man unterscheidet:
- Betreibung auf Pfändung
- Betreibung auf Konkurs
- Betreibung auf Pfandverwertung

Das weitere Verfahren ist für den Gläubiger nicht kostenlos.

Auch das Fortsetzungsbegehren ist für den Gläubiger nicht kostenlos. Die Kosten für den auf die Einreichung folgenden Pfändungsvollzug sind in der gleichen Verordnung geregelt (Art. 20 GebV SchKG). Je nach Aufwand können zusätzliche Gebühren anfallen. Die Kosten richten sich wieder nach der Höhe der Forderung:

Forderung in CHF	Gebühr in CHF
bis 100	10
über 100 bis 500	25
über 500 bis 1 000	45
über 1 000 bis 10 000	65
über 10 000 bis 100 000	90
über 100 000 bis 1 000 000	190
über 1 000 000	400

Abbildung 100: Kosten für die Pfändung

Bei der Betreibung auf Pfändung werden gepfändete Aktiven veräussert!

7.11.2 Betreibung auf Pfändung

Unterliegt der Schuldner nicht der Konkursbetreibung (vgl. Abschnitt *Betreibung auf Konkurs*, 7.11.3) und besitzt der Gläubiger keine Pfandsicherheiten (vgl. Abschnitt *Betreibung auf Pfandverwertung*, 7.11.4), wird die Betreibung durch Pfändung von Vermögenswerten oder Teilen des künftigen Einkommens (Lohnpfändung) des Schuldners fortgesetzt. Diese kommt einer Beschlagnahme gleich: Der Schuldner, der gepfändete Aktiven veräussert, zerstört oder im Wert vermindert, macht sich strafbar (Art. 96 SchKG i.V. mit Art. 169 Strafgesetzbuch [StGB]). Entsprechende Geschäfte sind zudem nichtig bzw. unwirksam, wobei ein gutgläubiger Erwerber allerdings geschützt wird.

Bezahlt der Schuldner die in Betreibung gesetzte Forderung auch jetzt nicht, werden die gepfändeten Vermögenswerte zugunsten der pfändenden Gläubiger zwangsverwertet.

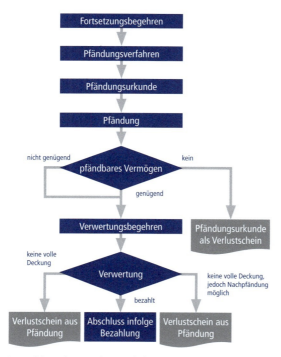

Abbildung 101: Verfahren der Betreibung auf Pfändung

7 REALISATION

Nach der Pfändung muss das Verwertungsbegehren gestellt werden.

Nach der Pfändung hat der Gläubiger das Verwertungsbegehren zu stellen. Ansonsten wird das Betreibungsamt nicht aktiv. Auch die Verwertung zieht Gebühren für den Gläubiger nach sich (Art. 30 GebV SchKG). Und das wiederum, ohne dass er die Sicherheit auf Rückerstattung hat.

Die Kosten betragen:

Zuschlagspreis / Erlös in CHF	Gebühr in CHF
bis 500	10
über 500 bis 1 000	50
über 1 000 bis 10 000	100
über 10 000 bis 100 000	200
über 100 000	2 ‰

Abbildung 102: Kosten Versteigerung, Freihandverkauf und Ausverkauf

Kann das Pfand nicht versteigert werden, richtet sich die Gebühr nach dem Schätzwert des Gegenstandes. Dauert die Versteigerung länger als eine Stunde, können weitere Gebühren hinzukommen.

7.11.3 Betreibung auf Konkurs

Der Betreibung auf Konkurs unterliegen alle im Handelsregister eingetragenen Firmen.

Der Konkursbetreibung (Art. 39 SchKG) unterliegt zunächst, wer in bestimmter Funktion im Handelsregister eingetragen ist. Betroffen sind Inhaber von Einzelfirmen, Mitglieder von Kollektivgesellschaften, unbeschränkt haftende Mitglieder von Kommanditgesellschaften und Mitglieder der Verwaltung von Kommanditaktiengesellschaften. Die Zwangsvollstreckung gegenüber Handelsgesellschaften (Kollektivgesellschaft, Kommanditgesellschaft, Aktiengesellschaft, Kommanditaktiengesellschaft, Gesellschaft mit beschränkter Haftung), Genossenschaften sowie den juristischen Personen des Zivilgesetzbuches (Vereine und Stiftungen) erfolgt ebenfalls auf dem Konkursweg.

Der Gläubiger, der die Eröffnung des Konkurses herbeiführt, übernimmt ein relativ hohes finanzielles Risiko. Er muss dem Konkursamt einen beträchtlichen Kostenvorschuss leisten, bevor feststeht, ob er aus der Zwangsvollstreckung irgendeine Dividende erwarten kann. Der Kostenvorschuss beträgt im Median 5 000 CHF und in komplexeren Fällen auch weit mehr.[2] Er haftet ausserdem persönlich für alle weiteren Verfahrenskosten, die bis zur Einstellung des Konkurses mangels Aktiven bzw. zum Schuldenruf anfallen (Art. 169 SchKG). Auch bei der Verteilung des Verwertungserlöses – den er obendrein mit sämtlichen anderen Gläubigern zu teilen hat – muss er hinter dem Konkursamt zurückstehen. Es ist von Fall zu Fall abzuwägen, ob das entsprechende Kostenrisiko in Kauf genommen werden soll. Der nachfolgenden Grafik ist zu entnehmen, dass in ungefähr 98% aller erledigten Konkursverfahren keine oder nur eine geringfügige Dividende resultiert. Im Jahr 2007 waren es noch 94% der Fälle. Dies und die Abnahme der Widerrufe zeigt auf, wie sich die Position des Gläubigers in den vergangenen Jahren immer mehr verschlechtert hat. Erschreckend ist zudem, dass fast keine ordentlichen Konkursverfahren mehr durchgeführt werden, und wenn doch, dann werden sie nur noch ausseramtlich abgewickelt, was mit deutlich höheren Kosten verbunden ist. Ausseramtlich ist ein Verfahren, wenn das Konkursverfahren nicht vom Konkursamt selbst, sondern von einem externen Liquidator, z. B. einem Anwalt oder einem Treuhänder, abgewickelt wird. In den Jahren 2019 und 2020 waren es noch rund 11 Verfahren pro Jahr. Angesichts dieser ernüchternden Zahlen darf man sich durchaus die Frage stellen, ob die Konkursämter überhaupt noch in der Lage sind, grössere Konkursverfahren selbst durchzuführen.

Leider gibt es auch Unternehmer oder Organe der Gesellschaft, die versuchen, sich der Schulden auf eine Art und Weise zu entledigen, die missbräuchlich sein kann (vgl. Abschnitt *Missbräuchliche Konkurse*, 3.3; *Konkursreiterei*, 3.4).

> Für die im Konkursverfahren anfallenden Kosten hat der Gläubiger einen Kostenvorschuss zu leisten – mit dem Risiko eines zusätzlichen Verlustes. In 94% der Verfahren geht der Gläubiger leer aus.

---

[2] shab.ch, Kostenvorschüsse KK03 Einstellung mangels Aktiven (Median September 2019)

Abschluss des Konkursverfahrens	Folgen für den Gläubiger	2007 in %	2019 in %	Fazit
Einstellung mangels Aktiven	Verfahren wird eingestellt, da kein oder nicht genügend Vermögen vorhanden ist.	47,4	57,96	In 98,3 % der Verfahren geht der Gläubiger leer aus, und wenn nicht, dann ist die zu erwartende Konkursdividende ⌀ < 6 %
Summarisches Verfahren	Es ist gerade genügend Vermögen vorhanden, um die Verfahrenskosten zu decken.	45,9	40,34	
Ordentliches Verfahren	Es ist genügend Vermögen vorhanden. 2019 waren es nur 9 Verfahren, und alle wurden ausseramtlich durchgeführt!	0,6	0,06	
Widerrufe	Schuldner kann das Geld aufbringen und zahlt doch.	5,5	1,64	
Andere		0,5		

Abbildung 103: Erfolgsaussichten für den Gläubiger im Konkursverfahren[3]

Aufgrund der erschreckend hohen Anzahl an Verfahren, die mangels Aktiven eingestellt oder im summarischen Verfahren durchgeführt werden, ist daher in den allermeisten Konkursverfahren kaum mit einer Konkursdividende zu rechnen (vgl. Abschnitt *Nachlassverfahren*, 7.11.13). Auffällig ist dabei, wie schnell die Behörden heute die Konkurse mangels Aktiven einstellen und kaum Anstrengungen treffen, der Sache näher auf den Grund zu gehen.

Folgende Schritte leiten den Konkurs ein:
- Konkursandrohung
- Aufnahme des Güterverzeichnisses (nicht zwingend erforderlich)
- Eröffnung des Konkurses
- Aufnahme des Inventars (d. h. Erstellung eines Verzeichnisses über die vorhandenen Aktiven)

---

[3] shab.ch, Auswertung Creditreform 2019 (2020 und 2021 aufgrund COVID-19-Pandemie nicht repräsentativ)

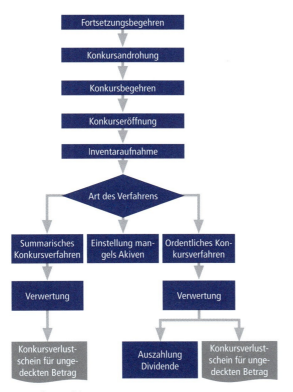

Abbildung 104: Konkursverfahren

Auch für die Konkursandrohung hat der Gläubiger eine Gebühr zu entrichten. Diese entspricht derjenigen des Zahlungsbefehls (vgl. Abbildung 97: *Kosten für den Zahlungsbefehl*).

Bezahlt der Schuldner auch nach Erhalt der Konkursandrohung die Schuld nicht, kann der Gläubiger das Konkursbegehren stellen. In diesem Fall kommen weitere Kosten auf ihn zu. Er muss einen Kostenvorschuss leisten. Dieser kann schnell einmal mehrere Tausend Franken betragen. Die Kosten richten sich nach dem Zeitaufwand (Art. 44 GebV SchKG), die Gerichtskosten nach dem Streitwert (Art. 48 GebV SchKG).

Damit der Konkurs durchgeführt wird, muss der Gläubiger einen Kostenvorschuss leisten.

Streitwert in CHF	Gebühr in CHF
bis 1 000	40 bis 150
über 1 000.00 bis 10 000	50 bis 300
über 10 000 bis 100 000	60 bis 500
über 100 000 bis 1 000 000	70 bis 1 000
über 1 000 000	120 bis 2 000

Abbildung 105: Gerichtskosten (Spruchkosten)

Auch der Entscheid über die Konkurseröffnung ist mit Gebühren verbunden (Art. 52 GebV SchKG). Die Kosten betragen zwischen CHF 40 und CHF 200, in strittigen Fällen bis CHF 500.

<aside>Die Art des Konkursverfahrens ist von der Vermögenssituation des Schuldners abhängig.</aside>

Der weitere Verlauf des Verfahrens ist abhängig von der Vermögenslage des Schuldners. Folgende Verfahrensarten kommen zur Anwendung:

- **ORDENTLICHES KONKURSVERFAHREN (ART. 232 ff. SCHKG)**
Dies ist die aufwendigste Verfahrensart. Trotz ihrer Bezeichnung gelangt sie in der Praxis nur selten zur Anwendung. Voraussetzung bildet die Existenz ausreichender Schuldneraktiven (vgl. Abbildung 103: *Erfolgsaussichten für den Gläubiger im Konkursverfahren*).

- **SUMMARISCHES KONKURSVERFAHREN (ART. 231 SCHKG)**
Nahezu die Hälfte der Konkurse wird im sogenannten summarischen Verfahren durchgeführt, welches mit weniger Aufwand und Kosten verbunden ist. Diese Abwicklung wird auf Antrag des Konkursamtes vom Konkursgericht bewilligt, wenn die Kosten des ordentlichen Verfahrens aus dem Erlös der inventarisierten Vermögenswerte des Schuldners voraussichtlich nicht gedeckt werden können oder bei relativ unkomplizierten Verhältnissen des Schuldners.

- **EINSTELLUNG DES KONKURSES MANGELS AKTIVEN
  (ART. 230 SCHKG)**

Finden sich so wenig Aktiven, dass von der Zwangsverwertung keine vollständige Deckung der Verfahrenskosten zu erwarten ist, wird das Konkursgericht das Verfahren mangels Aktiven einstellen. Die Einstellung wird im SHAB und in den lokalen Amtsblättern publiziert. Diese Fallgruppe ist deutlich höher als die der im summarischen Verfahren durchgeführten Konkurse (vgl. Abbildung 103: *Erfolgsaussichten für den Gläubiger im Konkursverfahren*). Der Vorteil für den Gläubiger bei dieser Verfahrensart liegt immerhin darin, dass der Schuldner bei dieser Verfahrensart nicht auch noch vom sog. Konkursprivileg (erneute Betreibung erst wieder bei neuem Vermögen) profitiert.

7.11.3.1 Kollokationsplan, Zwangsverwertung, Verteilung des Erlöses

Wird der Konkurs durchgeführt, fordert das Konkursamt die Gläubiger durch Publikation im SHAB bzw. Amtsblatt zur Eingabe ihrer Forderungen auf. Diese werden in den Kollokationsplan aufgenommen, soweit das Konkursamt sie als ausgewiesen erachtet. Der Gläubiger, der mit der Beurteilung des Konkursamtes nicht einverstanden ist, kann sich mittels Kollokationsklage an den Richter wenden.

Das Konkursverfahren endet mit der Verwertung der Aktiven des Schuldners und der Verteilung des Erlöses an die Gläubiger bzw. dem formellen Abschluss durch das Konkursgericht. Die Gläubiger, deren Forderungen nicht oder nicht voll gedeckt worden sind, erhalten einen Verlustschein (vgl. Abschnitt *Verlustscheine,* 7.11.5).

7.11.3.2 Pfandgesicherte Forderungen und Konkursklassen

Übersteigt das Ergebnis der Zwangsverwertung die Kosten des Konkursamtes, werden zunächst die pfandgesicherten Forderungen (Art. 219 SchKG) bezahlt, soweit der Erlös aus der Verwertung der Pfandgegenstände dafür ausreicht. Die übrigen Forderungen werden in drei Klassen eingeteilt, die jeweils erst zum Zuge kommen, wenn die vorangehende Klasse vollumfänglich befriedigt ist.

1. Klasse	Bestimmte Forderungen aus Arbeitsvertrag, bestimmte sozialversicherungsrechtliche Forderungen sowie familienrechtliche Unterhalts- und Unterstützungsforderungen
2. Klasse	Forderungen von Personen, deren Vermögen dem Schuldner kraft elterlicher Gewalt anvertraut war, Beitragsforderungen von Institutionen der Sozialversicherung (AHV, IV, Krankenkassen etc.)
3. Klasse	Alle übrigen Forderungen fallen in die dritte Klasse. Die betreffenden Gläubiger gehen meist leer aus.

Abbildung 106: Konkursklassen

Für die Drittklassgläubiger lohnt es sich dennoch nur selten, ein Konkursverfahren anzustrengen. Die Konkursdividende ist sehr tief. Das heisst, die Drittklassgläubiger erhalten nur einen minimalen Teil ihrer ursprünglichen Forderungen. Besonders stossend ist, dass die Gläubiger für die Eröffnung des Konkursverfahrens ein sehr hohes finanzielles Risiko auf sich nehmen müssen. Sie müssen dem Konkursamt beträchtliche Kostenvorschüsse leisten, obwohl völlig ungewiss ist, ob aus der Zwangsvollstreckung irgendeine Dividende resultiert. Zudem haften Gläubiger persönlich für alle weiteren Verfahrenskosten, und das bis zur Einstellung des Konkurses mangels Aktiven beziehungsweise bis zum Schuldenruf. Auch bei der Verteilung des Verwertungserlöses kommen die Drittklassgläubiger erst nach dem Konkursamt zum Zug. Darüber hinaus müssen sie einen allfälligen Erlös unter sich aufteilen.

7.11.4 Betreibung auf Pfandverwertung

Ist die Forderung durch ein Grundpfand oder Faustpfand sichergestellt, kann der Gläubiger die Betreibung auf Pfandverwertung einleiten. Die Betreibungs- bzw. Verwertungskosten sind auch hier vorzuschiessen. Die Aussichten auf Deckung sind jedoch wesentlich besser, da der Erlös der Zwangsverwertung ausschliesslich dem oder den pfandberechtigten Gläubigern zugute kommt.

Die Betreibung auf Pfandverwertung kommt bei pfandgesicherten Forderungen zur Anwendung.

→ Für das Betreibungsbegehren gelten besondere Formvorschriften.

Abbildung 107: Verfahrensablauf der Betreibung auf Pfandverwertung

Auch bei der Betreibung auf Pfandverwertung hat der Gläubiger einen Kostenvorschuss zu leisten (vgl. Abbildung 102: *Kosten Versteigerung, Freihandverkauf und Ausverkauf*).

7.11.5 Verlustscheine

Gläubiger, deren Forderungen durch das Ergebnis der Zwangsverwertung nicht voll gedeckt werden können, erhalten einen Verlustschein. Die nachfolgende Aufstellung zeigt die unterschiedlichen Arten:

Für den ungedeckten Teil einer Forderung wird ein Verlustschein ausgestellt.

Betreibung auf Pfändung	Betreibung auf Konkurs	Betreibung auf Pfandverwertung
Pfändungsverlustschein	Konkursverlustschein	Pfandausfallschein
• Neue Fortsetzung der Betreibung während sechs Monaten ohne neuen Zahlungsbefehl. • Provisorischer Rechtsöffnungstitel.	• Der Schuldner kann erst wieder betrieben werden, wenn ihm neues Vermögen nachgewiesen werden kann. • Gegenüber juristischen Personen ist er wertlos. • Provisorischer Rechtsöffnungstitel.	• Der Gläubiger kann innert Monatsfrist das Fortsetzungsbegehren stellen und versuchen, den Rest der Forderung zu decken.

Abbildung 108: Verlustscheine

Die Verjährungsfrist beträgt bei Verlustscheinen 20 Jahre.

Zu beachten ist, dass Verlustscheine 20 Jahre nach dem Ausstellungsdatum verjähren. Die Verjährungsfrist kann unter anderem durch eine erneute Betreibung (vgl. Abschnitt *Prompte Rechnungsstellung*, 6.15) unterbrochen werden. Gegenüber den Erben des Schuldners verjährt der Verlustschein jedoch spätestens ein Jahr nach Eröffnung des Erbganges.

Beim Verlustschein handelt es sich um eine verbriefte Forderung. Diese Forderung ist unverzinslich.

7.11.6 Verlustschein ist kein Beweis für das Bestehen einer Forderung

Der Verlustschein ist kein Beweis für das Bestehen einer Forderung.

Gemäss der bundesgerichtlichen Rechtsprechung ist, entgegen der allgemeinen Erwartung, ein Verlustschein kein urkundlicher Beweis für das Bestehen einer Forderung.[4] Dies stellt gerade Gläubiger, die Verlustscheine durchsetzen wollen, vor grosse Herausforderungen. Dies nicht zuletzt, weil sich die Rechtsprechung über die Zeit laufend zu Lasten des Gläubigers entwickelt hat. So muss die Forderung im Rechtsöffnungsverfahren vom Gläubiger bewiesen werden können, wenn der Schuldner die Einrede erhebt, die Forderung sei zu beweisen.

---

[4] BGE 116 III 66

Abbildung 109: Verlustschein ist kein Beweis für die Forderung

Neben dem Verlustschein müssen also auch diejenigen Unterlagen aufbewahrt werden, die es dem Gläubiger ermöglichen, die Forderung so zu substantiieren, dass der Schuldner erkennen kann, um welchen konkreten Sachverhalt es sich handelt. Der Gläubiger kann sich nicht auf die gesetzlichen Aufbewahrungspflichten berufen. Damit steigt der Dokumentationsaufwand für den Gläubiger aber leider unverhältnismässig an.

Alle Unterlagen, die dem Verlustschein zugrunde liegen, müssen aufbewahrt werden.

7.11.7 Realisierung von Verlustscheinen

Die künftige Überwachung der Finanzlage des Schuldners wird mit Vorteil einer Inkassofirma überlassen. Diese wird von Zeit zu Zeit prüfen, ob wieder etwas zu holen ist. Für den Gläubiger entstehen meist keine weiteren Kostenrisiken, da in der Regel ein reines Erfolgshonorar vereinbart wird. Er kann also nur gewinnen, denn jede zusätzliche Liquidität stärkt sein Unternehmen.

Verlustscheine können durch Inkassoprofis überwacht werden. Sie prüfen auf eigenes Kostenrisiko, ob verloren geglaubtes Geld realisiert werden kann.

7.11.8 Klagen und Beschwerden

Das SchKG regelt das Vorgehen zur Geltendmachung von Forderungen. In der Praxis kommt es sehr häufig vor, dass der Betroffene glaubt, die Betreibung sei zu Unrecht erfolgt. Es stehen ihm verschiedene Möglichkeiten zur Verfügung, um sich gegen eine Betreibung zu wehren. In vielen Fällen lohnt es sich für den Gläubiger deshalb, einen Profi beizu-

Es gibt verschiedene Möglichkeiten, um sich gegen Betreibungen zur Wehr zu setzen.

ziehen (z. B. Anwalt, Inkassospezialist), der die Erfolgschancen und das Kostenrisiko beurteilt. Die Abbildung gibt einen Überblick zu den Klage- und Beschwerdemöglichkeiten:

Kläger	Art
Gläubiger	Forderungsklage
	Anerkennungsklage
	Anfechtungsklage
	Kollokationsklage
	Beschwerde
Schuldner	Rechtsvorschlag
	Aberkennungsklage
	Rückforderungsklage
	Negative Feststellungsklage
	Beschwerde

Abbildung 110: Rechtsbehelfe

7.11.8.1 Forderungsklage

Gläubiger ohne Schuldanerkennung können die Richtigkeit ihrer Forderung gerichtlich feststellen lassen.

Verfügt der Gläubiger über keine schriftliche Schuldanerkennung, kann er eine Forderungsklage (ordentliche Klage) einreichen. In diesem Verfahren muss er seine Forderung vollumfänglich beweisen. Das gesamte Verfahren ist daher deutlich aufwendiger und teurer als das Rechtsöffnungsverfahren, insbesondere wenn der Streitwert über CHF 30'000 beträgt. Im Erfolgsfall wird dafür der Schuldner zur Bezahlung der geforderten Summe verurteilt. Hat der Gläubiger vorgängig die Betreibung eingeleitet und entsprechend Antrag gestellt, wird gleichzeitig auch der Rechtsvorschlag beseitigt. Andernfalls kann er den Schuldner nun betreiben und danach den Rechtsvorschlag beseitigen lassen. Das Urteil dient ihm dabei als sog. definitiver Rechtsöffnungstitel (vgl. Abschnitt *Betreibung,* 7.11.1). Die Forderungsklage ist immer dann sinnvoll, wenn es um relativ hohe Beträge geht und die Beweislage für den Gläubiger spricht.

7.11.8.2 Anerkennungsklage

Unter bestimmten Umständen kann der Schuldner das Rechtsöffnungsbegehren des Gläubigers trotz vorhandener Schuldanerkennung zu Fall bringen, indem er bestimmte Einreden gegen das entsprechende Dokument erhebt. In diesem Fall kann bzw. muss der Gläubiger auf Anerkennung seiner Forderung klagen (Art. 79 SchKG). Dies tut er auf dem Weg einer Forderungsklage (siehe Absatz oben). Im Fall eines positiven Entscheids kann der Gläubiger anschliessend direkt das Fortsetzungsbegehren stellen.

Der Gläubiger kann mittels Klage feststellen lassen, ob eine Forderung zu Recht besteht.

7.11.8.3 Anfechtungsklage

Die Anfechtung, auch paulianische Anfechtung genannt (Art. 285 bis 292 SchKG), ermöglicht dem Gläubiger, Vermögenswerte wieder der Zwangsvollstreckung zuzuführen, deren sich der Schuldner durch bestimmte Handlungen entledigt hat. Der Anfechtung unterliegen beispielsweise Schenkungen sowie schenkungsähnliche Rechtsgeschäfte (etwa die unentgeltliche Bestellung eines Pfandes für Schulden Dritter oder dgl.), ohne Verpflichtung erfolgte Pfandbestellungen für eigene Verbindlichkeiten, Zahlung nicht verfallener Schulden etc. Die Handlung muss im letzten Jahr vor der Pfändung oder Konkurseröffnung vorgenommen worden sein. Für Transaktionen, die der Schuldner in der für den anderen Teil erkennbaren Absicht vorgenommen hat, seine Gläubiger zu benachteiligen oder einzelne Gläubiger zum Nachteil anderer zu begünstigen, beträgt die Anfechtungsfrist fünf Jahre vor der Pfändung oder Konkurseröffnung.

Vom Schuldner beiseite geschaffene Vermögenswerte sind mit einer Anfechtungsklage in die Konkursmasse zurückführbar.

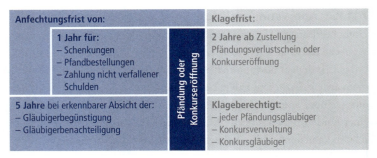

Abbildung 111: Anfechtungsklage

Die Anfechtung ist jedem Pfändungsgläubiger möglich, der einen provisorischen oder definitiven Verlustschein erhalten hat. Unterliegt der Schuldner der Konkursbetreibung, steht sie der Konkursverwaltung und allen Konkursgläubigern offen. Die entsprechende Klage muss innert zwei Jahren seit Zustellung des Pfändungsverlustscheines bzw. der Konkurseröffnung eingereicht werden.

7.11.8.4 Rechtsvorschlag

> Mit dem Rechtsvorschlag stoppt der Schuldner vorerst das Verfahren.

Das Betreibungsamt prüft die mit dem Betreibungsbegehren geltend gemachte Forderung nicht. Das heisst, dass eine Betreibung auch dann möglich ist, wenn gar keine Forderung besteht. Der Schuldner hat aber immer die Möglichkeit, innerhalb von 10 Tagen seit Eingang des Zahlungsbefehls Rechtsvorschlag zu erheben und das Verfahren damit zu stoppen. Er kann die Forderung als Ganzes oder auch nur zu einem Teil bestreiten. Will der Gläubiger bestrittene Forderungen oder Forderungsteile weiterverfolgen, muss er den Rechtsvorschlag gerichtlich beseitigen lassen (vgl. Abschnitt *Betreibung*, 7.11.1).

7.11.8.5 Aberkennungsklage

> Beseitigt der Richter den Rechtsvorschlag, so kann der Schuldner auf Aberkennung klagen.

Beseitigt der Richter den Rechtsvorschlag, kann der Schuldner Aberkennungsklage einreichen (ebenso wie es dem Gläubiger möglich ist, im Falle einer Verweigerung der Rechtsöffnung gegen den Schuldner Forderungsklage (sog. Anerkennungsklage) einzureichen). Dazu muss der Schuldner diese Aberkennungsklage am Betreibungsort einreichen (Art. 83 Abs. 2 SchKG). Diese Klage führt zu einer vollumfänglichen (materiellen) Überprüfung der Forderung. Wird sie gutgeheissen, ist das Verfahren definitiv abgeschlossen. Der Gläubiger hat danach keine Möglichkeit mehr, die vermeintliche Forderung geltend zu machen.

Leider ist gerade im Zusammenhang mit Verlustscheinen vermehrt festzustellen, dass immer mehr Schuldner auf Aberkennung der Forderung klagen, weil sie davon ausgehen, dass der Gläubiger die für den Beweis der Forderung relevanten Unterlagen vernichtet hat und er somit nicht mehr in der Lage ist, den Beweis für den Bestand der Forderung anzutreten (vgl. Abschnitt *Verlustschein ist kein Beweis für das Bestehen einer Forderung*, 7.11.6).

7.11.8.6 Rückforderungsklage

Hat der Schuldner eine nicht geschuldete Forderung bezahlt, kann er den entsprechenden Betrag innerhalb eines Jahres nach Zahlung zurückfordern. Dazu dient ihm die Rückforderungsklage gemäss Art. 86 SchKG.

Eine irrtümlich bezahlte Schuld kann zurückgefordert werden.

7.11.8.7 Negative Feststellungsklage

Gegen eine grundlose/ungerechtfertigte Betreibung kann man sich auch mit einer negativen Feststellungsklage wehren. Das entsprechende Verfahren endet mit einem Urteil, in dem der Bestand oder Nichtbestand der betriebenen Forderung verbindlich festgestellt wird. Verneint das Gericht deren Existenz, kann der Schuldner beim Betreibungsamt die Löschung der Betreibung verlangen.

Gegen eine grundlose Betreibung kann man sich wehren!

Die Voraussetzungen für eine negative Feststellungsklage wurden vom Bundesgericht im Januar 2015 gelockert.[5] Der Kläger muss nicht

---

[5] BGer 4A_414/2014 vom 16.01.2015

mehr konkret nachweisen, dass er durch die Betreibung in seiner wirtschaftlichen Bewegungsfreiheit empfindlich beeinträchtigt wurde.[6]

7.11.8.8 Kollokationsklage

Gläubiger, die mit dem Kollokationsplan nicht einverstanden sind, können beim Gericht Klage erheben.

Ist der Gläubiger mit dem Kollokationsplan nicht einverstanden, kann er innert 20 Tagen nach der öffentlichen Auflage beim Gericht Klage erheben. Die Gründe sind vielfältig. So kann der Gläubiger klagen, weil seine Forderung nur teilweise oder gar keine Berücksichtigung gefunden hat. Umgekehrt kann es sein, dass er glaubt, die Forderung eines anderen Gläubigers sei zu unrecht in den Kollokationsplan aufgenommen worden. Schliesslich kann ein Gläubiger auch klagen, wenn er der Auffassung ist, eine kollozierte Forderung sei in die falsche Klasse eingereiht worden, sei es seine eigene (positiver Kollokationsprozess) oder die eines anderen Gläubigers (negativer Kollokationsprozess).

7.11.8.9 Beschwerde

Bei Fehlern der Betreibungsämter kann man Beschwerde einreichen.

Auch Ämtern passieren Fehler. Für solche Fälle steht den Betroffenen (Gläubiger, Schuldner oder Dritte) die betreibungsrechtliche Beschwerde zur Verfügung. Die Ausarbeitung setzt ausreichende Kenntnisse des SchKG voraus. Auch hier kann es ratsam sein, einen Spezialisten beizuziehen.

7.11.9 Gerichtskosten und Parteientschädigung

Gerichtskosten können sehr hoch ausfallen. Deshalb: Sich vorgängig über das Prozessrisiko informieren!

Verfügt der Gläubiger über keinen Rechtsöffnungstitel, so muss er zur Beseitigung des Rechtsvorschlages den ordentlichen Prozessweg beschreiten. Dies ist zeitaufwändig und kann ihn teuer zu stehen kommen. (vgl. Abschnitt *Betreibung*, 7.11.1).

---

[6] 4A_414/2014: Praxisänderung bei negativer Feststellungsklage zur Abwehr einer ungerechtfertigten Betreibung (amtl. Publ.), http://swissblawg.ch/2015/02/4a4142014-praxisanderung-bei-negativer.html

Auch das Rechtsöffnungsverfahren ist nicht kostenlos. Zunächst verlangt der Rechtsöffnungsrichter vom Gläubiger einen Kostenvorschuss in der Höhe der zu erwartenden Gerichtskosten (Art. 48 GebV SchKG).

Streitwert in CHF	Gebühr in CHF
bis 1000	40 bis 150
über 1000 bis 10 000	50 bis 300
über 10 000 bis 100 000	60 bis 500
über 100 000 bis 1 000 000	70 bis 1000
über 1 000 000	120 bis 2000

Abbildung 112: Gerichtsgebühren (Spruchgebühr)

Im Urteil wird entschieden, ob der Gläubiger oder der Schuldner die Gerichtskosten zu tragen hat. Massgebendes Kriterium ist der Ausgang des Verfahrens.

Gewinnt der Gläubiger, wird ihm die definitive Rechtsöffnung gewährt, und er kann die Betreibung fortsetzen. Der Schuldner muss die Gerichts- und Zahlungsbefehlskosten übernehmen. Damit erhöht sich seine Schuld, da der Gläubiger diese ja bereits bevorschusst hat. Trotz positivem Gerichtsentscheid hat der Gläubiger zu diesem Zeitpunkt noch keinen Rappen gesehen. Im Gegenteil: Er hat weiteres Geld ausgegeben, ohne zu wissen, ob er es je zurückbekommen wird.

Recht haben, heisst nicht Geld bekommen.

Unterliegt der Gläubiger, wird ihm die Rechtsöffnung verweigert. In diesem Fall hat er die vollen Gerichtskosten zu tragen. Der geleistete Kostenvorschuss wird angerechnet.

Die obsiegende Partei kann zudem eine Parteientschädigung verlangen. Diese sollte die Auslagen decken (z.B. Anwaltskosten). Sie muss jedoch ausdrücklich verlangt werden.

Die Parteientschädigung muss nochmals betrieben werden.

Gerichtskosten und Parteientschädigung werden nur im «reinen» Rechtsöffnungsverfahren der Forderung des Gläubigers hinzugeschlagen. In den anderen Fällen muss dafür eine neue Betreibung eingeleitet werden. Auch hier gilt: Der Gläubiger hat zwar Recht bekommen, fraglich bleibt aber, ob er all die Auslagen auch wirklich zurückbekommt, die er für die Verfolgung seines Rechts tätigen musste.

7.11.10 Inkassoversicherung

Kleine Forderungen müssen nicht abgeschrieben werden.

Leider werden gerade kleinere Forderungen häufig nicht bezahlt. Viele Schuldner wissen, dass der Rechtsweg kostspielig ist und sich die Durchsetzung bei kleinen Beträgen meist nicht lohnt (vgl. Abschnitt *Gerichtskosten und Parteientschädigung*, 7.11.9; *Betreibung*, 7.11.1; *Betreibung auf Pfändung*, 7.11.2; *Betreibung auf Konkurs*, 7.11.3; *Betreibung auf Pfandverwertung*, 7.11.4). Die Folge: Kleinere Forderungen werden vom Gläubiger nach erfolgloser Mahnung oft einfach abgeschrieben.

In der Regel empfiehlt es sich, auch kleine Forderungen geltend zu machen. Ein Gläubiger kann damit verhindern, dass er von dreisten Schuldnern ausgenutzt wird (es spricht sich schnell herum, ob eine Firma konsequent handelt oder nicht). Der Gläubiger sollte u.a. auch die Möglichkeit einer Inkassoversicherung prüfen. Je nach Sachlage und Forderungshöhe kann er damit die Gerichts- und Anwaltskosten decken, die nach einem Rechtsvorschlag anfallen.

Der Austausch von Zahlungserfahrungen verhindert, dass man die schlechten Kunden des Mitbewerbers übernimmt.

Eine weitere, sehr wirksame Massnahme ist der Austausch von Zahlungserfahrungen. Damit wird arglistigen Schuldnern erschwert, einfach den Lieferanten zu wechseln und gutgläubige Firmen schamlos auszunutzen (vgl. Abschnitt *Integration*, 9).

7.11.11 Retentionsrecht

Unter Umständen ist der Gläubiger berechtigt, bewegliche Sachen oder Wertpapiere des Schuldners zurückzubehalten und im Fall einer Zahlungsverweigerung zur Befriedigung seiner Forderungen verwerten zu lassen. Dieses Recht ist an folgende Voraussetzungen geknüpft:
- die Vermögenswerte müssen sich mit Willen des Schuldners im Besitz des Gläubigers befinden;
- die Forderung des Gläubigers muss fällig sein;
- die Forderung muss mit dem Gegenstand der Retention in einem sachlichen Zusammenhang stehen (Beispiel: die Garage verweigert die Herausgabe des reparierten Autos, bis die Reparaturrechnung bezahlt ist); unter Kaufleuten genügt, dass sowohl der Besitz am Gegenstand als auch die Forderung aus ihrem geschäftlichen Verkehr resultieren.

Vermögenswerte des Schuldners, die sich im Besitz des Gläubigers befinden, können unter bestimmten Umständen zur Deckung der Forderung herangezogen werden.

Dem Vermieter oder Verpächter von Geschäftsräumen steht zudem das Recht zu, in die Mieträume eingebrachte Einrichtungen des Schuldners als Sicherheit für überfällige Mietzinsen retinieren zu lassen (Art. 268 ff. OR).

7.11.12 Dingliche Sicherung / Bauhandwerkerpfandrecht

In bestimmten Fällen ermöglicht das Gesetz die Sicherstellung von Guthaben durch Errichtung eines Grundpfandes. Verkäufer von Grundstücken können auf diesem Weg die Bezahlung ihrer Kaufpreisforderung sichern, Miterben ihre Ansprüche aus der Erbteilung, und – praktisch wohl am bedeutsamsten – Bauhandwerker, die Material und Arbeit oder Arbeit allein geliefert haben, den ihnen zustehenden Werklohn. Am 1. Januar 2012 sind revidierte Bestimmungen über das Bauhandwerkerpfandrecht als Teil des ZGB in Kraft getreten. Der Katalog der pfandberechtigten Leistungen wurde erweitert. Neu berechtigen auch Abbrucharbeiten, Gerüstbau, Baugrubensicherungen und dergleichen zur Eintragung eines Pfandrechts. Im Falle eines Zahlungsverzuges sind die Berechtigten in der Lage, ihre Forderungen auf dem Weg der Betreibung

Handwerker besitzen mit dem Grundpfandrecht eine spezielle Sicherungsmöglichkeit.

auf Pfandverwertung geltend zu machen. Sie werden dementsprechend an erster Stelle befriedigt.

Voraussetzung ist in allen Fällen eine rechtzeitige Eintragung des Pfandrechts im Grundbuch. Bei Bestellungen Dritter (z.B. des Mieters oder Pächters) muss der Grundeigentümer den Arbeiten ausdrücklich zugestimmt haben. Verkäufer und Miterben müssen die Eintragung spätestens vier Monate nach der Übertragung des Eigentums erwirken, die Bauhandwerker innert gleicher Frist seit Vollendung ihrer Arbeit (für die provisorische Eintragung).

Auf Grundstücken des (öffentlichen) Verwaltungsvermögens können keine Pfandrechte eingetragen werden. Ist die Zugehörigkeit strittig, besteht die Möglichkeit der provisorischen Eintragung, bis die Frage gerichtlich geklärt ist.

Mit den Neuerungen wurde die Position des Handwerkers gestärkt. Der Eigentümer läuft weiterhin Gefahr, Leistungen doppelt bezahlen zu müssen, wenn der Generalunternehmer seine Zahlungen nicht an die Subunternehmer weiterleitet und diese für ihre Forderungen zusätzlich Bauhandwerkerpfandrechte eintragen lassen.

7.11.13 Nachlassverfahren

Das Nachlassverfahren hat die Sanierung zum Ziel.

Der Konkurs ist die häufigste Form der Zwangsvollstreckung. Er zielt darauf ab, das ganze Schuldnervermögen der Zwangsverwertung zuzuführen, um die Ansprüche der Gläubiger bestmöglich zu befriedigen. In manchen Situationen ist den Gläubigern mit einem Nachlassverfahren jedoch besser gedient. Dies ist etwa dann der Fall, wenn Aussicht auf eine Sanierung der Schuldnerfirma besteht, oder wenn im Falle einer ausseramtlichen Liquidation mit einem höheren Verwertungsergebnis gerechnet werden kann als im gewöhnlichen Zwangsvollstreckungsverfahren. Man unterscheidet drei Verfahrensarten:

Arten	Beschreibung
Aussergerichtlicher Nachlassvertrag	Privatrechtliche Abmachung zwischen Schuldner und jedem Gläubiger einzeln.
Gerichtlicher Nachlassvertrag	Abmachung zwischen Schuldner und Gläubiger unter gerichtlicher Mitwirkung. Es braucht die Zustimmung einer Mehrheit der Gläubiger.
Einvernehmliche private Schuldenbereinigung	Dieses Verfahren steht privaten oder nicht im Handelsregister eingetragenen Schuldnern zur Verfügung. Besteht die Aussicht auf Schuldenbereinigung, kann dieses Verfahren vom Nachlassrichter bewilligt werden.

Abbildung 113: Nachlassverfahren

Das gerichtliche Nachlassverfahren und die einvernehmliche private Schuldenbereinigung sind im SchKG geregelt. Dieser Teil des Gesetzes wird auch als Sanierungsrecht bezeichnet. Anders als im europäischen Recht, das der Sanierung des Schuldners im Rahmen des Insolvenzverfahrens einen hohen Stellenwert einräumt, sind der Konkurs und der Nachlass in der Schweiz zwei getrennte Verfahren.

Wie bereits erwähnt, sind die Erfolgsaussichten im Konkursverfahren äusserst gering. Zahlen zu Konkursdividenden werden von den Konkursämtern leider keine publiziert. Die letzten verfügbaren Daten sind aus den Jahren 2000 bis 2007. Damals lag die durchschnittliche Konkursdividende im Kanton Basel-Stadt beispielsweise bei lediglich 5,6%. Aufgrund der starken Zunahme der mangels Aktiven eingestellten Konkursverfahren dürfte diese nun gar unter 5% liegen. Es liegt also durchaus im Interesse des Gläubigers, nach realistischen Alternativen Ausschau zu halten. Laut dem SHAB gab es im Jahr 2020 lediglich 104 definitive Nachlassstundungen.[7] Dies zeigt, dass nur relativ wenige Nachlassverfahren durchgeführt werden. Zum einen ist das Verfahren aufwendig und kompliziert, zum andern lässt die finanzielle Situation eine gerichtliche Sanierung oft gar nicht zu.

Das gerichtliche Nachlassverfahren und die einvernehmliche private Schuldenbereinigung werden als Sanierungsrecht bezeichnet.

---

[7] SHAB: https://www.shab.ch/#!/search/publications (abgerufen am 4.5.2021)

Das gerichtliche Nachlassverfahren lässt sich in folgende Phasen einteilen:

Einleitung	Nachlassgesuch:	– von Amtes wegen – Antrag des Schuldners – Antrag des Gläubigers
Beurteilungs- verfahren	Prüfung durch Nachlassrichter	
	Erlass vorsorglicher Massnahmen und Publikation:	– provisorische Stundung – provisorischer Sachwalter
	Entscheid durch Nachlassgericht (Nichteintreten, Abweisung, Bewilligung)	
Nachlass- stundung	Einsetzen eines Sachwalters	
	Stundung	
	Publikation	
Zustimmungs- verfahren	Vorbereitungsmassnahmen des Sachwalters	– Inventar – Schuldenruf – Vorbereitung Gläubigerversammlung
	Gläubigerversammlung	
	Annahme Nachlassvertrag	
Bewilligungs- verfahren	Prüfung des gültig zustande gekommenen Nachlassvertrages	
	Entscheid des Nachlassgerichtes	
Publikation	Öffentliche Bekanntmachung des Entscheides	– Betreibungsamt – Grundbuchamt – Handelsregister
Durchführung	Vollzug nach Massgabe des Nachlassvertrages	

Abbildung 114: Ablauf des Nachlassvertrages[8]

Je nach dem angestrebten Ergebnis kann man drei Arten von Nachlassverträgen unterscheiden:
- **STUNDUNGSVERGLEICH:** Die Forderungen sollen vollständig beglichen werden, die Gläubiger stimmen aber einer Stundung zu (Art. 293 ff. SchKG). Der Schuldner muss sich mit seinen Zahlungen an einen definierten Zeitplan halten.

---

[8] Amonn/Walther, Grundriss des Schuldbetreibungs- und Konkursrechts, S. 442 ff.

- **PROZENT- ODER DIVIDENDENVERGLEICH:** Die Gläubiger stimmen einem teilweisen Verzicht zu. Alle erhalten grundsätzlich die gleiche Dividende. Die Restforderungen werden erlassen. (Art. 314 ff. SchKG).
- **LIQUIDATIONSVERGLEICH:** Dieser Vergleich wird auch Nachlassvertrag mit Vermögensabtretung genannt (Art. 317 ff. SchKG). Der Schuldner tritt das Vermögen oder einen Teil davon den Gläubigern ab, um ihre Forderungen zu decken. Die Gläubiger verzichten ihrerseits auf denjenigen Teil der Forderung, der nicht gedeckt werden kann.

Im gerichtlichen Nachlassverfahren werden die Geschäfte des Schuldners von einem Sachwalter überwacht. Dieser vertritt sowohl die Interessen der Gläubiger als auch des Schuldners. Der Nachlassrichter legt die Höhe seiner Entschädigung fest.

Die Stundung stellt sicher, dass für die Dauer des Nachlassverfahrens zwischen dem Schuldner und den Gläubigern Waffenstillstand herrscht.[9] Für die Dauer des Verfahrens besteht unter anderem:
- **EIN BETREIBUNGSVERBOT:** Eine Ausnahme gilt für Forderungen der ersten Klasse und grundpfandgesicherte Forderungen (die Verwertung des Grundpfandes ist aber ausgeschlossen). Auch unaufschiebbare Sicherungsmassnahmen, beispielsweise der Arrest, sind möglich.[10]
- **EINE HEMMUNG DES FRISTENLAUFS:** Betroffen sind Verjährungs- und Verwirkungsfristen.

---

[9] Amonn/Walther, Grundriss des Schuldbetreibungs- und Konkursrechts, S. 448
[10] Amonn/Walther, Grundriss des Schuldbetreibungs- und Konkursrechts, S. 450

7.12 Situativer Einsatz der Massnahmen im Forderungsmanagement

Ein professionelles Forderungsmanagement behandelt den Kunden entsprechend seinem «Wert» und seinem Ausfallrisiko. Die Matrix veranschaulicht die Möglichkeiten – nicht alle Schuldner dürfen über den gleichen Leisten geschlagen werden. Unzureichend wäre es, nur das Ausfallrisiko zu betrachten. Vielmehr sind beide Faktoren zu kombinieren:

Ein professionelles Forderungsmanagement behandelt den Kunden entsprechend seinem «Wert» und seinem Ausfallrisiko.

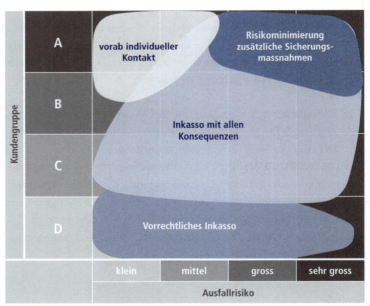

Abbildung 115: Situatives Forderungsmanagement

Ausschlaggebend für ein erfolgreiches Forderungsmanagement ist der situative Einsatz der Massnahmen – insbesondere ist das Ausfallrisiko einzubeziehen.

Bei einem Grosskunden mit einem kleinen Ausfallrisiko sind nicht die gleichen Massnahmen zu ergreifen wie bei einem Kunden, der tatsächlich vor dem «Aus» steht, der Konkurs aber noch nicht eröffnet wurde. Hier sind nicht nur Risiken zu minimieren, sondern – wenn überhaupt noch möglich – Sicherungsmassnahmen zu ergreifen. Bei D-Kunden mit sehr kleinen Umsätzen stellt sich die Frage, ob das Generieren weiterer Kosten gerechtfertigt ist. Hier lohnt es sich, das weitere

Vorgehen mit einem Inkassospezialisten zu prüfen. So kann das Mahnen durch einen Spezialisten manchmal doch noch zum Erfolg führen, weil der Kunde eine Verschlechterung seiner Bonitätsbeurteilung verhindern will.

In jedem Fall lohnt sich der Austausch negativer Zahlungserfahrungen über eine Bonitätsdatenbank – nur gemeinsam kann man sich effizient gegen schlechte Zahler schützen.

> Zahlungserfahrungen dürfen für eine spätere Bonitätsbeurteilung nicht verloren gehen – sie müssen in eine Bonitätsdatenbank einfliessen.

7.13 Outsourcing des Inkassos

Beim Geltendmachen von überfälligen Forderungen ist die professionelle Bearbeitung entscheidend für den Erfolg. Wie bereits erwähnt handelt es sich beim Schuldbetreibungs- und Konkursrecht (SchKG und zahlreiche Nebenerlasse) um eine komplexe Materie, die im Rahmen dieses Leitfadens nicht umfassend abgehandelt werden kann.

> Das Geltendmachen von überfälligen Forderungen benötigt eine professionelle Bearbeitung und eine ständige Aktualisierung des Spezialwissens.

Die Entwicklung in den letzten Jahren zeigt auch, dass es in diesem Bereich in immer kürzeren Abständen zu Gesetzesrevisionen und Neuerungen kommt. Auf dem aktuellen Stand zu bleiben, verlangt einen sehr grossen Aufwand – dieser fällt umso mehr ins Gewicht, als solches Spezialwissen nicht zu den unternehmerischen Kernkompetenzen gehört. In vielen Fällen ist es effizienter, diesen Teil der Bearbeitung nach aussen zu verlegen. Das Outsourcing des Inkassos an einen Spezialisten bringt viele Vorteile:

> Das Spezialwissen über das Inkasso gehört nicht zu den unternehmerischen Kernkompetenzen. Ein Outsourcing bringt hier viele Vorteile.

- Professionelles Know-how bei Inkassofällen im In- und Ausland
- Persönliche Beratung und Betreuung vor Ort durch ausgewiesene Fachspezialisten – Bearbeitung selbst komplizierter Fälle
- Einsatz leistungsfähiger Software – kostenoptimierte Lösungen
- Einbindung in ein professionelles, weltweites Netzwerk – beim Beschreiten des Zivilprozessweges Einbezug von Vertrauensanwälten im In- und Ausland
- Umfassende Auswertungsmöglichkeiten – Zugriff auf aktuelle Daten und Informationen

- Viele Schuldner wollen Negativeinträge in eine Bonitätsdatenbank vermeiden und ziehen es daher vor, zu zahlen.

<small>Negativdaten fliessen direkt in die Bonitäts- und Wirtschaftsauskünfte.</small>

Der wichtigste Vorteil der Zusammenarbeit mit einem Inkassoanbieter liegt darin, dass nicht nur ausstehende Forderungen realisiert werden, sondern aus der Inkassotätigkeit gesammelte Negativdaten in die Bonitäts- und Wirtschaftsauskünfte einfliessen. Dies gilt auch für die Zahlungserfahrungen der Mitglieder – dadurch wird die Bonitätsbeurteilung des Beauskunfteten mit zusätzlichen Fakten untermauert.

Weitere Vorteile aus der Zusammenarbeit mit einem Inkassopartner sind:
- Reduktion des internen Personalaufwandes bzw. Freiwerden von internen Personalressourcen für eine bessere Bearbeitung der Debitoren:
    → schnellere Rechnungsstellung
    → kürzere Mahnzyklen
    → optimierte Reklamationsbearbeitung
    → bessere und intensivere Zusammenarbeit mit der Verkaufsabteilung
- Sicherstellung der Gleichbehandlung aller Fälle und der Kommunikation mit dem Verkauf
- Keine Einarbeitung in das benötigte Inkasso-Know-how (SchKG und Nebenerlasse)
- Keine Stellvertretungsprobleme bei Abwesenheiten
- Auslagerung der Fristenkontrolle
- Keine Software für Inkassofälle – Debitorenbuchhaltung allein für Abwicklung des Mahnwesens
- Direkter Webzugriff auf die Falldaten
- Detailliertes periodisches Reporting
- Möglichkeit zur elektronischen Fallübergabe
- Möglichkeit der elektronischen Rückmeldung der Abrechnungsdaten direkt in das Kundensystem

Folgende Aspekte sind bei der Wahl eines Inkassopartners zu berücksichtigen:
- Bonität: Der Einzug überfälliger Forderungen wird einem Dritten anvertraut, der teilweise erhebliche Summen verwaltet und daher höchste Gewähr für die eigene Bonität bieten muss
- Zielsetzung: Ziel des Inkassos muss es sein, den Kunden als Kunden zu erhalten – Voraussetzung dafür ist ein vertrauenswürdiger Partner
- Transparenz in der Tarifgestaltung
- Verlässlichkeit in der Kommunikation
- Fähigkeit, ein fortlaufendes Reporting zu erstellen
- Angebot an Schnittstellen
- Online-Zugriffsmöglichkeiten auf die Fälle

7.14 Inkassodienstleistungen

Inkassofirmen bieten grundsätzlich den Forderungseinzug nach SchKG an. Sie sind in diesem Bereich ausgewiesene Spezialisten. Aufgrund ihrer Fachkenntnisse und des Einsatzes von spezieller Inkassosoftware sind sie in der Lage, auch grosse Volumen erfolgreich und kundenspezifisch zu bearbeiten.

Das Inkasso lässt sich in vier Grundphasen einteilen. Die einzelnen Bearbeitungsschritte richten sich nach den individuellen Bedürfnissen des Kunden. Das Gleiche gilt für die Tarifgestaltung. In jedem Fall erfolgt durch die Inkassofirma eine erneute Mahnung. Damit erfährt der Schuldner, dass ein Spezialist beigezogen wurde – der Druck erhöht sich. Am besten ist die Wirkung beim Schuldner, wenn die Inkassodienstleistungen in Kombination mit Bonitäts- und Wirtschaftsauskünften angeboten werden. In diesem Fall fliessen die Inkassomeldungen direkt als Negativeintrag in eine Bonitätsdatenbank ein.

> Am besten ist die Wirkung beim Schuldner, wenn die Inkassodienstleistungen in Kombination mit Bonitäts- und Wirtschaftsauskünften angeboten werden.

Phase 1	Vorrechtliches Inkasso	Mahnverfahren
Phase 2	Rechtliches Inkasso	Betreibungsverfahren nach SchKG
Phase 3	Rechtsöffnung	Beseitigung des durch den Schuldner erhobenen Rechtsvorschlages
Phase 4	Gerichtliches Inkasso	Individuelle Bearbeitung
Phase 5	Verlustschein-Inkasso	Realisierung von Verlustscheinen

Abbildung 116: Phasen des Inkassos

Zu empfehlen ist die persönliche Beratung. Nur so lässt sich im Einzelfall detailliert bestimmen, welches Entlastungspotenzial der Beizug eines Inkasso-Profis für das Unternehmen mit sich bringt – Entlastung, die Freiraum schafft, sich vermehrt um die Prävention zu kümmern.

7.15 Zusammenfassung der Aufgaben bei der Realisation

Die Aufgaben des Kredit- und Forderungsmanagements bei der Realisation beinhalten:

- Rechnungsstellung sofort mit oder direkt nach der Leistung
- Branchenübliche Zahlungsfristen
- Straffe Mahnzyklen
- Aginglisten (OP-Listen mit Angabe der Fälligkeit und des Verzuges pro Beleg) als Grundlage für die aktive Bearbeitung
- Reklamationsbearbeitung – Festlegen der Verantwortlichkeiten und Dokumentation der einzelnen Aussagen für den Verkauf (vgl. Abschnitt *Reklamationsbearbeitung*, 5.8)
- Einhaltung angedrohter Schritte
- Ergreifen von Sicherungsmöglichkeiten (vgl. Abschnitt *Sicherungsmöglichkeiten*, 6.9)
- Durchführen des Forderungseinzuges
- Einhalten der Fristen
- Verwaltung der Verlustscheine

7 REALISATION

8

ANALYSE

8 ANALYSE

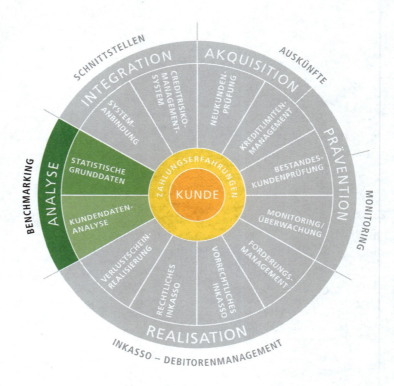

Zu den Zielen eines Unternehmens gehört die laufende Verbesserung aller Prozesse. Neben den Finanzkennzahlen (vgl. Abschnitt *Kennzahlen zur Messung der Veränderung,* 7.7) ist auch die Kundendatenanalyse ein wichtiges Instrument, um die Qualität des Kredit- und Forderungsmanagements zu erhöhen.

Die Kundendatenanalyse gibt ein Bild über die Risikostruktur der eigenen Kunden.

Die Kundendatenanalyse basiert auf dem Abgleich der eigenen Kundendaten mit einer professionellen Adress- und Bonitätsdatenbank. In einem ersten Schritt werden die Business- und Consumer-Adressen gematcht. Adressen, die ungültig sind oder nicht eindeutig zugeordnet werden können, stellen ein Risiko dar. Sie müssen überprüft und bereinigt werden. Denn ohne korrekte, aktuelle Adresse lässt sich die Bonität nicht feststellen. Zudem ergeben sich gravierende Nachteile beim Forderungseinzug. Je mehr Adressen nicht zugeteilt werden können, umso schlechter ist die Qualität der eigenen Kundendaten (vgl. Abschnitt *Identifikation der Vertragspartei*, 5.4).

Der zweite Schritt ist die Datenanreicherung. Das heisst, gültige Adressen werden mit Bonitätsinformationen angereichert. So lassen sich die Kunden in aussagekräftige Bonitätsklassen einteilen (gut, ausreichend, schlecht). Je mehr Kunden eine ausreichende oder schlechte Bonität ausweisen, umso grösser ist der Handlungsbedarf. So müssen beispielsweise Firmen, die eine Wachstumsstrategie mit aggressiven Verkaufsbemühungen verfolgen, mit einer Verschlechterung der Kundenbonität rechnen und entsprechende Massnahmen ergreifen.

Bewährt hat sich eine periodische Wiederholung der Kundendatenanalyse. So kann der Erfolg gemessen werden.

> Bewährt hat sich eine periodische Wiederholung der Kundendatenanalyse.

Die Kundendatenanalyse ist auch Basis für die Kundensegmentierung, die eine umfassende Analyse der Risikostruktur möglich macht. Nur wer strategisch denkt, kann auch den Einsatz der Präventivprodukte richtig festlegen (vgl. Abschnitt *Risikogerechter Einsatz von Bonitäts- und Wirtschaftsauskünften*, 6.7).

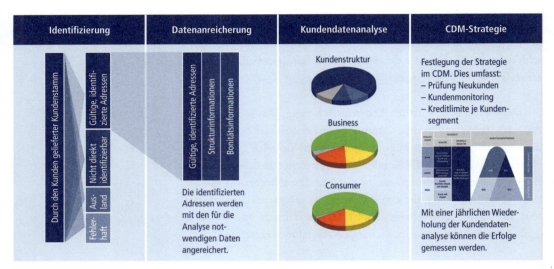

Abbildung 117: Kundendatenanalyse

Grössere Unternehmen und Organisationen sind zusätzlich auf statistische Grunddaten für eigene Scoringmodelle oder eigene Analysen angewiesen. Creditreform bietet entsprechende Möglichkeiten der Auswertung an.

9

INTEGRATION

9 INTEGRATION

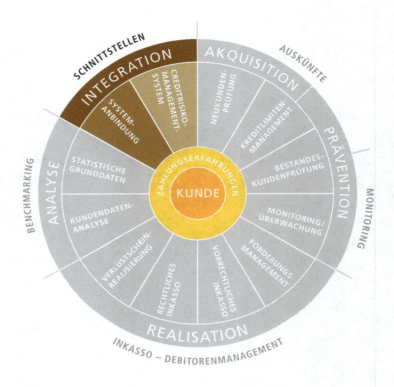

Vorteil des integrierten Kredit- und Debitorenmanagements ist, dass alle Zahlungserfahrungen wieder in den Pool für künftige Bonitätsinformationen fliessen.

Ausgehend vom gesamten Prozess der Kreditvergabe von der Akquisition bis hin zur Realisierung der Forderung wird deutlich, dass das Outsourcing des Inkassos oder das Einholen von Bonitätsauskünften alleine nicht ausreichen. Vielmehr braucht es ein integriertes Kredit- und Forderungsmanagement. Das heisst, dass alle relevanten Informationen über Firmen und Privatpersonen aus dem Inkasso in die Erteilung von Bonitätsauskünften einfliessen müssen – nichts darf verloren gehen. Je mehr Zahlungserfahrungen in einen Pool fliessen, desto höher ist die Prognosefähigkeit der Auskünfte. Das Prozedere ist standardisiert und kann sowohl von kleinen als auch grossen Unternehmen genutzt werden. Die Informationen können aus fast allen gängigen Debitorenprogrammen einfach exportiert werden. Creditreform übernimmt den Abgleich des Debitorenbestandes. Das Vorgehen entspricht der Kundendatenanalyse (vgl. Abschnitt *Analyse*, 8).

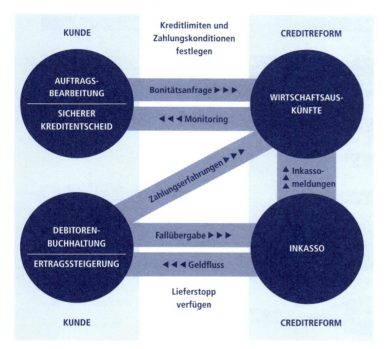

Abbildung 118: Integriertes Kredit- und Forderungsmanagement (Creditreform)

Nachfolgend ist ein möglicher Standardprozess abgebildet. Für eine optimale Anpassung an die spezifischen Gegebenheiten eines Unternehmens empfiehlt sich die Zusammenarbeit mit einem Spezialisten.

[1] **Fristen:**
– Rechnung 10 Tage
– Kontoauszug 10 Tage
– Letzte Mahnung 10 Tage

[2] Wichtig ist hier speziell die Zeichnungsberechtigung (vgl. Abschnitt Identifikation der Vertragspartei, 5.4) sowie die Verflechtung.

[3] **Inkassomeldung**
Nach der Übergabe ins Inkasso erfolgt bei Nichtbezahlung ein negativer Eintrag in die Bonitätsdatenbank.

[4] **Zahlungserfahrungen**
Die Creditreform-Mitglieder liefern Ihre Zahlungserfahrungen der Creditreform.

Externe Hinweise können zu jedem Zeitpunkt eine neue Bonitätsprüfung auslösen. So zum Beispiel der Hinweis eines Aussendienstmitarbeiters, dass der Kunde neue Produkte beziehen möchte, da ein alter Lieferant weggefallen ist.

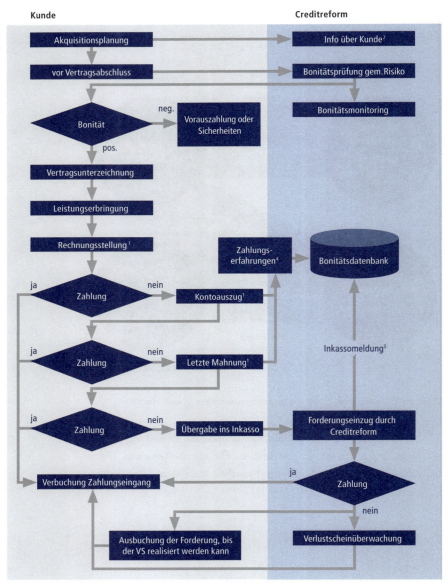

Abbildung 119: Standardprozess von der Akquisition bis zur Realisation

Das Kredit- und Forderungsmanagement ist ein bereichsübergreifender Prozess. Dabei ist zu beachten, dass die verschiedenen Bereiche spezifische Applikationen verwenden. Es empfiehlt sich, die Bonitätsinformationen zu integrieren. So können alle beteiligten Personen im Bedarfsfall darauf zurückgreifen.

Die bereichsübergreifende Integration von Bonitätsinformationen leistet wertvolle Dienste.

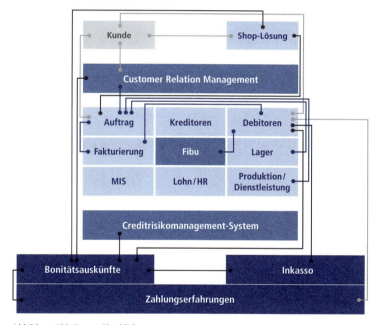

Abbildung 120: Systemüberblick

Die eingesetzten Systeme sind sehr unterschiedlich. Neben Standardapplikationen mit integriertem Kredit- und Forderungsmanagement gibt es auch Systemumgebungen, die Inhouse entwickelt wurden. Je nach Anforderung und Unternehmensgrösse können auch nur einzelne Applikationen eingesetzt werden. Das Spektrum reicht von der reinen Finanzbuchhaltung (evtl. mit von Hand geführter offenen Postenbuchhaltung) bis zur vollständigen ERP-Umgebung mit Produktionsplanungs-Software.

Auch wenn die eingesetzten Systeme sehr unterschiedlich sind, bleiben die Anforderungen an das Kredit- und Debitorenmanagement immer gleich.

Die Herausforderungen an ein effizientes Kredit- und Forderungsmanagement bleiben aber immer gleich. Was sich ändert, sind lediglich der Integrations- und Detaillierungsgrad der einzelnen Abläufe sowie die spezifischen Bedürfnisse.

9.1 ERP-Systeme

ERP-Softwarepakete (Enterprise Resource Planning Systems) unterstützen die Unternehmen in der Planung der Ressourcen. Dazu gehören u.a.:
- Materialwirtschaft (Beschaffung, Lagerhaltung)
- Auftragsabwicklung
- Produktion
- Finanz- und Rechnungswesen (Finanzbuchhaltung, Debitoren, Kreditoren)
- Controlling
- Personalwesen (Lohnbuchhaltung, HR)
- Verkauf und Marketing
- Stammdatenverwaltung

Es müssen nicht alle Module eingesetzt werden. Häufig kommt nur die Finanzbuchhaltung zur Anwendung.

Die Integration von Bonitätsinformationen in der Auftragsbearbeitung ist einfach zu realisieren und wird in der Praxis am häufigsten eingesetzt. Auf der Basis interner Weisungen (vgl. Abschnitt *Weisung für das Kreditmanagement?*, 6.16) können die Informationen für den Kreditentscheid abgerufen werden, und zwar möglichst strukturiert. Ebenfalls ist es möglich, Zahlungserfahrungen aus den Debitoren für den Informationsaustausch zu exportieren oder offene Forderungen direkt an einen externen Inkassoanbieter zu übergeben. Je nach Softwareanbieter erfolgt der Austausch über Standard- oder integrative Systemanbindungen.

9.2 CRM-Lösungen

Das CRM (Customer Relationship Management) unterstützt den Verkauf bei der Akquisition und dient der Pflege der Bestandeskunden. Auch hier kann es sinnvoll sein, die Bonitätsinformationen zu integrieren. Im Vordergrund steht vorerst die Kenntnis über den Kunden, z.B. die korrekte Adresse oder die Zeichnungsberechtigung (vgl. Abschnitt *Identifikation*, 2.4.1). Die Prüfung der Bonität mit der Steuerung der Kreditlimite erfolgt im Anschluss jedoch spätestens vor Abgabe der Offerte oder Freigabe der Lieferung bzw. Produktion. Ob die Kreditlimitensteuerung als Modul im CRM eingesetzt wird oder nicht, richtet sich nach den Bedürfnissen des Unternehmens.

Das CRM unterstützt den Verkauf und die Pflege der Kundenbeziehungen.

Das CRM kann auch in der Reklamationsbearbeitung wichtige Dienste leisten. So können die Mitarbeitenden aus dem Bereich Debitorenbewirtschaftung die Informationen aus dem Mahnwesen gleich selber erfassen. Neben einer lückenlosen Dokumentation wird sichergestellt, dass der Verkauf über alle relevanten Vorgänge informiert ist. Das verringert die Gefahr von Missverständnissen. Auch Lieferstopps sind zu erfassen, sodass der Kundenbetreuer informiert ist und mit dem Kunden Kontakt aufnehmen kann.

Immer wichtiger wird die Kundensegmentierung (vgl. Abschnitt *Kundensegementierung*, 6.1). Sie hilft nicht nur, die richtigen Kunden im Zusammenhang mit dem Kampagnenmanagement zu finden, sondern übernimmt auch im Prozess der Kreditentscheidung eine wichtige Steuerungsfunktion.[1]

9.3 Shop-Lösungen

Der Absatz über Onlinesysteme, ob in Form von Web-Shops oder geschlossene Bestellplattformen, erfolgt heute fast völlig automatisiert. Die Zahlungsmodalitäten (Rechnung, Kreditkarte, Vorauskasse) richten sich

Mit integrierten Shop-Lösungen lassen sich Zahlungsmodalitäten direkt steuern.

---

[1] Vgl. Egeli, Risiken minimieren, S.79

nach der Bonität. Bei geschlossenen Bestellsystemen in einem Händlernetz geht es primär um die Einhaltung von Kreditlimiten sowie dem Monitoring der beteiligten Händler.

Web-Shop-Lösungen bieten heute die Möglichkeit, Bonitätsinformationen standardmässig in die EDV-Umgebung zu integrieren oder über individuell konzipierte Schnittstellen abzurufen. Dabei geht es darum, immer die Zahlarten in Abhängigkeit von der Bonität zu steuern.

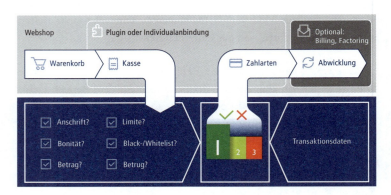

Abbildung 121: Zahlartensteuerung in Shop-Lösungen

Je nach Anforderung des Shop-Betreibers kann auch der Rechnungsversand, das Mahnwesen bis hin zum Factoring (vgl. Abschnitt *Factoring*, 6.19) übernommen werden. Damit lässt sich die ganze Prozesskette optimieren.

9.4 Kreditrisikomanagement-Systeme

Gehört das Managen von Kreditrisiken zu den zentralen Aufgaben einer Firma, wird in der Regel eine professionelle Kreditrisikomanagement-Applikation (CrefoSYSTEM, SHS Viveon, Prof. Schumann GmbH, SOA People, Collenda usw.) eingesetzt.

Unter einem Kreditrisikomanagement-System versteht man ein rechnergestütztes System zur Entscheidungsfindung. Es ist daten-, methoden- und modellorientiert. Alle relevanten Informationen werden aktuell zur Verfügung gestellt und unterstützen so den Riskmanager und die Unternehmensleitung bei der Vorbereitung von Entscheidungen.[2]

Eine leistungsfähige Software, die den Prozess des Kreditrisikomanagements unterstützt, ist nicht mehr allein Firmen mit grossen Debitorenbeständen vorbehalten. Heute werden auch für KMU optimale Lösungen angeboten – einschliesslich der Integration in den Kundenprozess. Die Grafik zeigt die verschiedenen Möglichkeiten der Systemintegration. Die Wahl der passenden Software richtet sich nach dem Kundenbedürfnis. Je höher die Einbindung in das Kundensystem ist, desto höher sind die Kosten. Diesen Kosten sind die personellen Einsparungen entgegenzuhalten. Ein weiterer Vorteil ist, dass bei einer Standardisierung der Prozesse weniger Fehlbeurteilungen geschehen – die Sicherheit wird also erhöht, der Verlust vermindert.

Für die individuelle Anpassung an die Bedürfnisse eines Unternehmens ist eine modular aufgebaute Software notwendig – nicht zu komplex und möglichst einfach im Unterhalt. Eine weitere Anforderung an eine leistungsfähige Software ist ihre problemlose Integration in die EDV-Umgebung einer Firma.

Kreditrisikomanagement-Systeme gibt es verschiedene, die als Lizenzlösung vom Kunden selbst betrieben oder aber als On-Demand-Lösung (ASP) zugemietet werden kann. Im letzteren Fall wird die Software vom Anbieter gehostet, während der Zugriff des Kunden direkt über eine gesicherte Leitung (VPN) erfolgt.

Ein Kreditrisikomangement-System ist ein rechnergestütztes System zur Bewertung von Kreditrisiken. Es unterstützt den Prozess der Entscheidungsfindung.

Die Standardisierung der Prozesse verhindert Fehlbeurteilungen und schafft Spielraum für die Beurteilung von Ausnahmen.

---

[2] Pütz, Lexikon Forderungsmanagement der Creditreform, S.115

	Marketing-management	Kredit-management	Debitoren-management
Ziel-gruppe	■ Marketing und Vertrieb	■ Kreditmanagement ■ Controlling	■ Debitorenbuchhaltung ■ Inkasso ■ Controlling
Einsatz-gebiete	■ Finden und Identifizieren von Stammdaten ■ Überprüfen und Anreichern der Geschäftskontakte mit Adressdaten (keine Bonitätsprüfung) ■ Dublettenprüfung	■ Abfrage von Auskünften ■ Entscheidungen zu Zahlungskonditionen und Kreditlimiten ■ Einstufung einzelner Geschäftskontakte in Risikoklassen ■ Workgroup-Management	■ Überwachung und Beurteilung der Debitoren ■ Bestehende Kredite und Forderungen professionell verwalten ■ Abgabe an Inkasso
Nutzen	■ Effizientes Geschäftskontakt-, Adress- und Datenmanagement ■ Flexible und dynamische Kundenbewertung	■ Effizientes Risikomanagement durch Informationsmanagement und Prozesssteuerung	■ Risikobasierende Mahnstufensteuerung ■ Effektive Limitsteuerung ■ Senkung der DSO

Abbildung 122: Module einer Kreditrisikomanagement-Lösung

Mit einem professionellen Kreditrisikomanagement-System lassen sich Prozesse individuell abbilden und anpassen.

Je nach Bedürfnis können einzelne Funktionen aufgeschaltet werden. Die individuelle Abstimmung auf den Betrieb stellt sicher, dass alle notwendigen Anforderungen bei Bedarf abgebildet werden. Dies hat den weiteren Vorteil, dass das System sukzessive mit dem Betrieb wachsen kann – eine minimale Version kann sich bereits ab einem relativ kleinen Debitorenbestand von einigen Hundert lohnen.

Abbildung 123: Möglicher Funktionsumfang einer Keditrisikomanagement-Lösung

9.5 Zusammenfassung der Aufgaben bei der Integration

Der Integrationsgrad von Bonitäts- und Wirtschaftsinformationen sowie von Forderungen ins Inkasso hängt stark von den Anforderungen des Unternehmens ab. Bei der Auswahl von Softwareherstellern spielen die zur Verfügung gestellten Schnittstellen eine immer grössere Rolle. Wird eine Standardsoftware eingesetzt, stehen möglicherweise bereits Module zur Verfügung. Ist dies nicht der Fall, muss der Informationslieferant über alle gängigen Schnittstellen für die Anbindung verfügen.

Dabei müssen die Informationen nicht immer in Echtzeit eingebunden werden. Auch der Batchbetrieb (Stapelverarbeitung) kann wertvolle Dienste leisten. Dies immer dann, wenn der Zeitfaktor eine untergeordnete Rolle spielt.

Verbindung	Anbindung	Synchron / Realtime	Asynchron / Filetransfer
Online	Internet, Web	klassischer Internet-Zugriff	
Online	Systemanbindung	Webservice zur vollen Integration in das Kundensystem	
Online	Risikomanagement	Software zur vollen Abwicklung des Prozesses von der Antragsstellung bis zum Inkasso	
Online	Shop-Plugin	Plugin mit der vollen Funktionalität der Kundenprüfung und Vorschlag der Zahlarten	
Offline	Batch		Offline-Übermittlung von Bestell-Files zur Verarbeitung oder für Datenabgleiche und Zahlungserfahrungen

Abbildung 124: Integrationsmöglichkeit des Auskunftsbezuges

9 INTEGRATION

10

ZUSAMMENFASSUNG

10 ZUSAMMENFASSUNG

Die Vermeidung von Debitorenverlusten sichert dem Unternehmen die lebensnotwendige Liquidität.

Die Vermeidung von Debitorenverlusten zur Sicherung der Liquidität ist ein wesentlicher Erfolgsfaktor im Unternehmensalltag. Voraussetzung ist ein aktives Kredit- und Debitorenmanagement. Die bereichsübergreifende Integration von Bonitätsinformationen leistet wertvolle Dienste. Mit dem Einführen von klaren Strukturen und straff geführten Abläufen lässt sich die für ein Unternehmen lebensnotwendige Liquidität generieren. Darüber hinaus kann dank einem Mehr an liquiden Mitteln der kostenintensive Anteil an Fremdkapital reduziert werden. Die nicht ausgeschöpften Kreditlimiten stehen somit für Fälle zur Verfügung, wo sie wirklich benötigt werden – die Rentabilität wird insgesamt gesteigert.

Im Zentrum eines aktiven Kredit- und Forderungsmanagements stehen die präventiven Massnahmen – Debitorenverluste sind vermeidbar.

Im Zentrum eines aktiven Kredit- und Forderungsmanagements stehen die präventiven Massnahmen. Wer den Kunden kennt, kann das Risiko richtig bewerten – nichts muss dem Zufall überlassen werden. Kalkuliertes Risiko ist die beste Voraussetzung für erfolgreiche Geschäfte. Dank dem präventiven Informationsbezug ist jederzeit gewährleistet, dass bei Kunden mit schlechter Bonität notwendige Sicherheiten oder Vorauszahlungen rechtzeitig zum Zug kommen. Auch wird verhindert, dass man durch eine zu grosszügige Kreditpolitik einfach die schlechten Kunden der Mitbewerber übernimmt – vielmehr kann von den gemeinsamen Zahlungserfahrungen profitiert werden.

Künftig immer wichtiger wird die Analyse der eigenen Kundendaten. Sie ist nicht nur Basis für eine kosteneffiziente Risikosegmentierung, sondern zugleich ein ausgezeichnetes Instrument, um die Qualität des Kredit- und Forderungsmanagements periodisch zu überprüfen.

Zahlungsausfälle vermeiden	→ Beurteilen der Bonität für Neu- und Bestandeskunden → Laufende Überwachung der Bonität
Debitorenlaufzeiten verkürzen und Zahlungsanreize schaffen	→ Straffe Zahlungsziele setzen → Skontomöglichkeiten geben
Liquidität steigern → höhere Ertragskraft	→ Kreditlimite je Kunde festlegen
Administrationsaufwendungen senken	→ Klar strukturierte Mahnabläufe
Finanzierungskosten senken → keine Fremdfinanzierung ausstehender Forderungen	→ Kontrolle der Limiteneinhaltung
Aufdecken von Risiken	→ Klumpenrisiken – 70 % der Debitorenverluste fallen bei Stammkunden an
Einzug überfälliger Forderungen	→ Forderungseinzug mit eigenen Mitarbeitern oder durch Outsourcing

Abbildung 125: Aufgaben des Kredit- und Forderungsmanagements

Wer noch mehr Freiraum für die unternehmerischen Kernaufgaben schaffen möchte, für den besteht schliesslich die Möglichkeit, den zeit- und kostenintensiven Forderungseinzug an einen Spezialisten auszulagern. Mit dem Outsourcing kann nicht nur der administrative Aufwand gesenkt, sondern auch unnötiger Ärger im eigenen Haus vermieden werden.

Das Outsourcing des Inkassos schafft Freiräume für die unternehmerischen Kernaufgaben.

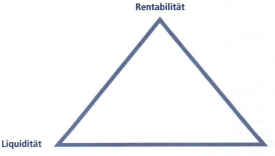

Abbildung 126: Erfolg muss gelebt werden

Geschäfte werden durch ein aktives Kredit- und Debitorenmanagement nicht verhindert, sondern Risiken kalkulierbar.

Welche konkreten Anforderungen ein erfolgreiches Kredit- und Forderungsmanagement erfüllen muss, hängt letztlich ganz von den spezifischen Gegebenheiten eines Unternehmens ab. In jedem Fall gilt aber: Geschäfte werden durch ein aktives Kredit- und Forderungsmanagement nicht verhindert, sondern Risiken kalkulierbar – Professionalität zahlt sich immer aus.

11

ANHANG

11 ANHANG

11.1 Abkürzungsverzeichnis

AGB	Allgemeine Geschäftsbedingungen
ARGE	Arbeitsgemeinschaft
ASP	Application Service Providing
B2B	Business to Business (Kunde ist eine Firma)
B2C	Business to Consumer (Kunde ist eine Privatperson)
B2G	Business to Government (Kunde ist die öffentliche Hand)
BFS	Bundesamt für Statistik
BP	Businesspartner
BPM	Businesspartner-Management
BZ	Barzahlung
CRM	Customer Relationship Management
DSG	Bundesgesetz über den Datenschutz
DSGVO	EU Datenschutz-Grundverordnung
DSO	Day Sales Outstanding
EHRA	Eidgenössisches Handelsregisteramt
ERP	Enterprise Resource Planning
ESB	Erwachsenenschutzbehörde
EU	Europäische Union
Fibu	Finanzbuchhaltung
GmbH	Gesellschaft mit beschränkter Haftung
GV	Generalversammlung
GwG	Geldwäschereigesetz
GwV	Geldwäschereiverordnung
HR	Human Resource (Personalwesen)
IN	Interessennachweis
IKM	Inkassomeldungen
IKS	Internes Kontrollsystem
KKG	Konsumkreditgesetz
KL	Kreditlimite
MIS	Management-Informations-System
OP	Offene Posten
OR	Obligationenrecht
PEP	Politisch exponierte Person

RAG	Revisionsaufsichtsgesetz
SchKG	Schuldbetreibungs- und Konkursgesetz
SHAB	Schweizerisches Handelsamtsblatt (offizielles Publikationsorgan der Eidgenossenschaft)
SRO	Selbstregulierungsorganisation
StGB	Strafgesetzbuch
VPN	Virtual Private Network
VS	Verlustschein
VZ	Vorauszahlung (inkl. Nachnahme)
WCM	Working Capital Management
ZaE	Zahlungserfahrungen
ZGB	Zivilgesetzbuch
ZPO	Zivilprozessordnung

11.2 Abbildungsverzeichnis

Abb. 1:	Privat- und Firmenkonkurse in der Schweiz (Creditreform, bis 2017 BFS)	22
Abb. 2:	Im Handelsregister eingetragene Firmen (Schweizerisches Handelsamtsblatt)	24
Abb. 3:	Neueintragungen, Löschungen, Nettowachstum	25
Abb. 4:	Ausfallrisiko im Vergleich zum Durchschnitt nach Rechtsform und Alter (Creditreform)	27
Abb. 5:	Ausfallrisiko am Beispiel der Baubranche (Grafik: SonntagsZeitung, Quelle: Creditreform)	28
Abb. 6:	Firmenkonkurse aufgeschlüsselt nach der Ursache (Creditreform, bis 2017 BFS)	29
Abb. 7:	Wenn niemand handelt!	31
Abb. 8:	Ursachen für die private Überschuldung	33
Abb. 9:	Privatkonkurse	34
Abb. 10:	Verluste aus erledigten Konkursverfahren (BFS)	37
Abb. 11:	Gläubigerschutz	39
Abb. 12:	Übersicht Datenschutzbestimmungen Schweiz und Europa	41
Abb. 13:	Verhalten der Gläubiger im Allgemeinen	49
Abb. 14:	Gesamtüberblick	50
Abb. 15:	Insolvenzgründe aus Sicht des Unternehmens (Creditreform Deutschland)	51
Abb. 16:	Wertschöpfungskette im Kredit- und Forderungsmanagement	52
Abb. 17:	Stellung des Unternehmens	56
Abb. 18:	Unternehmensbereiche	58
Abb. 19:	Prozess des Risikomanagements	59
Abb. 20:	Risikoportfolio	60
Abb. 21:	Risikomanagement nach OR	62
Abb. 22:	Risikomatrix	63
Abb. 23:	Unternehmensbereiche	64
Abb. 24:	Partnermanagement des Unternehmens	66
Abb. 25:	Organisches Beziehungsnetz des Unternehmens	70

Abb. 26:	Intensität des BPM	71
Abb. 27:	Charakteristik des Businesspartners	72
Abb. 28:	Identifikationsmerkmale	74
Abb. 29:	Verflechtungen zwischen Privatpersonen und Firmen	78
Abb. 30:	Beispiel wirtschaftlicher Verflechtungen	79
Abb. 31:	Entwicklung einer Insolvenz	84
Abb. 32:	Missbräuchliche Konkurse	85
Abb. 33:	Ablauf der Konkursreiterei	88
Abb. 34:	Gesellschaftsformen	89
Abb. 35:	Haftung der Gesellschafter	90
Abb. 36:	Revisionsarten für AG, GmbH und Genossenschaft	91
Abb. 37:	Opting-Möglichkeiten	92
Abb. 38:	Übersicht von Rating und Score	96
Abb. 39:	Abgrenzung von Rating/Risikoklasse und Score/Bonitätsampel (Creditreform)	98
Abb. 40:	Einsatz von Rating und Score	99
Abb. 41:	Informationsquellen (Creditreform)	102
Abb. 42:	Informationsgehalt einer Bonitäts- und Wirtschaftsauskunft	104
Abb. 43:	Struktur der Risikoklasse der Creditreform	106
Abb. 44:	Entscheidungshilfen für die Bonitätsbeurteilung	107
Abb. 45:	Durchschnittliche Ausfallwahrscheinlichkeiten pro Risikoklasse (Creditreform)	108
Abb. 46:	Intensität der Businesspartner-Prüfung (Risikoportfolio)	109
Abb. 47:	Informationsquellen	115
Abb. 48:	Entscheidungsfindung	116
Abb. 49:	Prüfung des Geschäftspartners	117
Abb. 50:	Gesamtbeurteilung eines Geschäftspartners	118
Abb. 51:	Nutzwertanalyse ohne Bonitätskriterium	119
Abb. 52:	Nutzwertanalyse mit Bonitätskriterium	120
Abb. 53:	Initiale Businesspartner-Prüfung	122
Abb. 54:	Intensität der Businesspartner-Prüfung	123
Abb. 55:	Konkurrenzbeobachtung	125
Abb. 56:	Gesamtüberblick	130

Abb. 57:	Kredit- und Forderungsmanagement des Unternehmens	131
Abb. 58:	Das Spannungsfeld der Unternehmensführung	132
Abb. 59:	Erforderlicher Mehrumsatz	133
Abb. 60:	Massnahmen des Working Capital Managements	134
Abb. 61:	Abhängigkeiten von Kundenguthaben	135
Abb. 62:	Kredit- und Forderungsmanagement im Interessenkonflikt	137
Abb. 63:	Steuerung des Marketing-Problemlösungsprozesses	139
Abb. 64:	Interessenkollision Marketing/Verkauf und Finanzen/Rechnungswesen	141
Abb. 65:	Kredit- und Forderungsmanagement als Bindeglied	142
Abb. 66:	Risikomanagement	143
Abb. 67:	Rechtliche Grundlagen des Kredit- und Forderungsmanagements	146
Abb. 68:	Wann liegt eine Schuldanerkennung vor?	151
Abb. 69:	Ohne Schuldanerkennung keine prov. Rechtsöffnung	152
Abb. 70:	Verzugszins	153
Abb. 71:	Eigene Zahlungserfahrungen führen zu mehr Sicherheit	155
Abb. 72:	ABCD-Kundensegmentierung	165
Abb. 73:	Kreditlimiten pro Kundensegment	166
Abb. 74:	Grundlagen für Kreditentscheide	169
Abb. 75:	Zahlungserfahrungen	170
Abb. 76:	Vermeintlich ungerechtfertigte Betreibungen	174
Abb. 77:	Öffentlichkeit der Steuerregister (1.1.2019)	177
Abb. 78:	Beispiel eines strukturierten Kreditentscheides	181
Abb. 79:	Produkt- und Marktsegmentierung (Creditreform)	183
Abb. 80:	Risikogerechter Einsatz der Produkte (Creditreform)	184
Abb. 81:	Zeitlicher Ablauf der Bonitätsprüfung (Creditreform)	185
Abb. 82:	Risikogerechter Einsatz der Monitoring-Produkte (Creditreform)	186
Abb. 83:	Zwei Gruppen von Sicherheiten	187
Abb. 84:	Verjährungsfristen	196
Abb. 85:	Beispiel Weisung Kreditmanagement	202
Abb. 86:	Berechnung des zu erwartenden Verlustes	203

Abb. 87:	Bewerten der kundeneigenen Informationen im Unternehmen	204
Abb. 88:	Zahlungserfahrungen mitbewerten	205
Abb. 89:	Zahlungsbefehle, Pfändungsvollzüge und Verwertungen in der Schweiz (BFS)	211
Abb. 90:	Der Forderungsverzug	212
Abb. 91:	Verkürzen der Mahnläufe	214
Abb. 92:	Beispiel Kontoauszug	216
Abb. 93:	Beispiel letzte Mahnung	217
Abb. 94:	Beispiel Ratenzahlungsvereinbarung	219
Abb. 95:	Beispiel der Berechnung der Zahlungsfrist	221
Abb. 96:	Einleiten der Betreibung	224
Abb. 97:	Kosten für den Zahlungsbefehl	226
Abb. 98:	Arten von Rechtsöffnungstiteln	226
Abb. 99:	Verfahrensübersicht nach neuer ZPO	227
Abb. 100:	Kosten für die Pfändung	228
Abb. 101:	Verfahren der Betreibung auf Pfändung	229
Abb. 102:	Kosten Versteigerung, Freihandverkauf und Ausverkauf	230
Abb. 103:	Erfolgsaussichten für den Gläubiger im Konkursverfahren	232
Abb. 104:	Konkursverfahren	233
Abb. 105:	Gerichtskosten (Spruchkosten)	234
Abb. 106:	Konkursklassen	236
Abb. 107:	Verfahrensablauf der Betreibung auf Pfandverwertung	237
Abb. 108:	Verlustscheine	238
Abb. 109:	Verlustschein ist kein Beweis für die Forderung	239
Abb. 110:	Rechtsbehelfe	240
Abb. 111:	Anfechtungsklage	242
Abb. 112:	Gerichtsgebühren (Spruchgebühr)	245
Abb. 113:	Nachlassverfahren	249
Abb. 114:	Ablauf des Nachlassvertrages	250
Abb. 115:	Situatives Forderungsmanagement	252
Abb. 116:	Phasen des Inkassos	256
Abb. 117:	Kundendatenanalyse	262
Abb. 118:	Integriertes Kredit- und Forderungsmanagement (Creditreform)	267
Abb. 119:	Standardprozess von der Akquisition bis zur Realisation	268

Abb. 120:	Systemüberblick	269
Abb. 121:	Zahlartensteuerung in Shop-Lösungen	272
Abb. 122:	Module einer Kreditrisikomanagement-Lösung	274
Abb. 123:	Möglicher Funktionsumfang einer Keditrisikomanagement-Lösung	275
Abb. 124:	Integrationsmöglichkeit des Auskunftsbezuges	276
Abb. 125:	Aufgaben des Kredit- und Forderungsmanagements	281
Abb. 126:	Erfolg muss gelebt werden	282

11.3 Quellenverzeichnis

- Adam / Boesch / Piccirilli / Schober / Eugster: Kommentar SchKG / Gebührenverordnung. Konferenz der Betreibungs- und Konkursbeamten der Schweiz (Hrsg.). Wädenswil 2008
- Amonn, Kurt / Walther, Fridolin: Grundriss des Schuldbetreibungs- und Konkursrechts. 7. Aufl. Bern 2003
- Basler Ausschuss für Bankenaufsicht: Internationale Konvergenz der Kapitalmessung und Eigenkapitalanforderungen. Basel 2006
- Baur / Kantowsky / Schulte: Stakeholder-Management in der Restrukturierung. Wiesbaden 2012
- Behr, Giorgio: Grundzüge des neuen Revisionsrechts. Überblick und internationaler Kontext. Der Schweizer Treuhänder 2006/5. S. 306–309
- Bergmann: Gläubigerschaden aus Zahlungsverzug. Studie im Auftrag des schweizerischen Gewerbeverbandes sgv. St. Gallen im Februar 2017
- Bergmann / Schreiner: Auswirkungen eines Opting-out, Studie auf Basis der Bonitätsdaten des Schweizerischen Verbandes Creditreform St. Gallen, im Mai 2020
- Boemle / Gsell / Jetzer / Nyffeler / Thalmann: Geld-, Bank- und Finanzmarkt-Lexikon der Schweiz, Zürich 2002
- Botschaft zum Bundesgesetz über die Totalrevision des Bundesgesetzes über den Datenschutz und die Änderung weiterer Erlasse vom 15. September 2017
- Burkhard, Varnholt: Modernes Kreditrisiko-Management. Zürich 1997
- Convention 108 des Europarates: https://rm.coe.int/1680078b38 (abgerufen am 26. April 2021)
- DSG – Bundesgesetz über den Datenschutz vom 25. September 2020 – Vorlage der Redaktionskommission für die Schlussabstimmung
- DSGVO - Verordnung (EU) 2016/679 des Europäischen Parlaments und des Rates zum Schutz natürlicher Personen bei der Verarbeitung personenbezogener Daten, zum freien Datenverkehr und zur Aufhebung der Richtlinie 95/46/EG (Datenschutz-Grundverordnung) vom 27. April 2016
- Egeli, Raoul: Creditreform Report 2013, St. Gallen 2013

- Egeli, Raoul: Gläubigerschutz Recht Transparent. Zürich 2010
- Egeli, Raoul: Risiken minimieren. Erfolgreiches Businesspartner-Management in der Praxis. St.Gallen 2009
- Egeli, Raoul: Verluste vermeiden. Erfolgreiches Credit- und Debitorenmanagement in der Praxis. 2. Vollständig überarbeitete Auflage. St.Gallen 2010
- ESMA (European Securities and Markets Authourity: Leitlinien und Empfehlungen zum Geltungsbereich der CRA-Verordnung, 17. Juni 2013)
- ESTV: Öffentlichkeit der Steuerregister, Stand 1. Januar 2019
- Fellmann/Schwarz: Revision des Sachenrechts – ein erster Überblick, Bern 2011
- Fluri, Edgar: Die Prüfung des internen Kontrollsystems (IKS). Zur Kontroverse um den neuen Prüfungsauftrag im OR. In: Meyer, C./Pfaff, D.: Jahrbuch zum Finanz- und Rechnungswesen 2007. Zürich 2007. S. 139–172
- Fueglistaller/Fust/Federer: Kleinunternehmen in der Schweiz – dominant und unscheinbar zugleich. Zürich 2006
- GebV SchKG – Gebührenverordnung zum Bundesgesetz über Schuldbetreibung und Konkurs vom 23. September 1996 (Stand am 1. Januar 2022)
- GwG – Bundesgesetz über die Bekämpfung der Geldwäscherei und der Terrorismusfinanzierung (Geldwäschereigesetz, GwG) vom 10. Oktober 1997 (Stand am 1. Januar 2022)
- GWV – Verordnung über die Bekämpfung der Geldwäscherei und der Terrorismunsfinanzierung (Geldwäschereiverordnung, GwV) vom 11. November 2015 (Stand 1. August 2021)
- Keitsch, Detlef: Risikomanagement (Praxis Creditreform). 2. Aufl. Stuttgart 2004
- KKG – Bundesgesetz über den Konsumkredit (KKG) vom 23. März 2001 (Stand am 1. April 2019)
- KOKES – Konferenz der Kantone für Kindes- und Erwachsenenschutz: Anwendung von Art. 451 Abs. 2 ZGB (Auskunftserteilung über das Bestehen und die Wirkungen einer Massnahme des Erwachsenenschutzes), Mai 2012

- Lorandi, Franco: Konkursverfahren über Handelsgesellschaften zufolge Organisationsmangel (Art. 731b OR). In: Blätter für Schuldbetreibung und Konkurs. Heft 2. 2012, S. 41–50
- Meier-Hayoz, A./Forstmoser, P.: Grundriss des schweizerischen Gesellschaftsrechts. 7. überarb. Aufl. Bern 1993
- Moxter, Adolf: Finanzwirtschaftliche Risiken. In: Büschgen, H. E. (Hrsg.): Handwörterbuch der Finanzwirtschaft. Stuttgart 1976. Sp. 636
- Munsch/Weiss: Externes Rating, Finanzdienstleistung und Entscheidungshilfe. 4. Aufl. Berlin 2004
- OR – Bundesgesetz betreffend die Ergänzung des Schweizerischen Zivilgesetzbuches (Fünfter Teil: Obligationenrecht) vom 30. März 1911 (Stand am 1. Januar 2022)
- Polyreg - Reglement der SRO PolyReg gemäss Art. 25 GwG (Fassung vom 11. September 2015, Inkrafttreten: 1. Nov. 2015/1. Jan. 2016)
- Pütz, Heinz C.: Lexikon Forderungsmanagement der Creditreform. Heidelberg 2002
- RAG – Bundesgesetz über die Zulassung und Beaufsichtigung der Revisorinnen und Revisoren (Revisionsaufsichtsgesetz, RAG) vom 16. Dezember 2005 (Stand am 1. Januar 2020)
- Rödl/Winkels: Kreditmanagement in der Unternehmenspraxis. Stuttgart 1983
- SchKG – Bundesgesetz über Schuldbetreibung und Konkurs vom 11. April 1889 (Stand am 1. August 2021)
- Serafini, Markus-Giosué: Credit- und Debitorenmanagement (Früherkennung und Reduktion von Verlustrisiken). Diplomarbeit Fachhochschule beider Basel. Department Industrie. Im Auftrag der Creditreform Egeli Basel AG. Basel 2006
- StGB – Schweizerisches Strafgesetzbuch vom 21. Dezember 1937 (Stand am 22. November 2022)
- Sürekli, Özlem: Unterbrechung der Verjährung. März 2013
- Thommen, Jean-Paul: Managementorientierte Betriebswirtschaftslehre. 10. überarb. u. erw. Aufl. Zürich 2016
- Treuhand-Kammer: Schweizer Handbuch der Wirtschaftsprüfung 1998. Zürich 1998

- Verordnung (EU) Nr. 462/2013 des Europäischen Parlamentes und des Rates vom 21. März 2013 zur Änderung der Verordnung (EG) Nr. 1060/2009 über Ratingagenturen
- Verzugsschaden gemäss vsi: https://inkassoverband.ch/wp-content/uploads/2020/05/20200518-vsi-Gläubigerschaden_extern.pdf (abgerufen am 24. April 2021)
- Weiss, B./Bolik, J.: Erfolgsfaktoren der Forderungsrealisation in der Unternehmenspraxis. Ausgewählte Ergebnisse einer empirischen Untersuchung (Indiag-Institut für Unternehmensdiagnose). Bochum 2005
- Wiget: 4A_414/2014: Praxisänderung bei negativer Feststellungsklage zur Abwehr einer ungerechtfertigten Betreibung (amtl. Publ.). Swissblawg Februar 2015
- ZGB – Schweizerisches Zivilgesetzbuch vom 10. Dezember 1907 (Stand am 1. Juli 2022)

11.4 Stichwortsverzeichnis

A

ABCD-Kundensegmentierung 164
Aberkennungsklage 213, 224, 242
Abgleich 260
Absatzförderung 140
Adressmonitoring 199
AG 89
AGB 151, 152
Agenturrating 96
Akquisition 150
Aktiengesellschaft 89
Ämter 111, 171
Analyse 260
Anerkennungsklage 241
Anfechtungsklage 241
Anzahl Firmen
 -im Handelsregister eingetragen 24
 -nicht im HR eingetragen 24
Arbeitsgemeinschaften 69
ARGE 69
Auftragsdatenverarbeiter 45
Ausfall
 -quoten 106
 -risiken 95
 -risiko 144
 -wahrscheinlichkeit 104, 106, 107, 203
Ausgeschlagene Verlassenschaft 34
Auskunftseinsatz 182
Auskunftsrating 96
Auskunftsrecht 46
Aussergerichtliches Nachlassverfahren 248
Auswahlverfahren 119
automatisierte Einzelentscheidung 168

B

Bankenrating 96
Beauftragtes Rating 96
Beschwerde 240, 244
besonders schützenswerte Persondendaten 44
Bestatter 88
Betreibung 225
 -auf Konkurs 230
 -auf Pfändung 229
 -auf Pfandverwertung 237
Betreibungs
 -auskunft 103, 172
 -begehren 225
Betreibungskosten 225
betreibungsrechtliche Beschwerde 244
Betriebsrisiken 144
Beurteilungshilfen 94
Beweis 213
Bewerten von Kreditrisiken 168
Bilanzen 101, 112
Bonität 84
Bonitäts
 -ampel 99
 -auskünfte 94
 -beurteilung 95, 168
 -datenbank 102
 -klassen 105
 -score 99
 -überwachung 185
Branchendurchschnitt 107
Business to Business 89
Business to Consumer 89

C

Cashmanagement 50
Crefo-Nummer 74
CRM 130, 157, 271
Customer Relationship Management 130, 271

D

Datenpooling 80
Datenschutz 39, 108
Debitoren
 -frist 220
 -laufzeiten 213
 -management 130, 210
 -umschlag 220
 -verluste 222
Debitorenmanagement 130, 210
Definitive Rechtsöffnung 226

Delkredere 223
Direktinformationen 114
Dividendenvergleich 251
Dokumentation 213
Drittinformationen 114
Dubiose Debitoren 222
Due Diligence 113

E

Eigentumsvorbehalts-
 register 180
Einfache Gesellschaft 89
Einkauf 64
Einleiten der Betreibung 224
Einstellung des Konkurses
 mangels Aktiven 235
Eintrittswahrscheinlichkeit 60
Einvernehmliche
 Schuldenbereinigung 249
Einwilligung 168
Einzelentscheidung 168
Eisenbahn-Fahrzeugregister 179
Enterprise Resource Planning
 Systems 270
Entscheidungsfindung 115
Eröffnung des Konkurses 232
ERP 270
Erstprüfung 185
Erwartender Verlust 203
Externes Rating 96

F

Factor 205
Factoring 169
Fahrzeugregister 179
Faustpfand 237
Feststellungsklage 243
Financial Supply Chain 134
Finanzen 65
Finanzintermediäre 76
Finanzrisiken 144
Firmenbestatter 88
Firmenkonkurse 24
Forderungsklage 240
Forderungsmanagement 211
Fortsetzungsbegehren 228

G

Gebührenverordnung 225
Geldwäschereigesetz 76
Genossenschaften 90
Gericht 227
Gerichtliches Inkasso 256
Gerichtliches
 Nachlassverfahren 249
Gerichtskosten 233, 245
Geschäfts
 -bericht 112
 -leitung 64
Geschäftsrisiken 144
Glaubwürdigkeit 101
Grundbuchauskunft 175
Grundpfand 237
GmbH 89
Güterverzeichnis 232

H

Haftungs
 -beschränkung 90
 -verhältnisse 89
Hinterlassenschaftskonkurse 34
Höchstkredit 104, 107

I

Identifikation 59, 64, 73, 156, 198
IKS 62, 124
Informationen
 Direkt- 114
 Dritt- 114
 Primär- 114
Informationspflichten 46
Informationsquellen 111
Informationsstelle für
 Konsumkredit 194
Infrastruktur 65
Initialprüfung 120
Inkasso 223
Inkassodienstleistungen 255
Inkassoversicherung 246
Insolvenz 84
 -gründe 50
Integration 266
Interessen
 -kollision 141
 -nachweis 171
Internes
 Kontrollsystem 62, 124
 Rating 96

J

Jugendverschuldung 35
Juristische Person 89

K

Kapital
  -gesellschaften 89
  -verlust 94
Kennzahlen 220
Klage 240
Klumpenrisiko 145
Kollektivgesellschaft 89
Kollokations
  -klage 235, 244
  -plan 235
Kommanditäre 89
Kommanditgesellschaft 89
Konditionenpolitik 139
Konkurrenzbeobachtung 125
Konkurs
  -androhung 232
  -betreibung 230
  -dividende 249
  -dividende 234
  -eröffnung 232
  -klasse 236
  -missbräuchlich 85
  -verlustschein 237
  -verschleppung 85
Konkurse 22
Konkursreiterei 88
Konsumkreditgesetz 35, 192
Kontoauszug 215

Konzerngesellschaften 190
Körperschaften 89
Kosten
  -Fortsetzungsbegehren 228
  -Verwertung 230
  -Zahlungsbefehl 225
  -Zahlungsverzug 153
Kredit
  -entscheid 182, 199
  -fähigkeitsprüfung 193
  -limite 158, 181, 199
  -management 164
    -prüfung 168
  -risiko 144
  -risikomanagement-System 273
  -urteil 103, 104, 107
  -versicherung 206
  -vorschlag 103
  -würdigkeit 47, 84
Kreditmanagement 164
Kreditrisikomanagement-System 182, 273
Kredit- und Forderungsmanagement 130
Kunden
  -datenanalyse 260
  -referenzen 112
  -segmentierung 164, 183
  -stammdaten 157
  -überwachung 186

L

Lieferanten
  -erfahrungen 104
  -kredit 140
Lieferstopp 200, 220
Liquidationsvergleich 251
Liquidität 131
Liquiditäts
  -engpass 136
  -risiko 145
Löschung 26
Löschung Betreibung 173
Luftfahrzeugregister 180

M

Mahn
  -gebühren 153
  -wesen 219
Mahnung 215
Mangel in der Organisation 29
Mantelhandel 86
Marketing 138
Migration 100, 107
Minderjährige 47
Missbräuchlicher Konkurs 85
Mitbewerber 125
Monitoring 103, 185, 199

N

Nachlassverfahren 248
Natürliche Person 43, 89
Negative Feststellungsklage 243

Nettoumlaufvermögen 134
Nettowachstum 26
Neueintragung 26
Neukunden 180
Non-performing Portfolio 212
Nutzwertanalyse 118

O

Objektivität 100
Offenlegung 100
Opting-out 93
Opting-Varianten 93
Ordentliches
 Konkursverfahren 234
Outsourcing 253

P

Parteientschädigung 245
Paulianische Anfechtung
 siehe Anfechtung 241
Performing Portfolio 212
Personal 65
Personen
 -juristische 89
 -natürliche 89
Personengesellschaften 89
Persönlichkeitsverletzung 47
Pfandausfallschein 237
Pfandgesicherte Forderung 237
Pfändung 229
Pfändungsverlustschein 237
Pfandverwertung 237

Prävention 164
Primärdaten 169
Primärinformationen 114
Privatkonkurse 22
Probability of Default 203
Produkteeinsatz 182
Produktion 64
Profiling 44
Prognosefähigkeit 99
provisorische
 Rechtsöffnung 226
Prozentvergleich 251
Prüfung Kreditwürdigkeit 47
Publikumsgesellschaften 91

R

Rabattpolitik 139
Ratenzahlungsvereinbarung 218
Rating 95, 104
 -beauftragtes 96
 -externes 96
 -internes 96
 -unbeauftragtes 96
Realisation 210
Rechnungswesen 140
Rechtfertigungsgrund 47
Rechtliches Inkasso 256
Rechtsgemeinschaften 89
Rechtsöffnung 226
Rechtsvorschlag 242
Register des Eidgenössischen
 Institutes für geistiges
 Eigentum 180

Reklamation 216
Reklamationsbearbeitung
 158, 271
Reklamationsmanagement 213
Rentabilität 131
Retention 247
Revisions
 -aufsichtsgesetz 91
 -experten 91
 -stelle 91, 94
Revisoren 91
Risiko
 -adäquat 182
 -bereitschaft 168
 -beurteilung 61
 -identifikation 59
 -klasse 105, 107
 -klassenwechsel 107
 -klassifikation 59
 -management 59, 142
 -management-System 273
 -matrix 63
 -minimierung 61, 182
 -portfolio 60, 109
 -tragfähigkeit 145, 168
 -zuschlag 51
Rückforderungsklage 243
Rückprovisionierung 161

S

Sachwalter 251
Schaden aus Konkursen 36
Schadenshöhe 60

Schiffahrtsregister 179
Schlichtungsverfahren 227
Schuldanerkennung 151, 226, 240
Schweizerisches Handelsamtsblatt 66
Score 95
Selbstregulierungsorganisationen 77
Shop-Lösungen 271
Sicherheiten 187, 203
Sicherungsmöglichkeiten 187
Skontoabzug 156
Solvabilität 84, 168
Spruch
  -gebühr 245
  -kosten 234
SRO 77
Stammkunden 180
Steuer
  -auskunft 177
  -register 177
Strukturrisiken 97, 105
Stundung 251
Stundungsvergleich 250
Summarisches Konkursverfahren 234
Supply Chain 134
Systemintegration 273

T

Transparenz 100

U

Überschuldung 32, 91, 94
Umschlagshäufigkeit 134
Unabhängigkeit 100
Unbeauftragtes Rating 96, 104
Unternehmensbereich 67
Unternehmensidentifikation 75
Unternehmensrisiko 144

V

Verantwortlicher 45
Verbandsmitgliedschaft 112
Verbuchungsarten 221
Verein 90
Verflechtungen 73, 78
Verjährung 195
Verjährungsfrist 195
Verkauf 64, 138
Verlustquote 203
Verlustschein 213, 237
Verlustscheininkasso 256
Verlustscheinverjährung 238
Vertragspartei 156
Vertragswesen 152
Verwaltungsrat 58, 64
Verzugsfolgen 153
Verzugsschaden 153
Verzugszins 153
Vorrechtliches Inkasso 256
Vorstand 64

W

Warenkreditversicherung 169, 206
Weisung 198
Wertschöpfungskette 51
Wirtschaftliche Verflechtungen 73, 78
Wirtschaftsauskünfte 94
Working Capital 134

Z

Zahlarten 272
Zahlungs
  -befehl 228
  -erfahrung 53, 80, 153, 154, 183, 200, 253
  -konditionen 156, 200
  -verzug 153
  -weise 97, 105
Zentrales Ausländerregister 179
Zertifizierung 119
Zession 188
Zinskosten 136
Zivilstandsregister 179
Zombieunternehmen 31
Zwangsverwertung 235

12 ZUM AUTOR

Raoul Egeli, geboren 1968, ist seit 2008 Präsident des Schweizerischen Verbandes Creditreform und seit 2014 Präsident von Creditreform International. Zudem ist er Geschäftsführer der Creditreform Egeli Gesellschaften in Basel, Bern, Lugano, St. Gallen und Zürich. 2009 bis 2013 war er auch Zentralpräsident von TREUHAND|SUISSE. Er ist Vorstandsmitglied des Berufsverbandes Inkasso Suisse und Mitglied der Gewerbekammer des SGV. Raoul Egeli studierte an der Fachhochschule für Wirtschaft in St. Gallen und ist Autor mehrerer Fachbücher.